黄河文化:产业生态学观察

昝胜锋　赵传新　吴红　著

山东大学出版社
SHANDONG UNIVERSITY PRESS
·济南·

图书在版编目(CIP)数据

黄河文化:产业生态学观察/昝胜锋,赵传新,吴红著.
—济南:山东大学出版社,2021.11
ISBN 978-7-5607-7043-7

Ⅰ.①黄… Ⅱ.①昝…②赵…③吴… Ⅲ.①黄河—文化史
—研究 Ⅳ.①K928.42

中国版本图书馆 CIP 数据核字(2021)第 113890 号

策划编辑　徐　翔
责任编辑　李艳玲
封面设计　张　荔

出版发行　山东大学出版社
社　　址　山东省济南市山大南路 20 号
邮政编码　250100
发行热线　(0531)88363008
经　　销　新华书店
印　　刷　济南巨丰印刷有限公司
规　　格　720 毫米×1000 毫米　1/16
　　　　　17.5 印张　243 千字
版　　次　2021 年 11 月第 1 版
印　　次　2021 年 11 月第 1 次印刷
定　　价　60.00 元

前言

一、研究缘起

2019 年 9 月，习近平总书记在河南考察时指出，黄河文化是中华文明的重要组成部分，是中华民族的根和魂。他强调要深入挖掘黄河文化蕴含的时代价值，讲好“黄河故事”，延续历史文脉，坚定文化自信，为实现中华民族伟大复兴的中国梦凝聚精神力量。习总书记的重要论述指出了黄河文化的重要地位，要坚定文化自信，实现中华民族伟大复兴的中国梦，需要我们切实扛稳保护传承弘扬黄河文化的历史责任，推动黄河文化在新时代发扬光大。本书正是基于这一时代使命进行了全面系统的研究创作。

深入研究黄河文化是坚定中华民族文化自信的基石。中华优秀传统文化展现出来更加基础、更加广泛和更加深厚的文化自信，文化的博大精深、灿烂辉煌是中华民族自信的源泉。黄河是中华民族的母亲河，是孕育中华文明的摇篮，源远流长的黄河文化深刻影响和决定了中华民族的文化价值取向和道德审美取向。黄河文化呈现出的绵延赓续、历久弥新，正是中华文化旺盛生机的源头活水，中华文明的第一缕曙光出现在黄河中下游，且直至今日仍然一脉相承、从未断流，黄河文化形成的系统性原生谱系及彰显的强大修复能力,也正预示着“文脉不绝,国运必昌”的文化自信。

深入研究黄河文化是产业生态学中融合包容的精神纽带。黄河流域自古以来就是农耕文明与游牧文明、中原文化与草原文化交融交锋的地方,多民族文化的交融和多元一体的经济生活形态孕育形成了“万姓同根,万宗同源”的民族文化认同和“大文化”的主流意识,这种兼容并蓄、博采众长的特性正是产业生态学最坚实的文化理论支撑。产业融合是产业生态未来的发展方向,只有真正体悟黄河文化中交融、多元的精神要义,才能不断激发社会活力,使文化成为经济创新的新动力,以构建以产业融合为核心的产业生态系统。

二、研究思路

本书即在学界前期相关研究的基础上,从河流与人类的关系、黄河本身的文化遗产体系以及长期积淀形成的黄河精神出发,深挖黄河文化的内涵。本书致力于黄河文化本身的价值探讨,借鉴社会学、历史学、文化学等多学科理论基础,在跨学科的视野下构建面向黄河文化研究的概念逻辑和理论框架,尝试建立具有一定特色的黄河文化研究体系。其研究基本思路如下:

首先,从黄河文化的形成基础观察和切入黄河文化研究。黄河流域的自然环境是黄河文化形成的基础,自然地理环境的变迁对黄河文化的形成发展起着至关重要的作用。本书将黄河文化置于其发展变化的根源中,探讨其发展流变、资源属性及丰富内涵,将文化资源中的文明延续、物质及精神内涵、文化遗产梳理、比较认知等内容作为本书的研究对象,在对文化变迁的历史考察基础上,聚焦于黄河文化的生态考察、资源赋存及形态,提出资源开发的路径研究论题。

其次,在跨学科的视野下借鉴历史学、文化学、资源学等学科思路,充分吸纳当前学界关于黄河文化的研究成果,对我国黄河文化的研究范式、概念体系、理论方法和学术话语等进行深层次的思考，在理论方法的应用上，努力拓展黄河文化的研究视野：一方面在流行文化、大众文化的视野下认识和解读黄河文化；另一方面，在构建新的中华主流文化的视野下，深刻认识黄河文化的地位和价值，探索传统文化与现代中国文化变迁的逻辑关系。

最后，本书系统运用文化资源学、文化产业学、精神生产理论等相关理论方法，进一步扩展研究视野和思考问题的视角，将黄河文化的实践性研究、区域研究与产业生态学理论密切结合；将黄河文化的实践应用作为范例，探讨在马克思主义中国化、大众化和时代化背景下，河流文化的时代价值和文化大众化、产业化的基本途径。

三、研究价值

本书旨在贯彻落实习近平总书记重要讲话精神，立足黄河文化资源禀赋、突出不同流域黄河文化优势特长，将保护和利用结合起来，把事业和产业统筹起来，着力在重点环节、关键领域上实现突破，以黄河文化的传承创新，推动其在新时代不断发扬光大。

推进黄河文化遗产的系统性保护。通过对文化资源的梳理、内涵的分析、脉络延续的构成等方面的研究，提出对黄河文化加强整体联动保护的新模式。推动国家层面建立协调机制，加强对全流域文化传承的统筹规划和协调行动，广泛开展黄河历史文化资源的保护和利用工作，充分发挥黄河文化的根魂作用。

推进黄河文化理论的综合性阐释。通过本书对黄河文化的研究阐释，整合相关高校、研究机构的专家学者，规划一批重点课题，推出一批高质量研究成果。将黄河文化同区域地域文化结合，建立更为科学、长远的研究和挖掘规划，进一步深化黄河文化的支撑性作用，打造一个在学界具有广泛影响的大河文明学术交流论题。

推进黄河文化品牌的全方位打造。讲好“黄河故事”是传承创新黄河文化的重要手段。本书通过地理学及管理学视角，深度剖析黄河文化在特定区域文化中的独特标识及对比分析黄河文化与其他河流文化的重要差异，全方位打造具有时代特征和人文气息的黄河文化品牌，力求在文化的研究、管理和创新中探索独具价值的品牌影响力。

文化自信，是更基础、更广泛、更深厚的自信。认清中国的母亲河——黄河的文化内核，是生活在这片土地上的人必须去做的，这是我们前行的基础和前提。

昝胜锋

2021 年 8 月

目 录

第一篇 培"根"铸"魂",弘扬新时代黄河文化

第三篇 勇于开拓创新,丰富黄河文化产业实践

第一篇

培“根”铸“魂”，弘扬新时代黄河文化

第一章　寻本立根，筑牢新时代黄河文化基础

第一节　河流与人类文明

早在2012年4月，山东省东营市人民政府、山东博物馆、山东大学中国文化产业研究中心、山东大学黄河文化研究中心共同召集的“东营黄河文化博物馆展陈工程高端研讨会”在东营召开，时任山东大学历史文化学院院长、山东大学中国文化产业研究中心主任王育济教授提出，可以在东营市建设一座世界著名大河博物馆，利用数字技术，真实复原世界五条或十条著名大河的发展脉络，营造夺人心魄的效果和气势。之所以对河流如此重视，还是因为河流滋养了人类文明，而黄河更是其中不同寻常的那条。

一、河流滋养的人类文明

（一）美索不达米亚文明

美索不达米亚意为“两河之间的地方”，因此美索不达米亚文明又被称为“两河文明”，是指在美索不达米亚平原发源发展起来的人类古文明，它是西亚最早形成的文明。“两河”则指幼发拉底河和底格里斯河，

两条河流为两河文明的产生提供了必要的地理条件和物质条件,可以说两条河流是两河文明的孕育者。

幼发拉底河发源于土耳其安纳托利亚高原和亚美尼亚高原山区,流经叙利亚和伊拉克,大体流向东南,全长约 2800 千米,河流面积达 76.6 万平方千米,年径流量约为 324 亿立方米。作为与幼发拉底河比肩的底格里斯河干流流经土耳其、叙利亚和伊拉克,从源头至古尔奈,全长 1950 千米;流域包括伊拉克东部、土耳其东南部和伊朗、叙利亚的一部分,面积37 万平方千米。虽然底格里斯河的长度、流域面积都不及幼发拉底河,但其流域内降水较多,水量较大,年径流量近 400 亿立方米,是西亚地区水量最大的河。[①] 两条河流的存在为美索不达米亚平原的发展提供了丰沛的水源,在两河的滋养下美索不达米亚平原的生产生活条件逐步完善,继而催生出人类最早的文明之一——"两河文明"。

自公元前 3500 年到公元前 6 世纪,两河文明历经 3000 年风雨,绘就人类古文明史上浓墨重彩的一笔。公元前 3200 年左右,美索不达米亚出现成熟的文字。已知最古老的人类文字之一的楔形文字,就是由苏美尔人发明的象形文字发展演变而来的。直至今日,已经发掘出数十万篇苏美尔文章,这些文章涉及范围非常广泛,既有信件、菜谱、赞美歌等生活类文章,也有数学、医学、天文学等科学文章。[②]

当时纸张还未发明,很多文章都被刻在黏土板或大型建筑上。抄写是当时的人唯一的传播文章的方法,所以许多文章的多个版本被保留下来了。尽管苏美尔文字属于比较成熟的文字,但它通常不包含语法结构,很难理解,即使现代专家也很难作出解读。在古巴比伦时期,人们已经学会了算术,它的数学成就在早期文明中已经达到了极高的水平。他们引入了以 60 为基底的位值制(60 进制),西欧人在 16 世纪亦将此运用于数学计算和天文学计算中。这一时期,人们已经有相对丰富的代数知

① 参见亓佩成:《古代西亚文明》,山东大学出版社 2016 年版,第 20～88 页。

② 参见黄洋:《美索不达米亚文明——从造物见精神》,《中国社会科学报》2018 年 9 月 27 日。

识，能够解答一次和二次方程问题，过程与今天的解法、公式法一致。此外，他们对三次方程问题和线性方程组问题也有所研究。

不仅在文字和数学领域，两河流域的人民在艺术领域也颇有建树。这一时期的雕刻艺术相当发达，最具代表性的就是苏美尔人和阿卡德人的雕刻。苏美尔人擅长圆雕像，他们的雕像注重纯真、朴实的表达，雕像身体一般为圆柱状，双手捧于胸前，姿势虔诚，眼睛瞪得很大，流露出纯真、朴实、专注的表情。与苏美尔人的圆雕像相比，阿卡德人的雕刻更偏重写实性，注重对事物的真实刻画。

比如在尼尼微出土的《萨尔贡王青铜头像》中，萨尔贡一世皇帝的神情庄严坚毅，展现了国王的威严。《纳拉姆辛浮雕石板》刻画了纳拉姆辛王率军远征苏兹山区的历史场面，画面中国王昂首挺胸，士兵精神抖擞，对面则是求饶的敌人。浮雕以写实的手法刻画了纳拉姆辛王军队辉煌的胜利。①

精美的工艺品同样也是两河文明的体现，苏美尔人在工艺品制作方面颇有成就，制造出黄金器物、武器、金头盔等工艺品，其中最具代表性的就是牛头琴。苏美尔人崇尚牛，神话英雄吉尔伽美什就被比喻为一头高尚的牛。所以整个琴以牛为原型，顶部以牛头作为装饰，用天青石和金箔制成，生动展现牛的神态。琴身正面用贝壳镶嵌着人和动物，展现吉尔伽美什与双头公牛以及一些神化的动物在活动的情景，具有浓厚的神话色彩。②

两河文明中最受后世称道的当属《汉谟拉比法典》。《汉谟拉比法典》是一部具有代表性的楔形文字法典，也是世界上现存的第一部比较完备的成文法典。大约在公元前 1776 年，古巴比伦国王汉谟拉比在掌权期间颁布了这一法律。《汉谟拉比法典》由序言、正文和结语三部分组成。正文共包括 282 条法律条文，内容涉及刑事、民事、婚姻、继承、审判

---

① 参见于殿利：《人性的启蒙时代：古代美索不达米亚的艺术与思想》，故宫出版社 2016 年版，第 15～127 页。

② 参见未央：《宏伟的帝国 融汇的艺术》，《上海文博论丛》2006 年第 3 期。

等多方面内容，以成文立法的方式确立奴隶主阶级的统治秩序，条文规定缜密、文字表述准确，具有鲜明的法律特征。[①] 序言和结语部分则主要是对国王的溢美之词。

《汉谟拉比法典》是古代东方文明史的璀璨明珠，代表了古代东方文明的伟大成就。其确立的一些原则，特别是债权、契约、侵权行为、家庭以及刑法等方面，均对后世立法具有重大影响。如盗窃他人财产必须受惩罚，损毁他人财产要进行赔偿的法律原则，诬告和伪证反坐的刑罚原则，法官枉法重处的原则等。[②]《汉谟拉比法典》对后世文明发展影响深远，其内容不仅被之后的古代西亚国家如赫梯、亚述、新巴比伦等继续延用，而且还对中世纪的西方法律文化产生一定的影响，比如中世纪天主教教会法中就借用了《汉谟拉比法典》的某些立法思想和原则。

两河流域虽然经常被外族统治，但其文明与文化并未中断，成为西方文明的源头。这个地区孕育出许多“世界之最”：世界上第一座城市，最早的文字，最早的学校，第一部法典，最早的灌溉农业，最早的史诗与神话等等，成为世界文明发展史上的一颗璀璨明珠。

（二）古埃及文明

古埃及是四大文明古国之一，位于非洲东北部尼罗河中下游，横跨亚非两洲，北临地中海，东濒红海，南邻努比亚（今埃塞俄比亚和苏丹）。世界闻名的尼罗河贯穿埃及全境，为古埃及人的生产生活提供丰沛的水源。尼罗河由发源于非洲中部的白尼罗河和发源于苏丹的青尼罗河汇合而成，尼罗河流程长，是世界上最长的河流。

受季节性暴雨的影响，尼罗河每年 7 至 11 月水量大增，淹没两岸的农田，浸灌两岸干旱的土地；洪水退去后，留下含有大量矿物质和腐殖质的泥沙，成为肥沃的黑色土壤。古代埃及人因而称自己的国家为“凯麦

① 参见张海鹏：《6000 年前的繁华之城》，《时代教育（先锋国家历史）》2008 年第 6 期。

② 参见［美］亨利·莱特：《早期美索不达米亚文明研究的新进展》，《中国文物报》2007 年 11 月 23 日。

特”(意为黑土地)。古希腊历史学家希罗多德说：“埃及是尼罗河馈赠的厚礼。”在人类历史上，尼罗河是文明的化身；在世人心目中，埃及文明总是和尼罗河联系在一起。

在世人印象中，古埃及文明是充满神秘气息的。远在几千年以前，生活在尼罗河畔的埃及人就已经创造出了令后世惊叹不已的发达文明。众所周知的金字塔、狮身人面像、木乃伊等，都是他们的杰作。不管是物质层面还是精神层面，古埃及文明都可谓空前绝后。古埃及人在科学方面颇有造诣。埃及人很早就绘制了星象图，到新王国时期，已经认识了43个星座。在天文观察的基础上产生了埃及人的历法——太阳历。他们根据天狼星和尼罗河的泛滥时期，把一年定为365天，分为三季(泛滥季、播种季、收割季)，每季4个月，共12个月。每月30天，余5天在岁末为节日，比现在的阳历仅误差1/4天。① 后来罗马共和国晚期凯撒根据太阳历制定了朱里亚历，是现代历法的基础。

古埃及人在建筑方面成就辉煌。大金字塔、亚历山大港灯塔是古代世界的奇迹。在底比斯修建的卡尔纳克神庙和卢克索尔神庙都是古代建筑的典范。这两大神庙均以众多巨大的圆柱著称于世，在神庙的柱子和墙壁上满是雕刻的象形文字。② 古埃及遗留下来的艺术品也十分丰富，主要有雕刻和绘画。雕刻有浮雕和圆雕，主要刻在木、石、象牙等材料上，其中石雕最多，反映了古埃及社会生活的方方面面，为研究古埃及的历史提供了丰富的形象化资料。

古埃及人还发明了象形文字。象形文字约形成于公元前3500年，一直使用到公元2世纪，是由图画文字演化而来，最初的使用者主要是僧侣。象形文字通常被刻在神庙的墙壁和宗教纪念物上，因而古希腊人称之为“圣书”。③ 由于象形文字体系过于复杂，不易为一般人所掌握和

---

① 参见郭丹彤：《古代埃及年代学研究的历史与现状》，东北师范大学世界古典文明史研究所编著：《世界诸古代文明年代学研究的历史与现状》，世界图书出版公司1999年版，第22～158页。

② 参见刘文鹏：《20世纪的古埃及文明研究》，《古代文明》2007年第1期。

③ 参见[英]巴里·克姆普：《解剖古埃及》，穆朝娜译，浙江人民出版社2000年版，第20～78页。

使用,因而逐渐被人们遗忘,后来成为一种“死”文字,直到 1822 年才最终被破译。象形文字对西亚腓尼基字母的产生有过重要的影响。

古埃及文明中最为后人惊叹的当属胡夫金字塔和狮身人面像,它们集中体现了古埃及人在建筑方面的惊人智慧。胡夫金字塔是古埃及第四王朝第二个国王胡夫的陵墓,是埃及现存规模最大的金字塔,建于公元前 70 年左右。据一位名叫彼得的英国考古学者估计,胡夫金字塔大约由 230 万块石块砌成,外层石块约 11.5 万块,平均每块重 2.5 吨,像一辆小汽车那样大,而大的甚至超过 15 吨。假如把这些石块凿成平均一立方英尺(1 英尺约为 0.3048 米)的小块,把它们沿赤道排成一行,其长度相当于赤道周长的2/3。据古希腊历史学家希罗多德的估算,修建胡夫金字塔一共用了20 年时间,每年用工 10 万人。胡夫金字塔全部由石块堆砌而成,石与石相互叠积,石块之间的缝隙连一张薄纸都无法插入。长达 5000 年的时间里,它是人类史上最大的单个人工建筑。

而最令人惊奇的是胡夫金字塔一系列的数字巧合。英国天文学家约翰·泰勒首先注意到胡夫大金字塔塔高与塔基的数据与圆周率有关,用塔高除以底边的二倍即可求得圆周率。另外,金字塔的底角并非 60°,而是 51°51′,由此发现每一面三角形的面积等于其高度的平方。[①] 同时,地球的子午线正好从金字塔的中心通过。两极轴心每隔 25827 年正好转一圈,而金字塔的两条对角线的和,就是 25826.6 厘米。[②] 胡夫金字塔到底凝结着古埃及人多少智慧,还有待我们继续探索,进一步揭开它神秘的面纱。

狮身人面像是古埃及文明中的另一个奇迹。它是埃及的著名历史遗迹,坐落在吉萨大金字塔旁,与金字塔同为古埃及文明的代表,每年吸引大批游客前往观赏。狮身人面像整个像高 21 米,长 57 米,耳朵部分就有 2 米长。如此巨大的雕像像是在一块巨石上雕刻而成。对于狮身

① 参见姚烨:《帝王谷中的神秘传说 图坦卡蒙法老的诅咒》,《世界博览》2021 年第 5 期。

② 参见林秀玉:《古代文明与地理环境之关系——古代中国、埃及及两河流域比较》,《闽江学院学报》2004 年第 1 期。

人面像的人面部分，有人认为是按照古埃及第四王朝法老哈夫拉的脸型建造，也有人认为是雷吉德夫根据父亲胡夫的肖像建造。狮身人面像的造型非常有特色，在古埃及，狮子是力量的象征，设计成狮身的造型实际是对古埃及法老的神化，也是古埃及法老至高无上的权力的体现，展示了古埃及人民对神的力量的信仰，是古埃及时期思想的典型体现。

埃及是世界古国中的古国，有着悠久而厚重的历史与文化，在世界文化体系内占有重要地位，为后世留下了宝贵的物质和精神财富，对后世的古希腊、古罗马、犹太等文明也产生了巨大影响，是人类文明史上不可忽视的亮色。

二、河流与人类文明的关系

在谈到人类生命起源和文明起源的时候，河流的作用不能忽视，这种作用往往是具有决定性的。比如在人类生命之始，如果没有河流、缺少水源，人类不可能存在；没有河流的存在，文明的发展就难以为继。从上述我们梳理的两河流域文明和古埃及文明中可以发现，今天世界重要文明的源头往往由大河孕育。那么，在长达几亿年的人类历史发展过程中，河流是如何对人类文明产生作用的？人类又是怎样与河流互动的？

（一）河流对人类文明的影响

人类发展的历史经验告诉我们，在人类文明发展之初，地理环境对于人类文明的发展具有决定性作用，不同的地理环境产生不同的文明，不同的河流也孕育不同的文明。人类自古就有“沿河而居”的习俗，河流对于人类的发展至关重要。从最早的人类开始，要生存就需要一定的水量，如果不能摄入足够维持生命的水量，人类就无法生存劳作。在尚未具备生产能力时，人类获得食物的途径只能是采集野果或者捕猎动物，想要获得足够的食物，就要有数量可观的动植物可供食用，而动植物的生存同样离不开水。所以一个人类群体维持生存所需要的水量，不仅包括自身所需的饮水量，还包括这些动植物的需水量。

正因为如此,早期的人类大都选择沿河而居,以保障自身的生存条件。人类先民在选择居住地时,水源只是基本条件。一般一条河流流域比较广泛,不同河段的气候、地形地貌以及自然资源差异很大。因此,在选择居住地时,人类更是综合考虑多种因素。

首先考虑的是气候条件。在人类尚不能使用人工手段进行取暖、防寒时,适宜人类生存的气候条件就格外重要。黄河、长江、幼发拉底河、底格里斯河都处在北温带,尼罗河的中下游也都在北温带,恒河入海口在北回归线以北。只有在气候适宜的地方,才更有利于河流发挥积极作用。

其次是地形地貌。一般大河的发源地与下游之间地形差异巨大。发源地往往海拔较高,空气稀薄,耕地较少,不适宜人类生产生活;中下游地区地势平缓,水流较缓,所以大部分的文明都起源于大河的中下游地区。

最后就是自然资源条件。在人类能够进行生产活动之前,食物的主要来源是采集植物、狩猎动物,土地是否适于耕种对人类影响不大。在人类生产出简单的生产工具、能够进行农业和牧业生产之后,土地资源的重要性就显现出来。沙漠无法被辟为农田;因为生产工具的落后,黏性土壤、盐碱土壤、贫瘠土壤也无法为早期人类所开发利用。黄河的中下游流经黄土高原和由黄土冲积形成的平原,此区域土壤疏松,地势平坦,连成一片,一般没有原始森林和茂密的植被,成为适宜的农业区。[①]在综合以上因素之后,河流将它的积极作用发挥到最大,为文明的诞生提供最基础的物质条件。

除了提供基本的物质条件之外,河流也为人类迁移、传播文明提供了条件。在生产力低下、生产工具缺乏的年代,人类想要在地势复杂的陆地上作长途迁移是非常困难的。但是河流不同,河流可以相对轻松地穿越峡谷或荒漠进入另一个地区,运用河流迁移可以避开陆地上复杂的

① 参见李煦:《新的黄河文明应运而生》,《长江日报》2020年11月10日。

地势，方便安全且省时省力。[①] 河流的交通运输功能帮助人类寻找到更适合的栖息地，同时也支撑着文明的生存和发展。一个大的文明区域内部必定需要大量的人流和物流，而一条大河所能提供的水运方式是最便捷和廉价的，内河运输往往是一个国家、一个地区唯一有效的大规模运输手段。古埃及建造金字塔、神庙、方尖碑，所用材料是产于阿斯旺一带的花岗岩，要是没有顺流而下的尼罗河水运，这一切就都不可能发生。同一条河流水系间的便捷水运，也为区域内的人员来往提供了条件。

中国自秦汉以来实行中央集权制度，政令的上通下达、公务人员的必要来往、军队和重要物资的调度、重要信息的传递，都是维持国家统一、政府正常运作和社会基本秩序的根本条件，所以要以很大的人力物力设置和维护庞大的驿递、调度和运输系统。其中依托水运，特别是依托同一条河流或水系的水运部分，都是最廉价和高效的。同一个流域内的政权，其基础由此更加稳固。即使出现短时间的分裂，也能较快恢复统一。

为了利用河流发展便利的交通，人类逐渐学会了造船，从最初的小竹筏到技艺精湛的远航船只，河流推动了人类造船技艺的飞速发展。在造船业逐步发展起来，人类可以行驶到更远的地方之后，文明的相互传播就悄悄开始了。唐朝时鉴真东渡到日本，讲授佛学理论，传播博大精深的中国文化，促进了日本佛学、医学、建筑和雕塑水平的提高，促进中日文化交流。明代的郑和下西洋，积极将华夏文化传至海外，加强了中外文明的交流，也留下了介绍沿岸国家、地区情况的地理著作以及航海图。

俗话说：“一方水土养一方人。”河流对文明的作用不仅表现在物质方面，也显示于精神方面。一个人类群体长期生活在同一流域，形成了相同的生活方式、协调的生产方式以及和谐的生存方式，也会形成诸多共同的文化要素，进而形成共同的文化心态。受同一流域地理环境的影

① 参见葛剑雄：《水文化与河流文明》，《中国三峡建设》2008年第6期。

响,人们往往发展出同样的习俗,养成相似的生活习惯。黄土高原土壤贫瘠、生活条件比较艰苦。为了抵御寒冷,人们建造窑洞,并且创造出陕北大秧歌等文娱活动。受地理环境的影响,黄土高原地区的人性格也就比较坚韧豪爽。尤其是黄河、长江这样的大河,从源头到入海口,流经多种多样的地形地貌,构成千姿百态、惊心动魄、磅礴浩荡的景观,不仅是丰富的旅游资源,而且是深厚的精神源泉。诗人抒发激情,画家描绘美景,哲学家在沉思中期待顿悟,艺术家在探索中寻找灵感,政治家在谋划大局,军事家在观察险要。芸芸众生日出而作,日入而息;英雄豪杰叱咤风云,惊天动地。一些特殊的景观或环境会唤醒人性中的真、善、美,升华为对自然、对人类、对民族、对国家的感情、信念、信仰。经过杰出人物的阐发和推广,形成价值观念、传统文化或坚定的信念。它们本身,也因凝聚了历史、经历了沧桑,而演变为一种文化符号、精神象征、时代烙印、历史记忆。①

(二)河流与人类的互动

河流为人类发展提供基本的物质条件,在河流作用于人类的生产生活时,人类活动也在影响着河流。人类与河流不同形式或程度的互动,会形成不同的文化,不同程度地塑造文明形态。在河流与人类互动的过程中,人类对河流的作用愈加凸显,对河流造成的正面影响和负面影响皆有之。就拿黄河与人类的互动来说,在人类逐渐掌握生产生活的技能、多方面获取资源之后,人类对河流的破坏逐渐显现。

我国人口众多,对粮食、民用燃料等需求大,所以在生产力水平不高的情况下,人们急需更多的物质资源,开始强调粮食产量。为了获取更多的粮食,人们违背土地利用发展规律,掠夺式开垦土地;忽略因地制宜的发展规律,把只适合林、牧业的土地也辟为农田,破坏了生态环境。不适宜耕种的陡坡也被大量开垦,以至于陡坡越开越贫,越贫越垦,生态系

① 参见葛剑雄:《黄河与中华文明》,中华书局2020年版,第16~18页。

统陷入恶性循环；乱砍滥伐森林，甚至乱挖树根、草坪，使树木锐减，地表裸露，这些都加重了水土流失。[①] 大量泥沙冲入黄河，导致黄河含沙量日渐增加，下游泥沙沉积，河床被不断抬高，出现地上悬河。

历史上看，流域内政权更迭、人口繁衍，自然环境更是不断恶化。尤其是隋唐时期，为了新建辉煌的都城，黄土高原上的森林遭到严重破坏，至明清时期，由于用材、开垦和放牧等原因，草原与森林更是被全面毁坏。环境的不断恶化导致黄河含沙量与日俱增。西汉初年遂有了“黄”河这一名称，至明清时期，黄河含沙量竟高达 60%，有时甚至达 80%。这造就了黄河“善淤、善决、善徙”的特性，使其成为一条多灾多难的河流，正所谓“华夏水患，黄河为大”，“三年两决口，百年一改道”。

当然，人类活动对于河流也有良性的一面，最具有典型性的就是杰出人物对于河流的治理。在人类与黄河的互动过程中，最值得称道的就是人类的治黄工作。黄河是中国第二大河流，有广阔的流域，被认为是世界上水域情况复杂、管理难度较高的河流。频繁的洪水和干旱给黄河流域的沿岸人民生活带来了严重的影响。据统计，从西汉文帝十二年（公元前 168 年）河决酸枣、东溃金堤算起，到 1938 年郑州花园口扒口止，2106 年间，黄河决溢的年份共计有 380 个，平均 5.5 年就有一个洪灾年。另据不完全统计，在此 2106 年间，黄河决溢达 1590 次以上，平均不到 1.5 年一次，习称“旧日黄河三年两决口”。洪水的泛滥与河流的迁徙给中国的祖先留下了数不清的痛苦经历。

因此，黄河的治理是维护国家安定团结的主要内容，黄河治理发展的历史在一定程度上也是国家进步的标志与缩影。中国人深沉的黄河情怀并不仅仅体现在感恩黄河对中华文明的温柔孕育，也体现在黄河母亲因累累伤痕而暴怒肆虐造成的种种灾难上以及她的子孙为了修复良好关系而付诸的不懈努力中。从远古时期的“大禹治水”开始，一代又一

① 参见廖梦思等：《衡东县洪涝灾害形成机理及综合减灾研究》，《衡阳师范学院学报》2010 年第 6 期。

代的中华儿女在不断探索黄河的治理之策,先民们建造的各种各样的保护设施成为黄河物质文化的重要组成部分。

据记载,黄河下游的防洪设施始于鲧“障堵洪水”的年代,鲧当时采用的是筑堤障塞之法治水。在鲧之后的禹是最有影响的治水英雄,相传禹改塞障之法为疏导,从而成功治理了水患。到西周之时,甚至有了“防民之口,甚于防川,川壅而溃,伤人必多”的说法,这也从侧面证明了西周就已经建起了堤防工程来进行洪水防御。春秋战国时期,修筑堤坝也被用于国防军事。沿河流域的国家为了防止洪水的破坏,在各自的领土上修建了堤坝进行防洪抗灾,同时以邻为壑、以水代兵的方式也成为国家防御的重要手段之一。秦统一六国后,不仅做到了“一法度、衡、石、丈、尺,车同轨、书同文字”,也接管了战国时期各国修建的堤防,并“决通川防,夷去险阻”,使阻碍水流和妨碍交通的关卡都得以消除。许多关于秦堤的传说甚至流传至今,如河南濮阳有“秦始皇跑马修金堤”的说法,《滑县志》中亦有关于秦堤“瓠子堤”的记载。

至西汉,关于黄河的整治力度又被提升到了一个新的高度,设置了“河堤都尉”“河堤谒者”等官职,并且沿河各郡都有专职防守河堤的人员。东汉明帝时,王景以“堰流法”治理黄河并取得成功。三国时期,黄河流域长期处于战乱状态,治河之事较少见于记载。隋唐水事,重在运河,治河记载亦不多见。但北宋时,治河之事重新得到统治者的重视,治河工程不仅数量多,而且规模大。明清治河与漕运相连,以保证江南物资的北运,潘季驯和靳辅是这一时期黄河治理的杰出人物。自 1855 年铜瓦厢决口改道后逐渐形成的黄河大堤是黄河下游防洪工程体系的重要组成部分。黄河大堤包括两岸的临黄大堤、北金堤等,全长达 1583 千米,又因黄河大堤高出地面很多,人们便将其形象地称为“水上长城”。

很多地理环境都可以催生人类早期文明,比如高山、海岸、平原等,但是相比之下,河流最容易产生人类文明,与人类文明的关系也最密切。就河流与文明的关系来说,如果河流比较稳定,源远流长,文明发展就比较平稳，不同文明之间也会相互交流、影响，甚至融合成更高的文明体。[①]在人与河流长期的互动过程中，人与河流相互作用，既有不利的一面，也有积极的影响。河流催生人类文明的同时，可能会带来洪水等灾害，人类在与河流互动中既有对河流的破坏，也有对河流的治理。在历史长河中，人类与河流共同发挥作用，促进人类文明的繁荣昌盛。进入今天的历史新时期，在现代科技迅猛发展的大环境下，人们又在不断地通过自己的努力拯救濒于断流的黄河。正是在这一艰苦的过程中，中华民族坚忍不拔、坚持不懈、勤劳勇敢等非常优秀的品格得以不断发扬光大。

第二节　探寻黄河文化之本

一、黄河的由来与历史背景

黄河是我国位列长江之后的第二大河流，也是世界上最著名的江河之一。在我国历史上，黄河居于百水之首，具有巨大的历史研究价值。炎黄子孙自称是“龙的传人”，因此对龙具有一种特殊的情怀。而从高空俯瞰，黄河的流经地如同一个“几”字，仿若炎黄子孙的图腾——龙。黄河这种独一无二的地理形态，铸成了其作为国家地标位置的先天优势。

黄河不仅在自身形态上与中国崇尚的精神相似，而且在其万古奔流、生生不息的流淌中也彰显了中华民族特有的文化精神。黄河，是中华民族古往今来公认的母亲河，如一位伟大慈祥的母亲哺育着中华儿女。它自西向东，绵延奔腾在我国辽阔的土地上，造就了质朴、勤劳、勇敢的中华民族。在我国广袤的土地上，奔腾的黄河水，留下了我们祖祖辈辈奋斗的足迹，同时也创造了中华民族璀璨的文化。

我们常常将黄河表现出来的精神称为“黄河精神”，如自强不息、奋力拼搏等特质。因此她也代表了中华民族的精神，成为中华民族精神的

---

① 参见鲍俊林：《黄河，中华民族一首读不完的诗篇》，《文汇报》2020年11月28日。

象征,中华民族成长的摇篮。黄河与中国人的关系其实应该体现在两个层面:一是黄河化人,哺育了古老的农业文明;二是人化黄河,即虽然人为造成了黄河的灾难,但同时人也在对黄河进行治理,进行挽救。

关于"黄河"名字的由来,民间还流传着这样一个传说。从前,有个一表人才、箭术了得的小伙子,名字叫黄河。一天,他在打猎回来的路上偶遇了一个姑娘,二人一见倾心,谈了很久才依依不舍分别,并约定了下次见面的时间。可是到了约定的时间,姑娘却没有来。黄河打听后才知道,姑娘是员外的女儿,员外为了阻止姑娘和黄河见面,将姑娘关了起来。黄河去找员外,要将姑娘救出来。员外要求黄河把箭射进铜钱眼儿里,黄河做到了;员外又继续刁难黄河,要求第二支箭将前一支箭顶出,黄河也做到了。员外又想继续耍赖,黄河一怒之下将箭射向员外,员外躲开了,下令抓住黄河。黄河逃进深山,决定苦练技艺救出姑娘。一年后,黄河下山,路上射下一只大鸟。大鸟告诉黄河,员外逼姑娘和财主成亲,姑娘一怒之下跳楼了。黄河悲痛欲绝,泪水像泉水一样涌出来,流成了河水,汪洋一片,向东流去,就成了滚滚黄河。

这一民间故事虽然不能真正解释黄河的由来,但却代表了古代人民对黄河的美好期望,赋予了黄河重情重义的品质。其实,在历史上很长一段时间,黄河是不叫黄河的。《说文解字》中,称黄河为"河";《山海经》中称之为"河水";郦道元(公元6世纪左右)的《水经注》称黄河为"大河"。

在世界著名的大河中,只有中国的黄河是以颜色命名的,这在很大程度上说明人与自然的关系在这里体现得尤为复杂。之所以被后世称为"黄河",是因为河水逐渐变黄。2000多年前,黄河水还比较清亮,诗经中多个篇章提及黄河水的清亮。比如《诗经·魏风·伐檀》中描写到:"坎坎伐檀兮,置之河之干兮,河水清且涟猗。"其意为:黄河之滨,伐木声声,清清河水,泛着涟漪。可见在《诗经》描述的年代(西周初年至春秋中叶),黄河的水质相当澄澈。到了战国时期,黄河水质开始发生变化,不再如往昔清澈。《左传·襄公八年》有言:"俟河之清,人寿几何!"意为:

人寿命有限，等到黄河变清，几乎是不可能的事情。这句话从侧面描述了黄河水质的浑浊，不过这个时候，河水只是不再清澈，还不到严重的程度。

直到西汉，由于战争、大兴土木，加之气候变迁等人为、自然等原因，黄河周围的环境开始恶化，黄土高原水土流失严重，河流中的泥沙日益增多，河水也变得色黄而混浊，于是河流两岸的老百姓开始称呼其为“黄河”或“浊河”，也由此有了“一石水而泥六斗”的谚语。据考证，“黄河”一词最早见于东汉班固《汉书·地理志》中“常山郡·元氏县”的释文里，但未被广泛认可。在公元900年即唐代以前，人们一般把这条母亲河称作“大河”，以表示它是华北最大的河流。到了唐宋时期，“黄河”这一名称才被广泛使用，并将其简称为“黄”。《宋史》已有“黄、汴、清、御”的说法。此后，“黄河”的名称被固定沿用下来。

二、黄河文化的自然地理基础

“诗仙”李白有诗：“君不见，黄河之水天上来，奔流到海不复回。”黄河——中国的第二大河、世界长度第六的大河，发源于青海省巴颜喀拉山的约古宗列盆地，向东流经青海、四川、甘肃、宁夏、内蒙古、山西、陕西、河南、山东九个省（自治区），横跨青藏高原、内蒙古高原、黄土高原和华北平原，流经青藏高原气候区、温带大陆性气候区、温带季风气候区等三个气候区，最后在山东省东营市垦利县（现为垦利区）注入渤海。

我们所说的黄河流域，主要是指由地面径流分水线所包围的集水区区域，该区域主要界于北纬32°～42°，东经96°～119°之间，干流河道全长5464千米，集水面积达到79.4万多平方千米，大约相当于3个英国的国土面积；从河源到河口处的落差达到4830米。[①] 黄河向北抵至阴山，向南到达秦岭，南北宽约1100千米。黄河的河段长和流域面积，因泥沙淤积、河口延伸，也处于不断变化之中。

① 参见葛剑雄：《黄河与中华文明》，中华书局2020年版，第30～55页。

（一）黄河流域的地质演进

根据地质演化史来看，黄河的起源形成相对较晚。早更新世晚期，即115万年前，流域内只有一些未连通的湖泊盆地，每个盆地都形成了独立的内陆水系。此后，随着西部高原的抬升、河流的侵蚀、抢夺，经过105万年的中更新世，湖盆逐渐连通，形成了黄河水系的雏形。从10万年前到1万年前的晚更新世，黄河逐渐演变成一条从源头到河口上下贯通的大河。

根据多方面的研究，古黄河有三个发展阶段：第一个阶段是指第三纪至第四纪的早更新世，为古黄河胚胎孕育期；第二个阶段是指第四纪中更新世（距今115万年～10万年），为古黄河诞生成长期；第三个阶段是指晚更新世（距今10万年～1万年），黄河形成海洋水系。现有的地学资料表明，中生代燕山运动确立了中国大陆的轮廓，新生代喜马拉雅运动形成了中国由西向东三大阶梯的地貌格局。黄河的形成和发展受到这种地质地貌条件的制约。根据地理学家的研究，黄河共经历了150万年的发展孕育，经历了几个独立的内陆湖盆水系的潜伏期和各个湖盆水系逐渐连接的生长期，最终形成了统一的海洋水系。

1.古黄河胚胎孕育期

资料显示，在第三纪和第四纪早更新世（150万～115万年前），华北塔里木古陆块上有许多古老的湖泊盆地。在黄河现在所在的地区，自西向东的古湖盆有：共和、西宁、陇西、宁南、银川、河套、陕北、金溪、陇东、汾渭、洛阳、沁阳和华北。直到早更新世晚期，流域西部才有古扎陵、鄂陵湖和古若尔盖湖。由于形成了西高东低的梯形台地，像是现在的渤海地区一样的湖盆都成为当地河流的目的地。这些湖盆水系相互不连通，形成独立的内河水系、拉加寺共和湖盆水系、刘家峡银川湖盆水系、河曲汾渭湖盆水系和华北湖盆水系，这些湖泊体系的形成和发展孕育了黄河。

2.古黄河诞生成长期

中更新世（115万～10万年前），该区地壳产生了明显的差异性构造运动，湖盆之间的隆起带强烈抬升，导致河流急剧下降，不仅加深和拓宽了早期原型古河道，同时也开始出现区域水文网络。一些地区由于水流的强烈侵蚀，逐渐连通形成大江大河，一些湖盆不断缩小甚至干涸。总体而言，中更新世早期，玛积雪山东部地壳大面积抬升，抬升段河流受侵蚀强烈，继而造成了共和湖和汾渭湖被拉开，内里湖水逐渐消失；从龙羊峡到小浪底，各河谷段普遍发育最高阶地第四阶地，记录了古代黄河最早的成长历程。[①]

晋峡、三门峡、孟津峡、兰州等宽谷区地段的古黄河及其支流的三级阶地，共和盆地和汾渭盆地发育良好的三级阶地，以及陕北、陇东、宁南、陇西地区的土地，均发育于中更新世晚期（50万～10万年前）。其切割深度一般为30～50米，最深为70米，说明这是古代水文化网络的大发展时期。也就是说，除共和盆地西部和沁阳盆地东部的独立湖盆体系外，其他各段的古黄河相互衔接，形成了统一的古黄河流域水文化网络体系，河道基本定型。[②] 综上所述，历时105万年的中更新世是黄河发展史上一个非常重要的历史阶段，即从多个独立的湖泊体系向统一的古黄河过渡。

3.海洋水系的形成

晚更新世是盆地古水文网络发展的历史转折期，距今约10万～1万年。这一时期，古水文网络体系的发展特点是：大部分古湖盆淤积消失，如扎陵、鄂陵、若尔盖、临河、冀中及天津等少数古湖泊剩余水域大幅度减少。此外，由于泥沙淤积，古冀中湖面积大大减少，东侧断裂隆起，将古湖分为两部分。北部的叫冀中湖，南部的叫古长垣湖。今天，天津以东海域被海水占据，被称为古渤海。古老的黄河通过天津湖流入大海。

---

① 参见宋佳：《黄河入海口文化特征及其开发研究》，《山东理工大学学报》（社会科学版）2015年第1期。

② 参见李德发、曹景华：《垦利——黄河入海的地方》，《中国商报》2004年4月16日。

古黄河中下游，无论是干流还是支流，普遍发育二级阶地。峡谷和宽谷为基底型，只有东部裂谷盆地为堆积型，以上叠加型为主要类型。

除银川、临河外，其余地方均为河流阶地，说明当时河流侵蚀较为强烈。各河段沉积厚度差异很大，抬升段较薄，一般小于 30 米；盆地段较厚，在15～400 米，可见晚更新世裂谷盆地的坳陷和隆升幅度较大。因此，高原古黄土沟壑切割十分严重，形成了完整的古沟壑体系。当古黄河流经古湖盆入海形成海洋水系时，海平面成为整个河流统一的侵蚀基准面。[①] 河床纵断面在海平面升降控制下进行调整，向统一的平衡曲线发展。此后，黄河河床进入统一调整阶段，即上升段河道作用以负冲蚀为主，而快速下沉的裂谷段河道作用主要为淤塞，形成冲高填低的夷平面过程。

在 1 万年至 3000 年前的全新世中前期，古湖盆大多干涸消亡，沟壑系统发展迅速，特别是黄土高原出现了“千沟万壑”的现象，这是古黄河系统的大发展时期。这一时期，水土流失严重，河流泥沙急剧增加。古渤海在西部两次入侵，其中以全新世中期入侵范围最大。西边的边界一般在现在的运河附近，留下了古代贝壳堤的遗迹。由于洪水泥沙的增加和海平面的上升，河水的流泻受阻，导致了古代的洪荒时代，留下了大禹治水的传说。

（二）黄河地形地貌

黄河流域的地势从东向西大致可分为逐级下降的三个阶梯。

1.青藏高原。青藏高原周围群山环抱，多为西北—东南走向，山顶终年积雪，属于冰川地貌类型。青海高原南部的巴颜喀拉山脉是青海省长江与黄河的分水岭，每年春天过后，在强烈的阳光的刺激下山上的冰雪融化成小溪，为长江和黄河供水。[②] 总的来看，青藏高原整体地形主要由高山峡谷和冰川冻土组成。在边缘与黄土高原的交界处，底部为褶

① 参见张光义等：《关于黄河文化建设几个基本问题的思考（上篇）》，《黄河报》2008 年 12 月 6 日。

② 参见贾玉英：《黄河流域旅游文化及其历史变迁》，科学出版社 2020 年版，第 23～138 页。

皱，山峦错综，沟壑纵横，只有黄河及其支流桃河、湟水河谷稍显平坦开阔。西有东祁连脉，南有昆仑、秦岭会聚的一系列山脉，东北有相对较低的黄土高原。从西南到东北，位于第一阶梯的青藏高原平均海拔从 4000 多米逐渐下降到 1000 多米，至此黄河继续向东北流去。

2.第二阶梯与第一阶梯以太行山为界，总体海拔在 1000～2000 米。本区域又以白于山为界，分为两个主要的地貌单元。白于山以北为内蒙古高原、河套平原和鄂尔多斯高原；以南为黄土高原、秦岭山地、太行山地以及盆地等。

在北纬 37°，黄河在这里先沿着贺兰山向北，因阴山阻挡再向东，后沿着吕梁山以“几”字形向南发展，故北纬 37°线以北被称为“河套”。河套平原位于中国内蒙古自治区和宁夏回族自治区境内，东西范围为贺兰山至呼和浩特市托克托之间，南北范围为狼山、大青山至鄂尔多斯高原。河套平原东西长度为 900 千米，南北长度为 30～50 千米，整体海拔起伏不大，在 900～1200 米之间，地势由西向东微倾。① 其地势平坦，土地肥沃，黄河为其提供灌溉水源，为宁夏回族自治区与内蒙古自治区重要农业生产和商品粮基地。

鄂尔多斯高原地处黄河“万里长城”的怀抱之中。与黄土高原相隔，西、北、东三面有黄河环绕，面积 13 万平方千米，海拔 1000～1400 米，西部地势较高，四周低，是一块近似于方形的台状干燥侵蚀高原。东部为准格尔黄土丘陵沟壑区，西部为桌子山低山缓坡和鄂托克高地，北部为库布齐沙漠，南部为毛乌素沙漠和滩地，中部沿北纬 39.5°一线隆起，海拔 1400～1700 米，为鄂尔多斯台地。高原内无山脉，河流稀少，盐碱湖众多。

黄土高原位于中国中部偏北，北纬 34°～40°，东经 103°～114°。它东起太行山，西至乌鞘岭，东西长千余千米，南靠秦岭，北抵鄂尔多斯，南北 700 千米，面积约 40 万平方千米，海拔 1000～2000 米，是世界最大的黄

① 参见王妍娜、敖登高娃：《巴彦淖尔地质变迁和独特的地质地貌》，《西部资源》2021 年第 2 期。

土沉积区。除少数石质山地外,高原上覆盖厚度为 50～80 米的深厚黄土层,其中最厚可达 150～180 米。[①] 黄土高原土质疏松,黄土颗粒细,土壤中含有丰富的作物生长所需的养分,利于耕作,盆地和河谷垦地农耕历史悠久,是中国文化的摇篮。黄土高原地貌类型有塬、墚、峁、沟、川等,地表起伏变化剧烈,相对高差大,水土流失严重,是黄河泥沙来源区。

横亘于中国中部的秦岭山脉整体呈东西走向,西起甘肃南部,东至河南南部,中间穿过陕西南部。秦岭东西长约 1500 千米,南北宽100～150 千米,海拔 1500～2500 米。秦岭是我国地理上零度等温线和 800 毫米等降水量线的穿过地,同时也是黄河和长江两大河流流域的分水岭,在我国地理学上具有重要意义。秦岭还被尊称为华夏文明的龙脉。[②]

太行山位于黄土高原和华北平原之间,海拔 1500～2000 米。北起北京西山,南至河南省北部黄河北崖,西接山西高原,东临华北平原,绵延 400 多千米。它是黄河流域与海河流域的分水岭,也是晋、冀、豫三省的天然界山。太行山东陡西缓,北高南低,对夏季风有明显的阻塞作用,具体表现在迎风坡降雨较多,形成暴雨区,是黄河中游主要洪水来源之一。

3.自太行山系以东直至滨海为黄河流域地势最低的区域,主要由黄河下游的冲积平原和鲁中丘陵组成,海拔一般在 100 米以下。

冲积平原是黄河流经此地,泥沙沉积形成的平原地貌。下游地区多以平原丘陵为主,地势较平缓,黄河流至此地,水流流速降低,挟带的大量泥沙逐渐沉积,长此以往形成了冲积平原。黄河下游冲积平原是中国第二大平原——华北平原的重要组成部分,面积 25 万平方千米,包括河南东部、河南北部、山东西部、山东北部、河北南部、河北北部、安徽北部和江苏北部。冲积扇顶部海拔 100 多米。这一区域被黄河河道分隔成

---

① 参见贾冰、雷文娟、付素静、聂中青:《甘肃省内陆河流域与黄土高原气候变化对比》,《人民黄河》2011 年第 2 期。

② 参见宫臻祥:《唐宋文人汉中写景诗初探》,《剑南文学(经典教苑)》2013 年第 7 期。

两个区域，以北为海河流域，以南为淮河流域。区内整体地势平缓，水流流速较缓，排水不畅，多容易造成洪涝、旱碱等灾害现象。

山东丘陵包括鲁中南丘陵和胶东丘陵两部分。其中，鲁中丘陵由泰山、鲁山和沂蒙山组成，除泰山等少数海拔在1000米以上的山峰外，大部分都在300～600米以下。山东省中南部以西的山丘因多条作用强烈的放射状河流切割而破碎。山东半岛位于潍河、沭河以东，东端胶东丘陵多为低山，长期遭受风化侵蚀，形成连绵不断的波浪；胶莱平原位于鲁中、鲁南丘陵与鲁东丘陵之间，是一个剥蚀冲积形成的小平原。黄河行至山东东营入海，造就了黄河湿地，推动着中国国土在不断向海洋延伸。

从上面可以看出，黄河流经地区的地形地貌东西向有着强烈对比，这种状态对各种气候因素的影响，又导致整个区域从冰川冻土和沙漠戈壁向沟壑纵横的黄土高原冲积平原过渡，其中山地丘陵和河谷盆地的地表形态被风雨侵蚀。显然，对于整个黄河流域的地形来说，地壳运动决定了它的大轮廓。这种大轮廓影响着气候条件，作用于地表物质，进而决定了这里的具体面貌，构成了这里自然区域划分的重要依据。它使河流在复杂的地质构造、地形和气候相互作用下，形成了丰富的金属矿床，煤炭、石油、天然气带以及地热、水力、风能、光能、潮汐能等多种多样的资源。

（三）黄河流域的气候特征

黄河流经地域广阔，东西向跨度大，地势复杂，源头与入海口高度差大，不同地区之间自然条件差异巨大。黄河流域整体处于中纬度地区，受大气环流与季风环流的影响，流域内气候变化比较大，气候特征较为复杂。因此，流域内不同地区的气候差异非常明显，整体气候的年变化和季节变化都比较大。

1.流域光照充足、辐射强烈

黄河流域日照条件仅次于柴达木地区，居全国第二位。年日照时间一般达到2000～3300小时，年日照率大多为50%～75%，是长江流域的

2倍左右。黄河流域太阳的辐射量虽然没有西南地区特别是青藏高原地区强,但总体上要比我国东部黄河东北部和南部强辐射区强。

2.气温昼夜温差、季节差别大

黄河流域年平均气温为-4℃~14℃,地区间温差大是由于地形复杂造成的。就整个流域而言,总体温差是随着纬度的升高而减小,随着海拔的升高而减小,即黄河流域温差表现在南高北低,东高西低。全流域最高气温在河南、山东境内,最高可达12℃~14℃;最低气温在上游河源地区,最低可到-4℃。总体来看,黄河流域温度、季节变化较大,有的地区春秋时间短暂,有些地方四季分明,自东向西各区域间温差均有所不同。

3.流域降水集中,分布不均

流域内降水地区分布不均,降水量自东南向西北减少,最高可达800毫米,最低不足200毫米;季节分配上也较为极端,夏季雨量一般占全年降水的60%左右,而冬春季节不足20%,降水变率也随之提高。黄河流域处于温带,位于东亚季风区的北部,区内有湿润、半湿润、半干旱和干旱不同类型的地区。下垫面条件多种多样,有高山草地、林区、黄土丘陵和沙漠等,气候条件复杂,降水地区差别明显。黄河流域年降水量分布的总趋势是从东南向西北减少,北中部地区大约在北纬36°以北,这一地区处于内陆,周围有山脉阻隔,年降水量相对比较少,一般为150~550毫米,有的可少于150毫米。黄河中游干流以东年降水的分布趋势主要是从南向北减少,年降水量为400~750毫米。

黄河下游及其东南地区降水量可达600~900毫米。太行山以西是相对少雨带,降水约为370~550毫米,太行山以东约为420~650毫米。黄河中游主要的多雨期是北洛河中段,约600毫米,中心可达700毫米;泾河、洛河降水也均在500毫米以上。渭河流域以中游的降水为多,可达600毫米以上,上游、下游约为550毫米。黄河上游沿青海高原的东北边缘形成一条少雨带。高原区内降水分布是南北多而中间少。湟水河、大通河流域降水可达400毫米。南部从黄河河源顺阿尼玛卿山（玛积雪山）向东南，年降水量从300毫米增至700毫米。

黄河流域大部分地区处于季风气候区，流域年内降水的分布直接与冬夏季风的活动有关。由于各地区季风影响的起止时间不同，在各月、各季的降水量也不同，呈现出冬春季节降水少、夏秋季节降水较多且集中的特点。春夏秋冬四个季节的降水量占年降水量的比例分别是13％～23％、40％～66％、8％～33％、1％～5％。

春季，降水开始增加，泾河、洛河下游，渭河等地降水量占年降水量的20％～25％；宁夏中南部和兰州以上大部分地区春雨占全年雨量的15％～20％；黄河下游，山西省、陕西北部和河套平原地区占10％～15％。春季降水量比例在20％以上的地区主要是北纬35.5°以南的低纬度地带。夏季流域降水所占比例偏高的地区主要集中在黄河中上游以北地区和花园口地区以及下游大汶河流域，这些地区降水量大部分超过57％，其中呼和浩特高达66％。夏季降水在年降水中所占百分率最大，一般都超过50％。洛河、泾河、渭河为50％；山西、陕西区间为50％～60％；黄河下游及宁蒙河套区达60％以上，最大的近70％。秋季降水较春季稍多一些。渭河、泾河下游尤为突出，秋雨占全年降水量的30％～35％；三门峡以下的中游河段，秋雨可占年降水量的25％～30％；黄河上游大部分地区占20％～25％；黄河下游平原区则占20％左右。冬季整个流域均在强盛的东北季风的控制之下，降水极少，降雨量均不超过全年的5％。

4.湿度小、蒸发大、无霜期短

黄河流域地区蒸发能力强但湿度小，蒸发量在1100毫米/年，相对湿度在60％以下。无霜期较短，平均无霜期不足20天，第一次霜冻日的时间自北向南、自西向东逐渐延后；一般同纬度地区，山区的第一次霜冻日要早于平原、河谷和沙漠地区。如黄河上游地区，自唐乃亥以上，初霜日平均在8月中下旬，黄河中下游的初霜日一般就到了10月中上旬，其余地区在9月份左右。区域内终霜日的时间变化特征则与初霜日相反。黄河下游平原地区终霜日到来较早,平均在3月下旬,而上游唐乃亥以上地区晚至8月上旬和中旬,其余地区介于两者之间。

(四)黄河流域的土地和矿产资源

黄河流经地域广阔,流域内土地包括内流区域,总面积达11.9亿亩(一亩约为666.67平方米),约占全国土地面积的8.3%。这里土地类型丰富,大部分是山丘。大部分盆地地区气候温和湿润,是我国重要的农牧业基地。流域耕地面积1.89亿亩,占全国的13.3%,其中灌溉面积7590万亩,占全国的9.7%。人均耕地面积1.77亩,比全国人均水平高1.15亩。人均粮食产量352千克,比全国人均水平低400千克。其中,宁夏平原、汾渭平原与华北平原是小麦、棉花、谷物的生产基地,青海、宁夏、内蒙古作为我国有名的畜牧养殖基地,有着辽阔的草原牧场,能够提供丰富的畜牧补给。流域内有林地1.53亿亩,多分布在中下游,有牧草地4.19亿亩,多分布在中上游,可供使用的林地、牧地面积广阔,为林牧业的发展提供了良好的资源。整个流域内还有大量适合开垦的荒地,面积约有3000万亩,主要分布在黑山峡到河口镇之间的黄台地和黄河河口三角洲地区。

黄土在欧亚、北美有着广泛的分布,但最有典型意义、决定了一个民族的文明道路、影响了一个民族文化的就是中国北方的黄土。黄土比较松软,内部空隙大,是由砂粒、黏土和少量方解石组成的混合物,可以用手搓捻成粉末,一般呈现浅黄或黄褐色。世界著名的黄土地带就存在于我国西北部地区,黄土土层厚度可达到二三百米。《史记·三王世家》中有记载:“封于北方者取黑土,封于上方者取黄土。”宋代苏轼的诗《白鹤山新居凿井四十尺遇盘石石尽乃得泉》也曾写道:“今朝僮仆喜,黄土复可抟。”

黄土土质肥沃,具有分层特征,包括土壤腐殖层、淋溶层、淀积层三层,同时还有很多区别于其他土壤的独特品质。黄土质地均一,含多量钙质或黄土结核，多孔隙，肥水相当多，有利于植物的生长。[①] 由于黄土土质疏松，因此对于使用石器等较为原始生产工具的古人类来说，也比较容易耕作；黄土有显著的垂直节理，无层理，便于挖穴构居；加上黄土高原地区渭河、汾河等众多水系的存在，保证了人类生活必需的水源，所以黄土高原的大片黄土地为人类的生存和发展提供了极其适宜的条件。但是，黄土干燥时会形成很硬质地，极易被流水侵蚀；经过水流和风力的长期侵蚀，黄土高原被冲刷的现象严重，最终形成沟渠等地形形态。黄土高原沟渠纵横，坡陡沟壑深，地面支离破碎，成为黄河泥沙的主要来源。

黄河流域蕴藏着丰富的矿产资源，被称为我国的“能源流域”。流域内的矿产资源种类多，分布广，相对集中，在全国矿产资源领域占有极其重要的地位。早在 1990 年就已在黄河流域发现了 114 种矿物；全国确认了 45 种主要矿物，仅在黄河流域就有 37 种，其中最优先的矿物为煤、石油、天然气等能源资源。

地理环境作为一种社会因素，是人类赖以生存和发展的基础，对文化的产生和发展具有显著影响。可以说，地理环境对文化的影响是无处不在的，饮食、服饰、建筑、风俗习惯、民族性格，无一不受到地理环境的影响。这种影响或明显，或隐藏，但对文化的发展形态与内涵的塑造时时刻刻产生着影响。

我们经常说“一方水土，一方人情”，因为不同地域环境的影响，不同地区逐渐形成了具有本地区特色的地域文化，如秦陇文化、河套文化、中原文化、齐鲁文化等，并进一步产生了特定的宗教信仰、民族传统、生活习俗等。地理环境的历史变化继而推动这一地区文化的演化。究其原因，地理环境是人类赖以生存的基础，制约着人类的生存、繁衍和进化，并且影响着人们的思维方式、行为模式以及对世界的认知。在人类生产生活、创造物质资料的过程中，人类的生产生活方式要遵循当地地理环

① 参见章秉辰：《从风中走来的高原》，《自然资源科普与文化》2021 年第 3 期。

境的特点，也就形成了符合当时地理环境的文化特色。

黄河流域地域辽阔，存在着不同的地形地貌，丰富多样的自然环境对黄河文化的形成与发展同样具有不可磨灭的影响。

三、黄河文化资源梳理

（一）黄河流域的史前文化

黄河流域中游及关中盆地地域在远古时代均属于亚热带气候。该地域内气候温和湿润，雨量充沛，四季分明，丰富的动植物为人类的生存发展提供了充足的条件。黄河流经的黄土高原和黄河冲积平原土壤肥沃，宜于开垦，这些条件都有利于先民们聚居和生活。黄河流域的这种特殊地理环境为我国古代文明的发展提供了良好的条件。

黄河流域自古以来就是中华民族生存的摇篮，在这片土地上出现了众多的人类文明。北京周口店猿人遗址属于旧石器时代早期遗址，经过一系列的考古发掘，共发现40余个人体的颅骨和四肢骨，成为反映黄河流域早期人类活动区域的重要证据。黄河流域地区孕育了众多史前文明，不仅发现有“蓝田人”“丁村人”“许家窑人”等早期人类的活动痕迹，也孕育了仰韶文化、马家窑文化、大汶口文化等古代文化及相关的遗址遗迹，系统展现了中华民族古老而优秀的文明轨迹。在人类历史的进程中，黄河流域古人类化石的完整性、系统性，是我国其他地区所无法比拟的。

1.仰韶文化

仰韶文化起源于公元前5000～前3000年，属于新石器时代。仰韶文化以农业发展为主，农耕工具以石斧、石铲、磨盘、石刀、石凿、石纺轮等磨制石器为主；有较发达的农业，常见的农作物是粟和黍。饲养家畜主要是猪、狗。在出土的文物中有骨质的鱼钩、鱼叉、箭头等，由此可知仰韶文化时期的人还进行狩猎、捕鱼和采集等。除此之外，仰韶文化还包括织布等手工业。仰韶文化按照时间顺序可以分为半坡类型、庙底沟类型以及半坡晚期类型三个不同的发展阶段，创作出了大量丰富的器物造型与色彩纹样。在长达2000年的发展历程中，仰韶文化逐步成为中华民族史前文明的核心，与周围的文化因素互相融合、互相借鉴，共同为中华民族文化的成型发展奠定了坚实的基础。

2.马家窑文化

马家窑文化属于距今5000～4000年的新石器时代晚期，是仰韶文化往西发展过程中所呈现的一种地方类型，分为石岭下、马家窑、半山、马厂等四个类型。马家窑文化与仰韶文化同属于农业类型，主要以旱地农业为主，常见的农作物是粟和黍，农业生产工具种类丰富，有石铲、镰刀、石磨盘等工具。从考古资料中发现，除农业发展外，采集和狩猎同样也是该区域的主要经济来源，经济发展水平与大汶口文化相类似。马家窑文化是标志中国从原始社会开始走向解体的重要阶段。一方面表现在墓葬品开始出现明显的贫富差距，随葬品在质量与数量上差别越来越大；另一方面，制陶业日益成熟，开始使用慢轮修坯，且出现大量生产品，说明社会出现分工，社会阶层开始出现。文化是历史的缩影，是时代的一面镜子。马家窑文化的高度发展，是新石器时代华夏文明晨曦中最绚丽的霞光，折射出中华先民在远古时代所创造的诸多文化成就。

3.大汶口文化

大汶口文化距今6300～4500年，是新石器后期父系氏族社会的典型文化遗存。大汶口文化以农业为主，农作物主要为粟，生产工具仍以石器为主，兼有骨器、角器和蚌器。房屋建筑多为地面建筑，少部分为半地穴式房屋。陶器种类进一步丰富，开始出现轮制陶器，色彩主要有红黑白三种，器型种类多样，以几何纹、植物纹为主。大汶口文化丰富的文化遗存，不仅表明大汶口文化与中原仰韶文化有着显著的不同，而且反映了一种独特的文化类型。大汶口文化遗址的发现，将4000多年前的山东龙山文化往前推进了2000多年，证明龙山文化是在大汶口文化的基础上发展起来的，推动了黄河下游原始文化的发展，同时也为淮河流域和山东、江苏、浙江沿海地区的原始文化提供了重要的文化考察线索，对史前历史文化的研究具有重要意义。

4.龙山文化

龙山文化处于新石器晚期，距今4350～3950年。这一阶段是中国制陶史的巅峰，继承了大汶口快轮制作技艺，开发出了“薄如纸、明如镜、声如磬”的黑陶，其中蛋壳陶杯更是享誉海内外，此外还有少量的红陶、黄陶、白陶等种类，代表了这一阶段制陶文化的鼎盛。龙山文化分布范围广泛，在农业发展方面与仰韶文化相比更是有了长足进步，以农业兼渔业、畜牧业为主，种植面积与产量不断增加。生产工具种类增多，出现了大量的石器、骨器和蚌器等，进一步提高了生产效率。此外，这一时期占卜等巫术活动的丰富，大大促进了民众对宗教的崇拜。从社会形态来看，龙山文化此时已经进入父权制社会，私有财产开始出现，社会向阶级方向发展。

(二)黄河流域的历史文化

据考证，大约4000年前，黄河流域就已经出现了氏族和部落，传说最早的黄帝与炎帝两大部落也是生活在这一流域。相传，夏、商、周的祖先都是黄帝的后代，他们自称“诸夏”或“华夏”，又称“华”或“夏”。由于中原是华夏人的发祥地，而且人们认为中原是四方的中心，所以称之为“中华”，后来这一称谓就成了中国的代称，而黄河也就被后代视为中华民族的母亲河。

1.历代王朝中心

从公元前21世纪夏朝开始，历代王朝在黄河流域建都的历史累计超过3000年，偃师、安阳、西安、洛阳、开封、郑州、太原、银川等城市都做过王朝帝都，而安阳、西安、洛阳、开封也包含在中国历史上的七大古都之内，可以说黄河流域承载了华夏重要的历史文明。

以西安与开封为例。西安(包括咸阳)由周文王营建，建成于公元前12世纪，被称为“八水帝王都”，有“秦中自古帝王州”的美誉。秦都城咸阳，地跨渭河南北，巍峨迤逦八百里的阿房宫大部分面积在今西安市境内，宗庙在渭河南岸。汉王朝为了“长治久安”，将咸阳命名为“长安”。汉长安是在秦咸阳遗址上建立起来的，经过90年的建设，汉代的长安城街道纵横交错，有“八街九陌”之称。至隋唐时期，伴随着王朝的兴盛，长安城也达到鼎盛时期。隋唐长安城面积84平方千米，分为宫城、皇城和外廓城三部分。宫城仅大明宫一部分就有3.3平方千米。外廓城占地广阔，共有25条大街，这些大街纵横交错，呈规则的棋盘形状，工整有序。而开封位于黄河南岸，虽然历经沧桑，却依然屹立不倒。在距今地面10余米到3米的土层中，完整掩埋着春秋魏国大梁、北宋汴京以及唐、金、明、清等6个朝代的都市。春秋时代魏惠王为称霸中原迁都大梁，北宋又在此建都，称为东京汴梁。开封在宋代得到了空前的发展，成为全国政治、经济、文化中心，并一度取代了长安、洛阳的地位，是当时世界上最繁华的大都市之一，其城垣宏大，文化灿烂，古人曾有“琪树明霞五凤楼，夷门自古帝王州”的诗句。

黄河上下三千载，傍河尽是帝王州。在相当长的历史时期内，中国的政治、经济、文化中心一直在黄河流域。黄河见证了中国社会的变迁，奏响了中华文明发展的号角，为中国的发展和进步发挥了不可替代的作用。

2.文明的光耀

黄河中下游地区是我国科学技术和文学艺术发展最早的地区，不仅出土了众多文物古迹，更是孕育了众多的思想家与艺术家，共同谱写了中华民族光辉灿烂的历史文化。

从思想学术的发展来看，春秋战国时期，黄河流域地区的思想十分活跃，具有代表性的如儒家、墨家、道家、法家。其中以孔孟为代表的儒家学派是战国诸子百家中最杰出的代表。黄河流域下游的孔丘及其后来的孟子、董仲舒将儒家思想进行传播和发扬，儒家思想渐渐成为中国封建社会上层的正统思想。在中国的历史上，儒家思想统领中国2000多年,这种经久不衰的思想文化逐渐成为中华民族传统文化的代名词。儒家思想的代表人物——孔子也受到了世界人民的尊敬,被列为世界文化名人,可以说这是前人留给我们的一份重要的文化遗产。包括儒家思想在内的众多思想著作流传下来,如家喻户晓的《春秋》《孟子》《荀子》《庄子》《墨子》《孙子兵法》《吕氏春秋》等。

从文学艺术发展来看,无论是诗词曲赋还是工艺美术,黄河流域都得到了长足的发展进步,诞生了《诗经》《史记》《兰亭集序》等众多文学作品以及甲骨文、岩画、篆刻等工艺美术作品。以《孟子》为例,《孟子》是中国儒家典籍中的一部,是战国时期孟子及其弟子万章等的言论集录,与《论语》《大学》《中庸》并称为"四书"。孟子把孔子的"仁"的道德思想发展成为"仁政"的政治主张,提出"民贵君轻"说,反对武力兼并,主张"法先王",行"仁政",恢复井田制度,轻刑薄赋,达到缓和阶级矛盾的目的。他提出"性善论",认为人生来就有仁、义、礼、智等天赋道德,教人注重存心养性、深造自得;提出"劳心者治人,劳力者治于人"的论点,是孔子学说的继承和发展,后世以"孔孟"并称。《孟子》发展了《论语》的语录体形式,将论题阐述得透彻具体,气势恢宏,文笔犀利,语言贴切,富有说服力。宋、元、明、清以来,《孟子》被当作家传户诵的书,就像今天的教科书一样。

从科学技术发展来看,除却《天工开物》《考工记》等著作促进我国科技进步之外,黄河流域一系列引水灌溉工程的实施也是科技作用于黄河流域发展的最好例证。在春秋战国时期,随着社会制度的变革、生产力的发展,黄河流域开始大规模兴建引水灌溉工程,著名的有引漳十二渠、智伯渠和郑国渠等。到了汉代,关中作为统治中心的所在地,汉王朝对发展关中的农田水利给予了特别的重视。统治者以泾、渭为中心,先后修建了长安漕渠、龙首渠、六辅渠、成国渠等灌溉工程。汉武帝太始二年引泾水修建白渠,灌溉农田 4500 余顷。至唐代,白渠分为三支渠,灌溉面积曾达到 1 万多顷。魏晋南北朝时期,从三国鼎立,到五胡十六国的割据，黄河流域的灌溉农业受到很大破坏，战乱使富庶繁华的黄河流域田园荒芜，“白骨露于野，千里无鸡鸣，生民百遗一”。至唐代，经历了100多年的和平发展时期，上层统治者通过颁布《水部式》以及创新各种兴建、维护黄河堤坝等技术手段，为黄河水利文明增添了浓墨重彩的一笔。

（三）黄河的胜景佳迹

在5000多千米的流程中，黄河用奔腾不息的力量改造着流经地区，塑造出许多令人惊叹的胜景佳迹，其中既有她直接塑造的自然景观，也有间接塑造的人文遗迹。

1.自然景观

自然景观是指主要由自然塑造，受人类活动影响较小或虽受人类影响但原有自然面貌未发生明显变化的景观，如高山、荒漠、沼泽、热带雨林以及某些自然保护区等。若谈到黄河，则具体指黄河源头、壶口瀑布、孟门等景观。万里黄河，其源头在何处是一个牵动古今中华儿女神经的谜题。数千年来，尤其是唐朝以后，先后有不少人进行黄河源头的探索。据史料记载，我们的祖先最初将黄河源头确定为扎陵湖，唐宋时期将源头延长至星宿海，清康熙年间史料中又将现在的玛曲标列为黄河源头。

中华人民共和国成立后，对黄河起源何处的争论也一直存在，譬如黄河水利委员会在1952年认定玛曲为黄河源头，而到了1978年青海省政府则认为卡日曲才是黄河的真正源头。2008年，经过科学准确的探查并依据国际确定源头的标准与方法，将卡日曲认定为黄河的真正源头，周围的河湖水泊共同为黄河水系的扩展提供了重要资源。

壶口瀑布作为中国第二大瀑布景观，是黄河形成的另一大风景区。壶口瀑布位于山西省吉县和陕西省宜川县之间的黄河峡谷中，其形状仿佛巨大的壶倒影，形成壮观的壶口瀑布，堪称“黄河奇观”。壶口瀑布的水烟散乱在壶口位置，如烟雨云露般壮美，古人因此有“收来一壶水，放出半天云”的感慨。春秋时期，壶口沸腾的水气中出现了一条绚丽的彩虹，久久不灭，被人们称为“无雨长虹”。清代文人刘龙光在《咏壶口》一诗中写道:“渴马奔泉近,山雷震谷声。入中不见出,忽有云烟生。”

孟门也位于山西省吉县和陕西省宜川县之间的黄河峡谷,据说是大禹治水时开发的。夏禹治水前,因今孟门村西南蛟龙壁把黄河东西两岸石山连接成一个天然的黄河大石坝,阻断了黄河的去路,形成湖海,所以如果遇到阴雨天,会出现“大溢逆流,无有丘陵高阜”,或者“鸿水滔天,浩浩怀山襄陵”的景观,因此大禹治水时在孟门西南开凿石龙河,从而让水流从巨石之间流淌下来。《说文解字》曰:孟,长也。故所谓“孟门”,即指大禹治水时在黄河河道上开的第一个大门。古人称其为“黄河之巨扼”,游人至此,莫不为黄河开山凿壁的雄伟力量所震惊。

2.人文景观

人文景观,亦称文化景观,是人们在日常生活中,为了满足某些物质和精神方面的需要,在自然景观的基础上,叠加了文化特质而构成的景观。千百年来,一代又一代的中华儿女也以黄河为基础创造了许多传奇的人文景观,如教稼台、西渭桥遗址、阌流堆台、太子滩及娘娘滩等。

教稼台位于陕西省武功镇东门外,是周人始祖后稷教民稼穑的古迹,也是全国唯一的一处古农业名胜,被列为关中四大名台之首。后稷,名弃,其母姜原为帝喾元妃,后稷相传为姜原在野外践巨人迹而生。弃好耕农,相地之宜,善种谷物稼穑,民皆效法。尧听说,举为农师,天下得其利,有功。舜封弃于邰,号曰后稷,别姓姬氏。后人为纪念这位中国农业的始祖而建立此台。教稼台为覆斗形,与古代粮食量具形似,台高9米,每边长12米,古朴敦实、典雅大方。四边各辟一门,寓意一年的春、夏、秋、冬四季;四周栏杆桩数恰好为24根,隐含二十四节气之意。前后有台阶可达其顶,台阶分别为5级和6级,象征五谷丰登、六畜兴旺。台周嵌满屈武、周尧、赵宏章、于右任、钱范宇等古今名人的诗词、联语、手迹,颇具古风和文化气息,引人入胜。教稼台成为今人缅怀先祖的精神寄托,每年农历十一月都会在这里举行纪念活动。1983年,杨陵镇建成西北农业科研中心武功农业科学会堂时，特地在堂前立了一座后稷像。

西渭桥位于今西安市三桥镇西北，始建于汉武帝建元三年，因与长安便门相对，也叫“便门桥”或“便桥”，是汉武帝为从长安通往他的陵墓茂陵而专门建造的。因其在咸阳境内，唐时又称之为“咸阳桥”。长安是汉唐时期的政治中心，而该桥又是由长安通往巴蜀及西域的必经之处，故西渭桥是当时的重要交通要道，与许多历史事件密切相关。诸如唐太宗与突厥颉利可汗曾会盟于此，安史之乱后玄宗在仓促逃亡蜀地后，将此桥销毁。除此之外，还有很多文学作品都有对咸阳桥的描述，如王维在《送元二使安西》中描述了“渭城朝雨浥轻尘，客舍青青柳色新。劝君更尽一杯酒，西出阳关无故人”，成为古代送别行人，表达内心悲伤之情的经典写照；还有《阳关三叠》《兵车行》等作品，抒发或悲壮、或悲愁的情感。

阌流堆台指河南省渑池县和山西省平陆县之间的峡谷区域，古时被称为“阌流”，峡谷两岸有十几处柱状地基，被称为“堆台”。当地人认为这些堆台是以前的烽火台。据中国水利史专家姚汉源教授说，它们是建于唐代在黄河用来导航的设施。它们不仅为研究古代黄河航运提供了物质资料，而且向我们展示了古代先民的智慧。

太子滩和娘娘滩是指位于山西省河曲县黄河峡谷中的一小一大两个滩洲。娘娘滩较大，太子滩较小，两滩相距约 5 千米。相传，汉高祖刘邦封其第四子刘恒为代王，建都晋阳，代王与生母薄姬在封地相依为伴。一年后，刘邦病逝，吕后掌权，薄姬母子为避吕后锋芒，在外 16 年，曾居住于这两个滩洲上，故而得名。娘娘滩北端有一座娘娘庙，庙门上刻有“汉宫后母”四字，正殿有薄姬娘娘像。这种关于太子滩和娘娘滩的传说不一定准确，但却无形中为黄河文化增添了不少传奇色彩，使其更具魅力。

第三节　黄河流域文化活动和节庆活动

一、现代黄河文化活动

（一）打造黄河文化旅游带

黄河被誉为中华民族的母亲河，黄河流域也被称为华夏文明的摇篮和发祥地。着力于文化旅游建设，打造具有国际影响力的黄河文化旅游带，是以习近平同志为核心的党中央作出的重要工作部署，是保护传承弘扬黄河文化的创新之举。《中华人民共和国国民经济和社会发展第十四个五年规划和二〇三五年远景目标纲要》明确提出这一建设任务："实施黄河文化遗产系统保护工程，打造具有国际影响力的黄河文化旅游带。"在我国，大力发展文化旅游是较长时间里旅游界力推的工作，因为文化旅游可以增强旅游产品的吸引力，提高经济效益，还可大力弘扬中国文化，在潜移默化中增强文化自信。一般认为，文化旅游包括多种层面，如历史文化、现代文化、民俗文化等，这其中，以文物、记录、遗址、古建筑等为代表的历史文化层是最为难得的资源，而黄河流域恰恰具有这类丰富的历史文化资源。

大概从春秋时期开始，黄河流域的文明就得到了极大发展，2000 多年间该流域一直是中国的政治、经济、文化中心。高度发达的经济与活跃的思想熔铸了灿烂的黄河文明，也构成了中华文明的内核，给后世留下了众多古城、古街、古堡、古村镇、古庙宇等建筑宝藏，再搭配礼仪、风俗、服饰、音乐、艺术、思想文化等，就组成了我们现在所希望挖掘的黄河文化的框架。而这些无疑是发展黄河文化旅游带必不可少、极具独特性的关键要素。

在黄河流域沿线，有不少省市都曾推出过黄河文化主题旅游项目，例如兰州的黄河文化旅游节已经开展了十几届，青海贵德也在很早前就开始举办本区域的黄河文化旅游节。但这些往往是地域性的，影响面很小，更多可视为一种对旅游资源的营销行为。同时，学界也在较早就有更好开发黄河文化旅游资源的探讨，但影响力始终不大。黄河文化旅游开始被重视，并发展成为一种整体性的政策行为，是近几年的事情。2019 年 8 月，习近平总书记在兰州视察时指出，黄河“体弱多病，水患频繁”，需要持续严加保护与治理。之后不到一年的时间里，总书记又多次去不同省份视察黄河，并于 2019 年 9 月在河南郑州主持召开了黄河流域生态保护和高质量发展座谈会。

这次座谈会在黄河的治理、保护、开发、利用历史上具有重要的里程碑地位，自此，黄河流域生态保护和高质量发展上升为重大国家战略：上游以三江源、祁连山、甘南黄河上游水源涵养区等为重点，推进实施一批重大生态保护修复和建设工程，提升水源涵养能力；中游突出抓好水土保持和污染治理；下游做好保护工作，促进河流生态系统健康，提高生物多样性。[①] 2020 年 1 月初，中央财经委员会第六次会议如期举办，对黄河流域生态保护和高质量发展问题进行了相关探讨和研究，明确提到针对黄河流域必须下大气力进行大保护、大治理，坚持走生态保护和高质量发展的路子。习近平总书记又进一步强调，要实施黄河文化遗产系统保护工程，打造具有国际影响力的黄河文化旅游带，开展黄河文化宣传，大力弘扬黄河文化。

必须要推进黄河文化旅游带建设，积极发挥旅游在传播和弘扬黄河文化方面的重要作用，大力培育体现黄河文化的旅游产品、精品线路和市场品牌；推动沿黄地区文化建设和旅游发展提质增效，做大做强文化产业、旅游产业这两个国民经济“幸福产业”。[②] 加强黄河文化旅游带建设，进一步推动文化与旅游的深度融合，带动流域地区的社会经济的发展，促进黄河流域的生态环境的有效保护以及跨区域的旅游治理能

① 参见习近平：《在黄河流域生态保护和高质量发展座谈会上的讲话》，2019 年 9 月 18 日，https://baijiahao.baidu.com/s?id=1647533997563338118&wfr=spider&for=pc。

② 参见姜文来：《黄河流域大保护大治理要“写好”水文章》，《光明日报》2020 年 2 月 15 日。

力的全面提升。

(二)黄河国家文化公园

国家文化公园是我国推进实施的一项重大文化工程，是传承创新中华文化的有力载体。2017 年 5 月，《国家“十三五”时期文化发展改革规划纲要》明确提出，依托长城、大运河、黄帝陵、孔府、卢沟桥等重大历史文化遗产，规划建设一批国家文化公园，形成中华文化重要标识。[①] 把“国家文化公园”与“中华文化重要标识”画上等号，事实上架构出的是具体化、客观化的文化自信。中华民族深层次的价值追求和中华民族的独特标识都蕴藏在中华优秀传统文化和中华民族伟大斗争的革命文化和社会主义先进文化中。但历史文化的传承、文化自信的传递，不仅要有精神符号的抽象化递接，更需要看得见、摸得着、听得到的实实在在的具象化感知。[②] 国家文化公园正是将抽象的精神符号与实实在在的历史文化连接起来，使抽象的精神追求得以具象化。

在三江源国家公园、黄帝陵国家文化公园等建设经验的基础上，2020 年 10 月 29 日，中国共产党第十九届中央委员会第五次全体会议通过《中共中央关于制定国民经济和社会发展第十四个五年规划和二〇三五年远景目标的建议》，提出建设黄河国家文化公园。黄河被誉为中华民族的母亲河，黄河文化亦是中华文明的重要组成部分，是中华民族的根和魂。以黄河文化为核心，形成了中华文明；在中华文明的发展过程中，黄河流域居于轴心地位。要确保黄河流域生态保护和高质量发展，黄河文化的保护与传承是重中之重，而黄河国家文化公园的建设，正是积极响应这一国家政策，推进保护与传承的重要举措与手段。

2019 年 9 月，习近平总书记在郑州考察时，发出了“让黄河成为造福人民的幸福河”的号召。全国政协也积极响应习近平总书记的号召，持

① 参见陈宇：《长征国家文化公园的兴建》，《新阅读》2021 年第 3 期。

② 参见陈瑞婷、柳作林、杨行：《论“不忘初心”与“不忘本来”的辩证互动关系》，《湖北社会科学》2020 年第 11 期。

续发力，积极为黄河文化和黄河保护工作建言献策。2020年1月，政协召开沿黄河九省区各级政协全体会议。会议将关注的焦点放在贯彻落实习近平总书记重要讲话精神，共同推动黄河流域生态保护和高质量发展上。针对黄河流域目前存在的问题，各位委员深刻交流自己的认识体会，提出切实可行的建议，为守护母亲河、建设幸福河凝心聚力。在2020年全国“两会”上，沿黄河九省区政协主席还提交联名提案，呼吁加快立法和顶层设计，以促进文化旅游高质量发展为抓手，让黄河成为造福人民的幸福河。

在正式写入“十四五”规划建议前，“黄河国家文化公园”的概念就已经出现在委员的提案中。2020年全国“两会”上，全国政协委员、民革甘肃省委主委霍卫平建议“在国家层面规划建设‘黄河国家文化公园’，将其作为继长城、大运河、长征国家文化公园之后的第四个国家文化公园”。

之所以将黄河纳入国家文化公园建设，在于黄河在中华文明发展史上扮演重要角色。中国最早的新石器文明就出现在黄河流域，比如蓝田文明、半坡文明、龙山文明等。早在6000多年前，农事活动就已经出现在黄河流域。正如习近平总书记所指出的，“在我国5000多年文明史上，黄河流域有3000多年是全国政治、经济、文化中心”[①]，孕育了河湟、河洛、关中、齐鲁等农耕文化，开创了世界农耕文明先河。中国历史上有“七大古都”，仅在黄河流域和近邻地区的就有四个，分别是安阳、西安、洛阳、开封。科技和文学艺术发展最早的地区也是出现在黄河中下游。在北宋之前，黄河流域一直作为全国的经济重心。北宋以后，全国的经济重心逐渐向南方转移，尽管如此，综观中国政治、经济、文化发展的整体进程，黄河流域在中国发展史上依然占有重要地位。九曲黄河，奔腾向前，以百折不挠的磅礴气势塑造了中华民族自强不息的民族品格，是中华民族坚定文化自信的重要根基，是中华文明的精髓，理应将黄河纳入国家文化公园建设。

① 具体可参见习近平在黄河流域生态保护和高质量发展座谈会上的讲话，2019年9月18日。

黄河国家文化公园建设范围广泛,以青海省玛多县花石峡以上地区为河源区,由东向西囊括上、中、下游和11个河段,主要涉及青海、四川、甘肃、宁夏、内蒙古、陕西、山西、河南及山东9个省(自治区)。① 目前,在国家政策支持以及相关部委和主要涉及地区的共同推动下,黄河国家文化公园建设进展顺利,并取得一系列丰硕成果,相信随着今后更多支持性政策的出台和实施,黄河国家文化公园会成为中国一张亮丽的"金名片"。

二、现代黄河节庆活动

黄河沿岸城市多以黄河文化为主题,举办诸多节庆活动。本部分选择作者曾经参加过的两个节庆活动。

(一)三门峡国际黄河文化旅游节

三门峡国际黄河文化旅游节又称为三门峡黄河旅游节,是河南省三门峡市推动黄河文化宣传、促进文化产业发展的一项重要活动。从1994年开始举办首届三门峡国际黄河旅游节至今,已成功举办27届,并发展成为目前黄河流域举办时间最长、影响最大、层次最高的以"黄河文化旅游"为主题的综合性节庆活动。这场文化盛宴的初衷在于以大型节庆活动为载体,以习近平新时代中国特色社会主义思想为指导,大力弘扬黄河文化,展示黄河文明,做大做强黄河旅游产业,打造"黄河之旅"国际旅游品牌,提升大黄河旅游的知名度、影响力和辐射带动力。三门峡国际黄河文化旅游节以黄河文化为活动主题,集旅游、文化、经贸为一体,主要内容包括黄河游、寻古朝敬游、黄河风情游、虢国文化游、豫西天井民居游等,同时还有三门峡出土文物精品展、名特物产展等活动。②

三门峡地处河南西部,是古丝绸之路和国家黄河华夏文明旅游带的核心节点城市,素有"黄河明珠、天鹅之城"的美誉。早先,这里的陕州古城就有着"四面环山三面水,半城烟村半城田"的美誉。随着大批白天鹅

① 参见李冰洁:《国家文化公园建设回顾与展望》,《人民政协报》2021年1月7日。

② 参见贾玉英:《黄河流域旅游文化及其历史变迁》,科学出版社2020年版,第36～89页。

迁徙到此越冬，又被认定为大天鹅之乡、“天鹅之城”。这里古迹遍地，流传着许多美丽的传说，大禹治水、夸父逐日、黄帝铸鼎、仰韶先民、紫气东来、老子过关、周召分陕、周王问礼、达摩西归、秦赵会盟、太宗东巡、中流砥柱、崤函古道……这些文化符号为开展国际黄河文化旅游节、打造黄河文化旅游城市、传承弘扬黄河文化奠定了坚实的文化基础。

2021 年 5 月 19 日，在第 11 个中国旅游日来临之际，第 27 届三门峡黄河文化旅游节、第 8 届中国特色商品博览交易会在三门峡市如期开幕。此次盛宴采用线上线下相结合的全媒立体式传播，围绕“唱响黄河”系列进行社会化传播，以优质的内容吸引广大群众参与其中。本届节会共有 19 项活动，其中主要活动 8 项，分别是“天鹅之约”嘉宾恳谈会、黄河文化主题音乐会、第 8 届中国特色商品博览交易会、2021 黄河流域文化旅游创新大会、黄河金三角产业合作（三门峡）峰会、“中流砥柱”《黄河大合唱》、2021 横渡母亲河、首届三门峡“黄河船奇”帆船公开赛。专题活动 11 项，分别是“点亮天鹅城·美丽黄河”消夏音乐季、黄河流域生态气候资源发展大会、首届全国车友会穿越黄河生态廊道自驾之旅、“拥抱母亲河”万人帐篷节、卢氏“百佳深呼吸小城”第 4 届越野精英挑战赛、函谷论道·汉服吟诵会、第 15 届全国双胞胎漂流大赛、“乐动黄河”罗曼彩虹跑、山地自行车邀请赛、第 6 届“魅力仰韶行”活动、大樱桃文化艺术周。专题活动在设计上更加贴近游客和市民，更加重视互动，参与面广、参与度高，力求以形式新颖、丰富多彩、喜闻乐见的活动内容和形式，吸引游客和市民广泛参与，为文化产业消费市场呈现一场高品质的文旅盛宴。

三门峡国际黄河文化旅游节围绕现有的黄河文化资源，以讲好黄河故事、弘扬黄河精神为导向，聚焦人民群众的文化需求，在传承、弘扬黄河文化方面作出了独特贡献。

（二）黄帝故里拜祖大典

黄帝故里拜祖大典，是华夏子女祭拜先祖黄帝的仪式，这场仪式于每年农历三月三日在河南省新郑市举行。据《易经》《史记》《山海经》等记载，轩辕帝的故里就在如今的河南省新郑市。轩辕黄帝的诞辰就是在农历三月初三，即上巳节，是汉族人民临水宴饮、踏春郊游的节日。中国自古有“二月二，龙抬头；三月三，生轩辕”的说法。祭拜轩辕黄帝的仪式由来已久，最早起源于春秋战国时期的民间活动，春秋时期的历史典籍中就有三月三日朝拜黄帝的记载。唐代以后祭拜活动逐渐形成规制，盛世时由官方主办，乱世时由民间自办，一直绵延至今。自 2006 年开始，这项祭拜先祖的仪式升格为“黄帝故里拜祖大典”，并于 2008 年被列入第一批国家级非物质文化遗产扩展项目。

黄帝故里拜祖大典于每年农历三月三日举办，在 2006 年之前，拜祖大典的议程并不固定。自 2006 年开始，拜祖大典的议程固定为 9 项，分别是：盛世礼炮（21 响）、敬献花篮、净手上香、行施拜礼（主持人带领全体嘉宾一起行施拜礼）、恭读拜文、高唱颂歌（由著名歌星带领统一着装的男女青年和小学生一起高唱《黄帝颂》歌）、乐舞敬拜、祈福中华、天地人和。乙未年（2015 年）的黄帝故里拜祖大典更是进一步实现了突破创新，此次大典主题为“同根同祖同源，和平和睦和谐”，系首次与台湾同胞一起同时同拜黄帝。台湾同胞在台北市中山堂广场与大陆同胞同时进行恭拜黄帝活动，加深了两岸同胞同根同源的认同感。另外，本届拜祖大典充分体现了不同文化之间的互动性，将少林文化融入黄帝文化，由少林功夫小子在拜祖大典外广场上用九条奔腾的巨龙欢迎五湖四海龙的传人“回家”拜祖。乙未年的拜祖大典更加注重黄帝文化的网络传播，开通了网站、微博等多方拜祖渠道。五湖四海的中华儿女可以通过网络方式进行网上祭祖，扩大了对华人社会的影响。

5000 多年前，中华民族文明始祖轩辕黄帝带领中华先民肇始了绵延至今的华夏文明，薪火相传，世代景仰。黄帝故里拜祖大典，是唤起中华民族集体记忆、凝聚中华儿女自强不息、共筑中华民族伟大复兴中国梦的重要平台，彰显了中原文化的根源性和无比强大的吸引力、感召力，让中原文化和时代紧密融合，为中华儿女构建起共有的精神家园。

第二章　明涵铸魂，丰富新时代黄河文化内涵

第一节　黄河文化与我国其他河流文化的异同

河流作为地理环境中的重要因素，是人类社会发展过程中必须依赖的自然资源，与人类在历史的变迁中不断发生相互作用与相互感应，并把两者的命运有机地交融在了一起。地理的空间性与历史的时序性使得河流文化得以萌生和演变，形成了特定的河流文化。

现今中国，除黄河之外，比较有代表性的大江大河主要有长江、淮河、运河等，这些河流都是中华民族的重要象征，也是中华民族精神的重要标志和生生不息的根脉。这些河流及其独特的地理环境，造就了不同的河流文化，并在历史的长河中找寻到了属于自己的精神印记。清晰地梳理和发现黄河与这些河流文化的异同，能够帮助我们更深入地理解黄河文化的内涵和特性，对于研究黄河文化意义重大。

一、与长江文化的比较认知

长江作为我国第一大长河，与黄河并称为中华民族的母亲河，与黄河一同哺育了中华民族，孕育出灿烂的中华文化。将黄河文化与长江文

化进行比对,可进一步挖掘黄河文化独特的精神印记,寻找到黄河文化独特的精神标识。

(一)长江文化的基本认知

长江孕育了博大精深、灿烂辉煌的大江文明,是中华儿女共同拥有的文化宝库。从长江文化生存的地域看,它的影响范围能够覆盖整个南方地区。我们通常通过地理的条件来界说文化。就世界范围来说,文化的分野是东方文化和西方文化。就中国来说,文化的分野是北方文化和南方文化,而南方文化则是源于长江流域。在南方文化这一体系中,长江文化、岭南文化、海派文化等各种文化内容既在一定程度上保持了自身的独立性,相互之间又保持一定的认同性和归趋性。[①] 当然,这并不是说所有长江经过的干流和支流区域的文化都属于长江文化体系。

我们在选择和确定长江文化生存空间时,不仅仅依靠地理因素来界定,同时还应充分考量流域内各文化的渊源及特性之间是否存在某种共性,是否存在某种共同的文化核质。例如,青海和西藏虽然都是长江干流的流经区,但其文化特性决定了无法将其纳入长江文化体系,而应该规划到中国西部文化体系。同时,台湾虽不属长江水系,但从文化渊源和文化特性来看却属于中国南方文化系统,因此,应该将其纳入长江文化区的范围中。总而言之,长江文化是长江流域文化共同体中文化特性的集合,是一个兼具统一性和多样性的文化复合体。

长江文化具备整体性特征。长江流域横跨中国,各区域文化虽有差异,但是上下贯通一气,相互联结、相互影响。此外,徽州文化、湖湘文化、岭南文化、海派文化等亚文化,以及由长江流域地貌类型而产生的雪山文化、山地文化、江河文化、湖泊文化等一系列子文化系统,它们聚集交汇,刚柔互济,围绕这一文化内核对长江文化的内容和形式进行补充,共同构建了长江多元文化的品格。长江文化的各子文化系统彼此相互

① 参见徐吉军:《长江文化的概念与内涵》,《长江论坛》1996 年第 3 期。

制约，相互影响，共同作用，逐步内化到长江文化这一系统中。我们可以明确的是，长江文化对于中华民族的影响不只是各子文化产生影响的简单叠加，而是作为一个整体以更大的效力影响着人类社会的发展。

综观历史，我们会发现不论是在承接中华文化重心的三次南移过程中，还是在近代化进程中所经受的三次冲击与震荡，长江文化均清晰地向我们展示了它独特的综合性文化功能。[①] 同时长江文化在不同的历史发展阶段都在吸收其他优秀的文明并且影响着其他文明的发展。追溯到史前时期，生活在长江流域的人们不仅在本流域内进行密切的交往，与流域周围地区也有频繁的往来。最具代表性的就是良渚文化时期的人们，向南与南岭地区的石峡文化交流，向北与辽西地区的红山文化交流，向东至台湾，向西至延安的芦山峁遗址，这些地方都留下了他们的“足迹”。[②]

随着历史的发展，长江文化积极承继中原华夏文明，不断创新文化表现方式，如我们早已耳熟能详的“吴王习华夏之礼”，便是吴越文化学习、吸纳华夏文化的代表性事件之一。特别是在中华文化近代化的转型发展过程中，长江文化更是以一种包容的姿态、开放的胸襟接纳着东西方各种先进的文化内容。正是由于开放性特点，长江文化才能逐步成长为可与黄河文化相媲美的中华文化的重要组成部分，并不断推进中国社会历史的变迁。

(二)长江文化与黄河文化的比较

1.从文化的起源看，黄河文化偏主系文化，长江文化偏支系文化

黄河和长江都是中华民族的发源地。尽管在远古时代，黄河流域就有灿烂的仰韶文化、马家窑文化、大汶口文化、齐家文化、龙山文化等，但是长江流域也存在着大溪文化、屈家岭文化、青莲岗文化、河姆渡文化等

① 参见邓剑秋、张艳国：《论长江文化的发展线索、文化特征及其研究方法》，《长江文化论丛》2006年第1期。

② 参见邓先瑞：《试论长江文化生态的主要特征》，《长江流域资源与环境》2002年第3期。

与其差不多同时期的文化。同为中华民族的发祥地,二者在起源时间上没什么区别。

在中华文化发展初期,传说中的中华民族的先祖“三皇五帝”大多诞生和活动于黄河流域,不论是黄帝与炎帝部落之间的斗争结盟,还是其与东夷集团斗争后形成向国家过渡的部落联盟机构,抑或是涿鹿、阪泉之战和尧舜禅让、夏禹传子等反映这一时代的传说,都发生在黄河流域,这就使得黄河文化从其起源开始就成为中华文化的主流。

现今的黄河流域,我们仍能找到很多与中华民族的先祖有关联的地名或古迹,比如说甘肃天水的伏羲庙,陕西黄陵县的轩辕黄帝陵、宝鸡的神农祠、武功的后稷庙,山西临汾市的尧陵、清徐县的尧庙、夏县的禹王城、稷山县的稷王庙等等。相比较而言,长江流域则是中华民族先祖的支系或子孙活动的地方,活动于此的氐、羌、巴、蜀、吴等族的传说都与黄河流域的中华祖先有这样或那样的继承关系,都是其后裔或支系发展起来的。[①] 因此,从文化的起源看,长江文化在整个中华民族文化中处从属地位,是支系文化。尽管长江流域也有少数类似于湖南炎帝陵等与中华民族祖先“三皇五帝”有关的地名与古迹,但相比黄河流域而言毕竟只占少数。有关其后世子孙或下属的传说较多,比如,长江流域各地有较多大禹的传说,湖南九嶷山有娥皇、女英的传说,重庆巫山县有关于尧的医师巫咸葬于此地的说法等。

2.从文化的发展次序看,黄河文化早于长江文化

在历史的发展进程中,中华文化的发展轨迹是呈一与多、相辅相成、互荣互补的发展态势展开的。就其初始形态而言,中华文化是以中原地区华夏文化为主体,以周边文化为依存和补充,互相影响、互相交流而发展的。中原华夏文化发展得较早、较充分,居于领先地位,而周边文化反之。[②] 可以说,在靖康之难以前的黄河文化一直居于领先和主要地位,但

---

① 参见王进:《长江文化与黄河文化之比较》,《社会科学动态》1997年第11期。

② 参见邓剑秋、张艳国:《论长江文化的发展线索、文化特征及其研究方法》,《长江文化论丛》2006年第1期。

随着中国文化中心的三次南移，长江文化不断成长壮大，并最终实现了由落后到先进的跃变，成为中华民族文化的重心。

早在春秋中期，黄河流域内的城市建设就已成型，但是长江流域内城市建设尚显不足，经济发展水平较黄河流域比较落后。到西汉时，两地经济文化悬殊，“吴楚之民，脆弱寡能，英才大贤，不出其土；比技量力，不足与中国(指黄河流域的中原)相抗”[①]。北方人口已达到4300多万，而南方仅1400多万。特别是长江以南的人口仅为全国的1/5左右。如果以公元2年的户数比较，北方户数为965万户，南方111万户，仅占全国总户数的16%多一点。《汉书·地理志》记载，当时全国共设有48处铁官，其中36处分布在黄河中下游地区。长江流域比较繁华的丹阳、会稽、豫章三郡，竟无一设有铁官。其文化之落后，由此可见一斑。

至东晋，由于黄河流域长期战乱，精英文化伴随着晋室的南迁为长江文化的发展带来历史的契机和活力。晋室南渡后，长江流域经济文化发展逐渐兴盛。隋唐之际，长江流域的经济持续发展。至唐开国，南方经济至少已经赶上黄河流域，但文化中心仍在黄河流域。随着安史之乱的发生，黄河流域的经济、文化受到了极大的打击，于是国家开始把重点放在南方，这就极大地刺激了长江文化的发展。经过近200年的发展，长江流域的经济开始超过北方，并成为统治者的经济支柱。到唐大历初(公元766年)，已出现“仕多避处江淮间”的趋势，形成了南阳、西京“衣冠尽投江湘”“天下贤士、大夫多在江淮间”“赋之所出，江淮居多”的局面。

后随着宋与辽、金的对峙，特别是1126年靖康之难后的宋室南渡，长江文化又得到了更进一步的发展。到南宋时，“衣冠人物，萃于东南”，“冠带诗书，翕然大肆，人才之盛，遂甲于天下”。从此，长江流域相比黄河流域有了压倒性的优势。由此可见，从文化的发展次序来看，黄河文化先于长江文化。从在整个中华民族所占的地位来看，南宋之前，黄河

① 王进：《长江文化与黄河文化之比较》，《社会科学动态》1997年第11期。

文化是中华民族文化的重心;南宋之后,长江文化发展成为中华民族文化的重心。

3.黄河文化包含独特的治黄文化

黄河流经世界上最大的黄土高原,严重的水土流失,使其挟带大量泥沙输往下游河道,导致下游河道淤积抬高,年复一年,形成地上“悬河”。遇有夏季暴雨洪水或冬、春季冰凌洪水,一旦防御不利,随即决口成灾。黄河入海口地区的人民在防汛、抗洪、修筑堤坝以及稳定黄河尾闾流路等方面,积极应对,勇于探索,充分发挥群体的聪明才智,积累了丰富的防汛减灾经验,形成了许多实用的治黄方略和实施办法,涌现出了治黄功臣于祚棠等一批时代典范;同时在不断凝聚与提升抗洪治黄精神的过程中,创造了富有地域特色的可歌可泣的治黄文化,为丰富和发展黄河口文化作出了重要贡献。反观长江流域,整体流势比较平缓,并且有鄱阳湖等湖泊为其分担水量,不存在洪水威胁,治理洪水的相关经验不多。

历代统治者非常重视对于黄河的治理,设立专门的治黄岗位,积极预防黄河下游洪涝灾害,给百姓创造稳定的生产生活条件,体现统治者民为邦本的思想。在治黄人的身上也逐渐凝聚起了一种百折不挠、自强不息的治黄精神。这种精神经一代代治黄人的不断传承,已形成了丰富厚重的治黄河工文化,并凝聚在了黄河文化之中,成为黄河口文化最原始、最宝贵的文化元素之一。

通过与长江文化的比较,我们可以认识到黄河文化中蕴藏的独特的黄河精神,比如黄河流域人民在治黄过程中衍生出来的百折不挠、自强不息的精神。这些精神成为黄河文化区别于其他文化的重要标识。虽然同为中华民族的母亲河,长江与黄河在文化发展上还是显现出巨大的差异,它们分别有自己独特的文化体系。正是因为这份独特性,才造就了灿烂多彩的中华文明。

二、与淮河文化的比较认知

淮河介于黄河与长江之间，与黄河、长江、济水并称为“四渎”。历史上曾经发生黄河夺淮入海的事情，可以说淮河与黄河渊源颇深，并且淮河文化与黄河文化呈现不同的发展态势，二者值得比较。

（一）淮河文化的基本认知

淮河文化是以淮河流域特定的自然地理、人文地理以及社会生产力为基础，由淮河流域的人们在漫长的历史发展过程中所创造的物质财富和精神财富的总和，是淮河流域各文化群的集合体。淮河文化的发展主要分为四个阶段，随着经济与社会的曲折发展，淮河文化由盛而衰，后期则具有“贫困文化”的特点。

1.先秦时期

淮河文化的产生，目前考古学者已经追溯到新石器时代早期的舞阳贾湖遗址与裴李岗文化，整个新石器时代淮河流域受到来自四方的文化的影响与作用。尽管在先秦时期，淮河流域古国甚多，已知的西周至春秋时期的国族数以百计，也出现过陈、宋、鲁、徐等大国，但这些大国在当时也不过是二三流的国家。而从社会经济发展的角度看，尽管这一时期淮河流域一些地方的经济得以开发和发展，大禹治水后也步入阶级社会，但从整体来看，大部分地区还处于经济低度发展和部族共同体阶段。春秋以后，这里成为大国争夺的战场，小国纷纷灭亡，而稍大一些的国家也在与大国争斗的过程中逐渐衰弱，直至最后逐渐被吴、楚、越、齐等国家吞并。

直到春秋以后，淮河流域附近各支族方国实现了初步的融合，各部族方国基本消失，而此时的淮河流域文化上的繁荣昌盛，出现了老子、孔子、管子、墨子、庄子、孟子等文化巨人，将地区性文化提升到自觉自识的程度，从而使淮河文化不仅在整体上出现了较为明显的地域性特点，同时在自觉的思想层面上也有了具体的表现。[①]

2.秦汉到唐宋时期

秦汉到唐宋（北宋）时期，淮河流域尽管只有宋朝居于此，但是从整体上看，其经济、社会得到了前所未有的发展和繁荣，各种文人干才层出不穷，生产力水平和生产方式不断发展变化，引起了淮河流域人们社会生活、政治生活、精神生活等的变化，淮河文化因而不断得以发展和繁荣。

秦汉时期淮河流域的经济得到持续发展，到西汉淮河流域成为重要的粮食生产基地，铁的冶炼、铁器制造、漆器、瓷器等手工业也得到了极大发展。隋唐以后，随着水利事业的发展，淮河文化与其他文化的交流不断加强，农业经济和手工业得到迅速发展与繁荣，流域城市经济获得空前发展；特别是北宋定都开封后，淮河流域经济得到进一步发展。

3.南宋至民国时期

南宋至民国时期，淮河文化曲折发展，但逐步走向衰落。一方面，黄河长期决口南犯夺淮，导致淮河水系紊乱，大的洪涝灾害平均 4 年一次，而小型局部的洪涝灾害几乎年年发生。泥沙淤塞淮河水运系统和灌溉沟渠，严重影响了淮河流域经济文化的发展。另一方面，尽管各个朝代都重视采取重农政策，兴修淮河水利，使淮河流域的经济社会得到了不同程度的恢复和发展，但是这些发展也都只是暂时性的，频繁的战乱以及连绵的水患，使淮河流域的经济文化一次又一次地衰退。明清之际，淮河文化渐行渐远，并逐步失去了其正面传承的作用，成为社会发展的障碍。

4.中华人民共和国成立以后

中华人民共和国成立以后，国家把治淮放在了重要位置。淮河流域的水利工程为工农业的迅速发展提供了保障，特别是改革开放以来，淮河流域的农业经济更是呈现出一片欣欣向荣的景象。经济社会的发展

① 参见陈立柱、洪永平：《浅谈“淮河文化”概念》，《学术界》2006 年第 4 期。

也直接带动了淮河文化的发展，淮河文化进入恢复和发展时期。

淮河文化博大精深，内容丰富，包括价值观、语言、信仰、艺术、法律、风俗习惯和社会道德规范等诸多方面，以我们有限的了解和研究，不可能一一详述。我们将主要从军事文化、民俗文化、思想文化等几个方面进行简要的介绍。

1.军事文化

淮河流域是南北文化交汇的地方，同时也是历代兵家必争之地。这里孕育、产生、发展和传承了众多优秀的军事文化。

千百年来，淮河流域出现了诸多著名的军事家，包括善于运智用谋的刘邦，善捕战机、攻敌不意的韩信，主张慎战的刘安，深通兵法、用兵奇诡的曹操，长于治军和战略谋划的诸葛亮，善于统揽战争全局、注重治军的朱元璋以及徐达、常遇春等诸多将领；发生了涂山之会、葵丘之会、弭兵之会、黄池之会、大泽乡起义、九里山之困、靖康之变、雉河集会盟、徐州会盟、双堆集之围等诸多决定国家前途命运的具有重大意义的军事事件，还发生了宋楚泓之战、艾陵之战、桂陵之战、垓下之战、昆阳之战、官渡之战、涡阳之战、淝水之战、瓜步之战、淮海战役等繁多关键性的军事事件；产生了许多丰富而深刻的军事思想，这些军事思想具有睿智的谋略性、深刻的内敛性、持久的稳定性、超越的灵活性等显著特征。在整个历史长河中，淮河流域军事文化对促进国家的稳定、人类的进步起了极其重要的作用。[①]

2.民俗文化

淮河两岸的人民在长期的社会生活中逐渐形成了具有地域特色的传统习俗，既有开耕仪式、开秧门、栽秧酒、“敬场礼”等农业生产习俗，也有“贺坊子”、躲端午、赶集会等商业习俗，既有尊敬祖师爷、师徒关系严格的手工业习俗，也有行帮、商会等组织习俗。同时，淮河流域人民也形

---

① 参见沈葵、洪永平：《皖江文化的学术定位与发展契机——兼论淮河文化与徽州文化》，《安徽师范大学学报》（人文社会科学版）2009年第3期。

成了丰富的生活习俗。如,淮北人外出要“吃吉利饭”,通常是吃水饺,认为水饺清清爽爽、利利落落、弯弯顺,代表无论做什么事都很顺。徐州生意人外出吃水较,故意不把口捏紧,煮时张开,便说“睁(挣)了!”以求吉利,而海州人吃饺子则要另加些汤圆,叫作“揣元宝”。此外,淮河流域还有六月六“晒龙衣”、喝当头酒的特色节令习俗和其他诸多人生礼仪民俗。淮河文化中独特的民俗文化,很多都世代相传、沿用至今,大大地丰富了光辉灿烂的中华文化。

3.思想文化

淮河流域的思想文化主要包括哲学理论家思想文化和民众的思想文化等两个方面。独特的自然环境和人文环境使得淮河文化融汇了中原文化、齐鲁文化、楚文化、吴越文化的特色,在一元与多元的争鸣中形成了吸附、融合、创新的特色,出现了一大批思想家。其中一个明显的特色是师承关系明显,道通为一的思想,重义、尚贤、蓄德的整体价值取向,相对封闭的生存环境把思想推向顶端。

同时“战争—移民”模式的社会发展状态推动了民众思想的发展,催生出淮河民众光宗耀祖的意识、自强不息的精神、有福同享的追求、敢为人先的气概、敬畏大禹的崇拜以及民不畏死的意志。

除此之外还包括科技文化、艺术文化等类型,其中淮河科技文化作为中国传统科学技术成就的集中体现,是在淮河特定的自然环境和社会条件下形成的,如农业、中医药、天文等科学主要是为了解决当时的生存问题。而艺术文化同样包含了众多方面,如豫剧、凤阳花鼓等民间音乐,农民画、剪纸、年画等民俗技艺,众多样式、精彩纷呈,对国内外艺术发展产生了重要影响。

(二)淮河文化与黄河文化的比较

1.从文化构成上看,淮河文化与黄河文化是多元与一元的关系

淮河地处南北分界线,其优越的地理位置,使得淮河流域与各方接触的地区出现文化的交融。其东北连齐鲁、西北接中原、西南接荆楚、东

南通吴越，因而充分融合了这些地区的文化特性，形成了古文化多元性的特点。淮河文化是淮河流域文化群的集合，黄河流域是单一的华夏文化，淮河文化与黄河文化是多元文化与单一文化的关系。

2.从文化内核上看，黄河文化重德兴学，淮河文化尚武重义

家国同构是古代黄河社会的主要特征，血缘、宗亲、家族是社会发展的基本单元和载体，亲缘关系遂成为联系家族和国家的重要纽带。于是，黄河流域的人们在生活中呈现的一大特点便是伦理本位，伦理道德是社会生活和社会政治中不可或缺的内容。黄河人以伦理道德规范组织社会，重视儒家伦理思想，把社会稳定、伦理道德、传统秩序看作最高的永恒的价值目标。同时，黄河流域的人们重视儒学，以读书求仕为正途，再加上统治者对于商业的抑制以及对“万般皆下品，唯有读书高”的提倡，读书兴学自然成为黄河流域人们的主要信条。因此，重德兴学是黄河文化的思想内核。相比而言，淮河流域经常遭受战乱的侵扰，生存环境恶劣，受到压迫的民众被迫以武傍身，使得淮河文化尚武重义。

因此，总体来说，黄河文化更加注重伦理道德，追求社会稳定，具有崇尚德行的特点。

三、与运河文化的比较认知

黄河是自然形成的河流，所形成的文化是依托流域内自然环境发展起来的，大运河文化则是一种人工运河文化，涵盖了中国若干个朝代的政治、经济、军事、文化等国家因素。大运河文化是与黄河文化、长江文化等相融合产生的独特文化，与黄河文化紧密相连。

（一）大运河文化的基本认知

京杭大运河被称为世界最宏伟的四大古代工程之一，是开凿时间最早、长度最长的一条人工运河。大运河全长 1782 千米（东西走向的浙东运河及其他局部地区的小运河未记在内），跨越今北京、天津、河北、山

东、江苏、浙江四省二市,沟通了钱塘江、长江、淮河、黄河、海河五大水系。[①] 研究运河文化的发展演变进程、内容,并将其与黄河文化作比较,能够帮助我们更为准确地把握自然形成河流与人工开凿河流这两种河流文化形态的差异,对于我们探寻和研究流域经济文化的发展将发挥重要的作用。

区域文化是在特定文化区域中产生的独特的文化现象,而中华民族文化的多元一体性,也正是由各种大小不同的区域文化构成的。运河的贯通改变了传统区域文化发展、交流的空间格局,并且在2000多年的发展演进过程中,不断丰厚其历史文化底蕴,进而形成新的区域文化。

1.从春秋后期到隋以前运河文化的孕育

学术界将早期所有开挖的运河统称为大运河,而运河文化是否在这个时期就应运而生?有了运河是否就代表着有了运河文化?其实不然。我们知道,运河文化是运河流域的地域文化,是在长期的社会实践中形成的物质文化和精神文化的总和。然而,地域文化的形成,不仅需要一个内聚的、相对稳定的自然地理环境和人文地理环境,还需要一个历史文化在这一特定地域的沉积过程。从这一点上看,早期运河地区不具备形成地域文化的基本条件。

我们可以从两个方面来论证:一方面,虽然运河的开凿确实形成了一个特定的自然地理区域,但这些长度有限的运河大多位于以诸侯国或行政区域为基础的区域,文化的影响和制约并没有使其形成不同于其他地区的文化特征,也没有形成自己独特的文化地理环境。另一方面,从历史演变的角度来看,这些运河大多是为战争而挖,时兴时敝,即使流经地区在很短的历史时期内能形成具有鲜明特点的物质文化和制度文化,但是,要形成一种不同于其他文化区域的独特的概念文化形态也是很困难的。因为这一概念文化形态是地域物质文化、制度文化和行为文化升

① 参见王冰:《古老运河文化 今又绽放生机》,《城建档案》2010年第3期。

华的产物。它是在历史演变过程中形成的一种文化状态，需得到当地人民的广泛认同。

因此，我们可以说，在隋以前的运河区域尚未具备区域文化生成的基本条件，并没有完成规定区域内文化性质的升华，运河文化尚处于孕育状态。

2.隋唐宋元时期运河文化的初步形成

隋统一中国之后，大力发展漕运，修建了以东都洛阳为中心，北抵河北涿郡、南至浙江余杭，全长2700多千米的大运河。唐代的运河则基本沿用了隋代大运河的体系，而汴渠、邗沟、江南河等河段也成为这一时期漕运动脉，当朝对运河的修治管理也使得通航条件较隋代有较大改善。至宋代，运河流域河道走向基本稳定，对运河的开发疏通技术也得到了显著提高。元朝开凿济州河、通惠河、会通河等运道，使大运河直接贯通南北，运河流域文化经济经过历朝历代的累积发展，不断积累碰撞，形成了特色鲜明的运河文化。隋朝至宋元时期，运河不仅具备承载漕运的功能，同时随着运输能力的提高，运河所具备的商业流通价值也逐渐显现出来。

虽然这一时期出现了一定的文化特质，但表现尚不明显，这主要是由于运河自身所带的经济属性使得运河发展总是与政治相连接，与周围的文化交流经常会受到战争、灾害等外力影响而被迫中断，因此这一时期的运河文化依旧处于萌芽的起步阶段。

3.明清时期运河文化的形成

明清时期运河航道在疏通漕运、管理制度方面更为稳定，政府和地方均设有专门官职从事河道以及漕粮、漕运的管理，并配备有专门的负责监督人员。“从徐州至临清几九百里，过浅船约万艘，载约四百石，粮约四百万石，若涉虚然”[①]，运河成为南北之间最重要的往来运输通道。明清四五百年间，京杭运河河道稳定，持续畅通，它所流经的地区及辐射

① 《名山藏》卷四十九《河漕记》，明崇祯刻本。

区域，形成了一个纵贯南北、横跨多个省市的区位特殊、特点明显的地理区域。

总的来看，运河区域内部文化的沟通和融会碰撞，使区域内出现了更深层次的共同的精神文化。此外，帮会势力的发展、全国各地商人的进驻以及外国使节商团等的进入，使得运河之外的其他区域文化也与流域内的文化相融合，从而丰富了运河文化的内容与种类。运河地区具有广泛的包容性和统一性、广泛的扩散性和开放性、强大的凝聚力和向心力，吸收了地域文化，融合了地方风土人情，形成了不同于地方文化的独特文化景观和社会风貌，继而形成了具有独立特色的运河文化。

（二）黄河文化与运河文化的比较

1.从文化开放程度上看，黄河文化较内向，运河文化更具开放性

首先，从地理要素的开放程度看，黄河流域中下游作为中华文化的核心地带，它的北边是较难逾越的蒙古戈壁；西北是万里黄沙，形成了交通障蔽；西边是险峻的天山与帕米尔高原；西南是世界上最高最大的青藏高原；东边又面临着地球上最宏阔的太平洋。[①] 这种较为稳定的地理环境使黄河文化发展为一种内敛型文化特质。而运河区域边界是开放变化着的。尽管运河区域有一个南北相距千里之遥的起点和终点，但其沿线却因为水陆交通和社会流动而不断扩展其范围，从而使之没有明显的东西边界。[②]

其次，从区域社区群体观念的开放程度看，“鸡犬之声相闻，民至老死不相往来”，区域内社区群体之间交流的缺乏，也在一定程度上导致了黄河文化的内向。运河区商业文化发达，商品交换和相互交流带来了人们思想的开放，而复杂的社会交往和频繁的社会流动增加了运河文化的开放性，使各种地域文化不断渗透到运河文化中。

---

① 参见鲁枢元：《略论黄河史研究——关于黄河文化生态的思考》，《黄河科技大学学报》（民办教育研究专号）2000 年第 1 期。

② 参见安作璋：《中国大运河的繁华》，《中国文化遗产》2006 年第 1 期。

2.从文化稳定程度上看，黄河文化具有稳定性，运河文化更具流动性

黄河文化的稳定性源于其强大的同化能力；相比较而言，运河文化在相对稳定的前提下保持了较强的流动性。运河文化是一个动态的文化体系，其流动性依托于运河区域社区成员频繁的社会流动，主要包含水平流动和垂直流动。水平流动不仅包括运河区域内及其与其他区域人员的互动，还包括行业之间的人员互动。垂直流动主要是指民众因为参与到运河区域相关的商业活动中而出现的社会阶层、社会地位的不断变化。社会流动促使社会结构的不断变革，促使社会群体观念、心理意识和精神文化的变化，也带来运河文化的流动性，在不同时期呈现出不同的特点和内涵。

运河文化的发展主要是阶段性的。在其孕育最初的千余年间，尽管从春秋时期到魏晋南北朝时期先后开凿了多条运河，但都仅限于局部性的、地区性的运河，且运河的开凿也都只是为了运兵运粮，满足政治、军事的需要，其文化内涵并没有得到多大深化和扩充，甚至可以说运河文化的发展基本是停滞的。隋唐以后，开通、疏浚连接南北的重要交通运输干线大运河，使运河在发挥其政治军事上的作用外，更多地发挥其交通运输的功能，并随着不断的扩充完善，逐步凸显其蕴藏的经济价值。运河流域经济的发展、社会结构的变化、人口的流动、文化的交流使得运河文化开始呈现其独特的文化形态并进入繁荣发展阶段。

可以说，运河文化的发展是阶段性的，主要集中在隋唐以后。与运河文化相比，黄河文化的内涵是在历史的发展过程中不断积累、沉淀的，进而不断得到扩展与丰富。尽管历史上因为战事等原因黄河地区的经济文化曾一度衰弱，且随着经济文化重心的三次南移，最终也使得黄河文化失去了作为中华民族文化重心的地位，但是在历史发展过程中，黄河文化自始至终都在不断地承袭和吐故纳新，以其旺盛的生命力不断地扩展和深化其文化内涵。

不同的河流孕育不同的河流文化,不同的河流文化相互区分又相互影响,不断促进自身文化体系的完善,并最终汇入中华文明的河流,推动中华文明源远流长。

第二节　黄河文化的遗产体系

黄河是中华民族的摇篮,黄河文化是中华文明的根脉。从代表人类进入文明时代的文字、城址、青铜器制造三要素来看,从代表人类进入文明时代的社会分工、私有制和阶级、国家的出现来看,从考古发现来看,从民族融合和治理能力来看,沿黄地区都是中华民族最重要的发祥地。从黄帝开始,直至北宋,沿黄地区的经济、文化发展一直走在中华民族的前列,华夏文明的政治、经济、文化中心也一直在沿黄地区。

一、黄河物质文化遗产范例

(一)大地湾遗址

大地湾遗址,位于甘肃省天水市秦安县东北 45 千米处的五营乡邵店村东侧,坐落在葫芦河支流清水河南岸的二、三级阶地和相接的缓坡山地上,总面积达 270 万平方米。[①]

大地湾遗址属于新石器时代,是这一时期被发现的较早的遗址,距今约 8000～4800 年。2006 年的一项发掘研究更是将大地湾遗址的人类活动推前至 6 万年前。这一遗址的发现对探索中华文明的线索,了解中华文明的原始面貌具有重要价值。该遗址出土土陶、石、玉等文物近万件,发掘房址 241 座,为研究中华古文明提供了众多参考资料。1988 年 1 月 13 日,大地湾遗址被国务院公布为第三批全国重点文物保护单位。

大地湾遗址的研究显示,古人依次经历了原始狩猎采集、发达狩猎

① 参见刘治:《天水市历史文脉的梳理研究》,《农家参谋》2019 年第 19 期。

采集、大地湾一期原始农业和仰韶早晚期成熟农业四个经济发展阶段，为研究中国西北地区原始建筑、农业起源、艺术、文字和宗教等提供了翔实的资料。大地湾遗址的发现对建立渭河上游史前文化序列，研究黄河流域新石器文化的产生、发展以及探索中华文明起源的历史进程具有十分重要的意义。大地湾遗址的彩陶对研究中国绘画的起源和原始社会的绘画艺术有重要学术价值，陶器上发现的刻画符号为中国的文字起源提供了极为重要的资料和线索。

大地湾遗址文化内涵丰富、特征鲜明，既是中国率先使用彩陶的史前区域，又是西北地区最早产生农业文化、华夏先民在黄河流域创造的古老文明，也是华夏文明的来源之一。[①]

(二)半坡遗址

半坡遗址是有 6000～6700 多年历史的新石器时代仰韶文化聚落遗址，位于陕西省西安市浐河东岸，占地面积约 5 万平方米。半坡遗址于 1953 年被发现。1954~1957 年，由考古学家石兴邦先生主持，先后对半坡遗址进行了 5 次较大规模的发掘，总计发掘面积 1 万平方米，发现有房屋遗迹 45 座，圈栏 2 座，窖穴 200 多个，陶窖遗址 6 座，墓葬 250 多座以及生产工具和生活用具约 1 万件。2002～2005 年，配合半坡遗址保护大厅改造工程建设的随工清理中，发现了祭祀等重要遗迹和石砚等重要遗物，这对半坡遗址的聚落形态、文化内涵和社会性质研究具有重要价值。1961 年 3 月 4 日，半坡遗址被国务院公布为第一批全国重点文物保护单位。

半坡遗址分为居住区、墓葬区和制陶作坊区。居住区由一条大的人工壕沟围绕，区内被一条小沟分为两片，每片中心有一座大房子，周围是小居室。房屋形制有半地穴式和地面建筑两种，房子之间有储藏东西的窖穴。房子周围还发现长方形家畜圈栏、小孩瓮棺葬和幼儿土坑墓。大

① 参见梁军：《甘肃古傩的历史演变与文化内涵》，《丝绸之路》2013 年第 4 期。

沟外北边是公共墓地,东边是窑区。从出土的石斧、石锛、石铲、石刀、石碾等生产工具和陶罐、陶盆、小口尖底瓶等生活用具来看,半坡人过着以农业为主、渔猎为辅的生活。他们具有较强的审美观念,在彩陶上绘着人面、鱼、鹿、植物等图案和三角形、圆点等几何图案,还用石、骨、陶、蚌制成耳饰、发饰等装饰品。

因半坡遗址的发掘而有仰韶文化半坡类型之名,与同时期确立的庙底沟类型并驾齐驱,推动了中国新石器时代考古学的研究与发展,大面积揭露出半坡史前聚落的局部面貌,对聚落形态和中国原始社会历史研究有着重要的科学价值。

(三)曲阜"三孔"

"三孔"是指今位于山东济宁曲阜的孔府、孔庙、孔林,是中国推崇儒术的表征,也是中国历代文人纪念孔子、学习儒学思想的胜地。"三孔"具有丰富的文物文书珍藏、典型特色的建筑、丰厚的文化历史积淀以及极高的科学文化研究价值,至今著称于世。

山东曲阜是孔子的故乡。孔子在此创立儒家文化,传授儒家思想,培养大批儒学大家,将儒家思想传播到大国小家,为此后2000多年的中国历史深深地打上了儒学烙印。以孔子为代表的儒家文化,按照自己的理想塑造了整个中国的思想、政治和社会体系,成为整个中国文化的基石。1994年孔庙、孔林、孔府被联合国列入《世界遗产名录》。孔庙是孔子死后的第二年,即公元前478年,在孔子生前的故宅基础上改建而成的,后经历代王朝,特别是唐宋不断扩建和整修,规模越来越大,现已成为占地600多亩的古代杰出建筑。仅宋哲宗元祐二年一次就建殿堂廊庑达360间;明弘治十二年重修,历时5年,耗银15万余两。孔府即"衍圣公府",是孔子嫡系长子长孙居住的府第,规模宏大,占地240亩。前为官衙,后为内宅,是我国封建社会中典型的衙宅合一的建筑。孔林亦称"至圣林",是孔子及其家族的专用墓地,也是世界上延续时间最长的家族墓地。林墙周长7000米,内有古树2万多株,是一处古老的人造园林。孔子死后，他的弟子从全国各地带来奇花异木来此种植，此后，随其地位的逐步提高，其规模也越来越大。明永乐年间扩大为18顷，清康熙时期拟扩大到3000亩。现孔林内有树木10万多株，成为我国最大的人工园林。

曲阜“三孔”的存在见证了中国2000多年封建社会的发展变化，它留存下来的丰富遗迹和史料为我们研究中国封建王朝历史、古代治国思想变化史提供了重要的理论依据。通过对曲阜“三孔”的研究与探讨，我们可以深入了解研究儒家乃至中国古代思想文化的演变，进而透视中国古代封建社会政治、经济、文化发展状况。

二、黄河非物质文化遗产范例

（一）宁夏羊皮筏

羊皮筏子，是黄河中上游古代先民借助河水之力，运输人员、物资而发明的水上工具。20世纪四五十年代，陆路交通不是很发达，羊皮筏子是黄河中上游两岸人们的重要水运工具。如今，人们节假日出行旅游，到宁夏中卫的沙坡头河段，或在甘肃景泰石林龙弯村河段，都能乘上羊皮筏子这种古老的运输工具，在黄河中领略大漠风情和黄河石林这粗犷壮美的西部景观。

羊皮筏是用羊牛皮扎制成的筏子。古代劳动人民使用牛羊皮缝制成囊，在其中充入空气，用来浮水渡河。唐代以前，这种工具被称为“革囊”，到了宋代，不再是使用牛羊皮缝制，而是宰杀牛羊后将其内脏掏空，取整张皮充入空气，故改名为“浑脱”：“浑”即全部的意思，“脱”即剥皮的意思。人们最初是用单个的革囊或浑脱泅渡，后来随着经济和运输的需要，也为了增强泅渡的安全性，开始将若干个浑脱拼接相连，在上面架上木排，用小绳固定好，这样多个浑脱就成为一个整体，即“皮筏”。[①] 它是

① 参见江小国：《皮革制品专业课程思政教育的实践和探索》，《皮革科学与工程》2021年第5期。

黄河上游的主要运输工具。古诗云“纵一苇之所如,凌万顷之茫然”,讲的就是皮筏在水上前行、越过险滩的情景。

中国的皮筏历史悠久。《水经注·叶榆水篇》载:“汉建武二十三年(公元47年),王遣兵乘船(即皮筏)南下水。”《旧唐书·东女国传》载:“以牛皮为船以渡。”《宋史·王延德传》载:“以羊皮为囊,吹气实之浮于水。”皮筏子古称“革船”,是一种原始而古老的水上交通工具,大约有1500多年的历史了。用羊皮筏子送人渡河、运载货物这种交通方式,流行于青海、甘肃、宁夏境内的黄河沿岸,以兰州一带为最多。[①] 羊皮筏子需要人用嘴吹气,使其胀满,故当地人见到有人夸海口,说大话,往往以“请你到黄河边上去”来讥讽,意思是让其去吹羊皮囊或牛皮囊。据说,俗话“吹牛皮”就来源于此。

羊皮筏子的存在,既具有历史价值和艺术价值,也具有经济实用价值和文化价值。羊皮筏子的存在,承载了几十代人劳动、生活、运输的使命,这是它的历史价值;羊皮筏造型独特,被制成工艺品,极具观赏价值,这是它的艺术价值;它还是古代劳动人民智慧的结晶,是黄河文化的重要组成部分,这是其文化价值;它将人们弃之不用的羊牛皮加以利用,避免资源浪费,并且用于生活、运输,因此还具有经济实用价值。

随着社会经济的发展和交通的发达,交通工具逐渐多样化和便利化,货物运输和载人济渡方面不再需要羊皮筏,它的传统功能逐渐丧失,目前主要功能转向娱乐方面。也许在若干年后有更多其他娱乐项目兴起,会逐渐取代羊皮筏,羊皮筏因此丧失最后的娱乐功能。羊皮筏缺乏传承人,需求量也越来越小,逐渐走向濒危的境地。其实羊皮筏一度处于消亡状态,在20世纪八九十年代,羊皮筏的运输功能丧失,又尚未转向娱乐方面时,羊皮筏发展就一度中断。[②] 后来随着旅游业的兴起,羊皮筏子漂流作为一种特色旅游项目,由民间自发组织才又重露头角。所

① 参见王桂坪:《〈敦煌变文字义通释〉证补》,《鲁东大学学报》(哲学社会科学版)2013年第5期。

② 参见张琳:《兰州:黄河浪平筏子远》,《甘肃日报》2007年10月26日。

以，对羊皮筏子的抢救和保护迫在眉睫，理应引起我们的重视。

(二)济阳鼓子秧歌

秧歌又称“扭秧歌”，是我国汉民族具有代表性的民间舞蹈形式。它起源于插秧耕田的劳动生活，同时又和古代祭祀农神祈求丰收、祈福禳灾时所唱的颂歌、禳歌有关。在长期发展过程中，秧歌不断吸收民歌、民间武术、杂技、戏曲等民间艺术的形式技巧，逐渐由一般的演唱发展成为集体性的歌舞表演。秧歌动作丰富，形式多样，生动活泼，奔放热烈，为普通百姓所喜闻乐见，清代以后在全国各地流传广泛，成为一种深入人心的民间舞蹈样式。

济阳县位于鲁北平原南部，北界商河，西北与临邑相连，徒骇河、黄河横穿东西，具有鲁北特色的济阳鼓子秧歌就产生和流传在这里。济阳鼓子秧歌历史悠久，相传兴起于明朝永乐年间，清朝年间就已普及，是黄河优秀文化遗产。济阳鼓子秧歌继被济南市政府列入首批市级非物质文化遗产名录(民间舞蹈类)之后，2006 年 12 月 31 日，又被省政府确定为第一批省级非物质文化遗产；2008 年 6 月，被列入第一批国家级非物质文化遗产扩展项目名录。

济阳鼓子秧歌的表演形式有两种：“街筒子”和“跑场子”。街筒子是秧歌队走街串巷在行进中表演，前面是鼓队，后面是秧歌队。秧歌队分为三路和五路纵队，伞在中间成一单行纵队，两侧为鼓、棒、花相间的二纵队或四纵队。在街筒子的表演中既有集体舞，又有交叉于其中的对舞，所有变化都以伞为中心。

“跑场子”是秧歌队到达场地后的表演。秧歌队跑场图不下几十种，场图套路分“武场”“文场”“文武场”。“武场”节奏欢快、热烈红火、舞姿雄伟，进出皆用舞蹈动作表现。“文场”场图变化明快流畅，舞者各自保持上身姿态，按所跑的场图路线快速穿行。这也就是人们常说的“武场看打，文场看走”。“文武场”则是半文半武的场图和动作变化，在表演中经常交替使用，进时多用“武场”，出时则多用“文场”。济阳鼓子秧歌锣鼓铿锵有力,舞姿粗犷豪放,气势恢宏磅礴,情感纯朴热烈,具有旺盛的生命力和鲜明的地方风格。这种秧歌的主要角色包括伞、鼓、棒、花几类,其中伞又有丑伞和小伞之分。稳健的丑伞、俊丽的小伞、明快的手鼓、柔美的拉花组成一支特殊的演出队伍,以自由奔放的舞蹈反映出鲁北人民豪爽乐观、大方热情的性格。

济阳鼓子秧歌以粗犷豪放的风骨神韵、热情奔放的精神气质、刚毅淳朴的性格特征、丰富多变的舞动场图,彰显了其独特的艺术价值和社会价值。济阳鼓子秧歌是济阳人民的智慧结晶,是劳动人民庆祝丰收的舞蹈,体现了济阳人民纯朴、善良、热情、好客的作风,具有较高的艺术欣赏价值。作为民间广场舞蹈的经典,济阳鼓子秧歌在艺术上达到了很高的成就,在艺术学和民俗学等方面的研究中显示出一定的价值。

(三)黄河澄泥砚

黄河澄泥砚,主要出自黄河中游及中下游流域的虢州新安(现河南省新安县)、绛州(现山西省绛县)和山东等地。澄泥砚与端砚、歙砚、临洮砚,并称“中国历史四大名砚”。河南豫西虢州澄泥砚盛产于唐代,山西绛州澄泥砚出名于明代,衰落于清初,迄今已有 2000 余年沧桑历史,形成了 300 余年断代史。澄泥砚先于端砚、歙砚、临洮砚而出,是四大名砚中唯一取材于千年黄河天然渍泥,经过 30 多道传统手工技艺而成,达观若碧玉、抚如童肌、质坚细腻、击若钟磬之境界,拥有窑变无穷、历寒不冰、经年不腐之特质。

黄河澄泥砚的制作需经过几十道工序。古法制砚,是将一种特制的双层绢袋吊挂于黄河中,河水裹带的泥沙流入绢袋经第一层绢袋过滤后,沉入第二层绢袋的细泥即是澄泥。随时代变迁,黄河的水流量和流速都起了很大的变化,可滤出极细的泥土,即制砚的原料——澄泥。[①]

澄泥砚的名字也由上述制作过程而来。澄泥砚品种多样,制作工艺

---

① 参见张艾丽等:《现代技术手段在澄泥砚制作工艺中的应用与研究》,《佛山陶瓷》2021 年第 2 期。

多样，因烧制的过程和时间不同会产生多种颜色，有的一砚多色。澄泥砚的制作也非常讲究雕刻技术，有浮雕、立体等品种。由于使用经过澄洗的细泥作为原料加工烧制而成，因此澄泥砚质地细腻，犹如婴儿皮肤一般，而且具有贮水不涸、历寒不冰、发墨而不损毫，可与石质佳砚相媲美的特点，因此前人多有赞誉。

作为四大名砚之一，澄泥砚的研究价值显而易见。以古砚谱和当代出版的砚著看，澄泥砚的学术研究以记录古砚或古法制澄泥的居多，研究澄泥砚制作方向的极少，研究澄泥砚如何烧制、窑变的产生与变化的更是鲜见。

第三节　黄河精神

一、黄河精神的内涵

什么样的河流，孕育什么样的精神。黄河精神正是由黄河奔腾不息的特性所孕育，是人们长期同黄河水患作斗争的过程中形成的思想品格、精神追求的深刻体现。张岱年先生曾经指出，中华文化的核心可以用《易经》里的八个字来概括，即“自强不息，厚德载物”。这八个字是对黄河精神的高度凝练。随着历史向前发展变化，黄河文化逐渐与中华民族各地域文化相融合，由河道文化逐步扩展为黄河流域文化，最终成为中华民族的根文化。而黄河精神则作为一种民族意志、民族性格一直是中华民族精神的核心。

在 2019 年 9 月召开的黄河流域生态保护和高质量发展座谈会上，习近平总书记强调：“黄河文化是中华文明的重要组成部分，是中华民族的根和魂。要推进黄河文化遗产的系统保护，守好老祖宗留给我们的宝贵遗产。要深入挖掘黄河文化蕴含的时代价值，讲好‘黄河故事’，延续历史文脉，坚定文化自信，为实现中华民族伟大复兴的中国梦凝聚精神力量。”九曲黄河，奔腾向前，以百折不挠的磅礴气势塑造了中华民族自强不息的民族品格，是中华民族坚定文化自信的重要根基。黄河在我国历史文明中占据重要地位，讲好黄河文明的故，讲好黄河精神的故事，讲好黄河治理的故事，讲好黄河文化的故事，讲好黄河人物的故事，讲好黄河旅游的故事，对弘扬中华文化意义深远。[①]

(一)融合精神

黄河流域自古就极具融合精神，在流域内存在着农耕文明、游牧文明、草原文明和中原文明，这些文明相互影响、相互融合。早在炎黄时期，各族群之间就开始交流融合，到南北朝时期汉族与其他民族的文化交流，再到如今不同区域间的相互交往，都体现了黄河文化的融合精神。这种交融精神不仅使黄河文化自身不断丰富发展，更是缔造了“万姓同根，万宗同源”的民族文化认同以及“大一统”的主流思想，体现了中华民族“求大同”的精神追求。

最具典型性的就是佛教传入中国并与中国传统文化相融合。在公元前 2 世纪，大月氏使臣来到长安，口授佛经，佛教正式传入中国。此后佛教文化与中国传统文化不断交流融合，并在中国逐渐发展起来，绘就中华文明史上的重要一笔。佛教在中国留下众多的历史遗迹，如少林寺、观星台等历史建筑以及诸多佛教典籍，成为中华传统文化的杰出代表，也是我国多元文化的载体和典范。

习近平总书记在亚洲文明对话大会开幕式上的主旨演讲中曾经讲到:“中华文明是在同其他文明不断交流互鉴中形成的开放体系。从历史上的佛教东传、‘伊儒会通’，到近代以来的‘西学东渐’、新文化运动、马克思主义和社会主义思想传入中国，再到改革开放以来全方位对外开放，中华文明始终在兼收并蓄中历久弥新。”[②]在长久的发展进程中，黄河

① 参见周庆富:《“中华民族的根和魂”——黄河文化的精神内核》,《传记文学》2021 年第 2 期。

② 习近平:《深化文明交流互鉴 共建亚洲命运共同体——在亚洲文明对话大会开幕式上的主旨演讲》,人民出版社 2019 年版,第 9 页。

文化始终与世界优秀文化保持交流，不断与其他文化接触、撞击、整合，以其兼容并包的胸襟积极吸纳其他优秀文化的精华，并传播自身优秀文化，实现自身文化的不断创新。

（二）抗争精神

黄河是中华民族的摇篮，她孕育了华夏文明，哺育了中华各族儿女。在与黄河的相处中，中华先民既利用黄河创造了巨大的物质文明，也在治理黄河、同黄河水患的抗争中创造了宝贵的精神财富。黄河自古以来就以“善淤、善决、善徙”著称于世，她既造就了伟大的华夏文明，又因泛滥迁徙频繁，给中华民族带来过深重灾难。

但黄河流域的先民们在同洪水斗争中前赴后继、生生不息。原始社会时期，在生产力水平极低的情况下，先民就开始了与黄河水患的抗争。鲧“堙障”法失败了，大禹承袭父业，吸取父亲治水失败的教训，改筑堤堵水为疏导洪水，终于制服了肆虐的洪水。而禹之后的一代又一代黄河人更不断地探索治河、用河的新方法、新思想。历代人民在与黄河水患作斗争的过程中，孕育出自强不息的抗争精神。在漫长的历史中，中华民族历尽了无数的磨难，但就是靠着这种自强不息、坚忍不拔的抗争精神，战胜了一个又一个困难，顽强地繁衍生息，并创造出灿烂的中华文明。

（三）奉献精神

黄河流域历经几千年沧桑变化、几十个朝代的更迭，涌现出大批舍身奉献、为民谋利的英雄人物，这些英雄人物无私奉献的品质铸成了黄河文化的奉献精神。

最早的治水英雄大禹，为了尽早治理水患，还百姓安乐的生产生活环境，几年间三过家门而不入。黄河水患的治理一直是历代君主治国理政的关注重点。早在春秋战国时期，各国均设有水工、水官等职具体负责筑堤修渠等治河事宜。秦统一全国后，秦王朝在中央九卿之下设立都水长、都水丞掌管诸郡县水利事务，并在各重要水系都派驻官署。隋朝之后的历朝历代更加重视河务，并设立专门机构治理黄河。历代君主的治黄思想和做法彰显了统治者对国家、人民安康的重视，体现出民为邦本的思想。

直至今日，黄河文化的奉献精神依然体现在各行各业，彰显黄河文化的强大影响力。作家柳青为了创作长篇小说《创业史》放弃城市生活，在农村一住就是14年，和当地农民一样饮食起居。在《创业史》创作完成并发行后，柳青将第一笔稿酬16065元捐给王曲公社，做工业基建费用。在写《创业史》第2部时，又将预借的5500元稿费为皇甫村支付高压电线费用。他深刻践行奉献精神，一心一意为群众着想。

（四）创新精神

创新精神是黄河流域的有一大典型精神。黄河流域催生了很多发明创造，农耕文明、商业文明在这里发端，天文历法、冶铸陶瓷、建筑纺织等方面都有不俗表现，极大地推动了人类文明进程。黄河领域的创新精神最先体现在对自然生态的利用上。[①]

在长久的治黄历史中，治黄人不断创新治黄手段。比如明代潘季驯提出“束水攻沙”战略，即采用多地固堤的方法增加水流冲刷力量，解决河沙淤积现象。“束水攻沙”的治河方略改变了以往“以人治河”的思路，为治黄工作提供了新的切入点。同时，它把过去单纯的防洪思想转移到治沙上来，将治水与治沙结合起来，这是治河方略的重大创新。到新中国时期，人们为了将盐碱地利用起来，创新盐碱地治理模式，采用排水冲盐碱、淤灌造粮田的方法，将黄河中下游寸草不生的“牛皮碱地”变成了广袤的粮田，极大提高了土地利用率，增加了粮食产量。

创新精神是一个国家和民族发展的不竭动力，也是一个现代人应该具备的素质。黄河文化的创新精神历经发展，已成为整个中华民族的精神品质，鼓舞着每一个现代人为实现伟大复兴的中国梦贡献创新力量。

---

① 参见周庆富：《讲好黄河故事　发掘黄河文化的精神内核》，《人文天下》2021年第1期。

二、黄河精神的民族性和时代性

(一)黄河精神的民族性

黄河精神的民族性是指黄河文化中的原生性精神，主要包含两方面的含义:第一，文化的地域性催生文化的原生性。不同文化产生于不同的地理环境，千差万别的地理环境造就多彩多样的文化，任何一种文化的出现都来源于某种具体的人地关系。不凭借外力，在具体地理环境中自发的文化才具有原生性。第二，文化的原生性体现在具体文化中。不同文化除了具有文化的共性外，也具有区别于其他文化的特殊性。任何一种文化都是“共性”与“个性”的结合，文化的原生性就体现在文化的差别性。比如，自强不息与创新精神在每一种文化中都有体现，但黄河流域人民独特的治黄经历以及小生产的农业文化，成为其区别于其他文化的独特标识。因此，“伟大创造精神、伟大奋斗精神、伟大团结精神、伟大梦想精神”的中华民族精神在黄河文化模式下的独特呈现就是黄河文化中孕育的民族精神。

1.自强不息的刚健有为精神

自强不息的刚健有为精神源自黄河流域人民与黄河水患作斗争以及黄土高原恶劣的自然环境。长期的恶劣环境将先民的开拓精神、创造力以及斗志激发到极致，激励先民与恶劣的自然环境作斗争。它是黄河文化的核心民族精神，也是黄河文化中的原始民族精神。甚至这种精神可以追溯到远古时期，盘古开天地、女娲补天、夸父逐日、后羿射日、大禹治水等神话传说充分体现了这一精神追求，成为中华民族精神中的原始民族精神。

2.崇德向善重义的人文主义精神

黄河流域自古推行祖宗崇拜和家庭伦理，自西周时期就开始实行宗法分封制，再经过儒家“仁爱”学说的兴起和发展，中华民族崇德向善的民族精神得以确立。从此之后，以崇德、向善、重义为核心的人文主义精神开始覆盖并构筑中国社会的方方面面。它一方面追求社会秩序的“天下大同”,另一方面又强调“天下大同”的践行者在个人,于是产生了独具社会伦理特征的“修身、齐家、治国、平天下”的逐级序进。在这个联结个人和群体的逐级序进中产生了大量的人文主义精神,如“己所不欲,勿施于人”“老吾老以及人之老,幼吾幼以及人之幼”“不患寡而患不均”等。[①]

3.家国一体的群体本位精神

家国一体的群体本位精神是黄河文化最具代表性的民族精神,它是以农耕为主的经济形态和黄河流域的独特生态环境共同作用产生的。史前时代生活在黄河流域的先民以血缘为纽带形成部落联盟,成为家国一体的开端。黄土高原作为黄河流域至关重要的地理形态,以农耕为主的经济生态奠定了中华民族依赖土地、追求稳定、务实和不喜迁徙的民族心理。同时因为黄河流域水患频发,依靠个人力量无法抗衡大自然的灾难,人们为了保护自己的家园、捍卫自己的劳动成果,开始进行大规模农事作业,协力抵抗黄河水患的威胁。这种频繁出现的群体活动逐步养成了黄河流域家国一体的群体本位精神。

(二)黄河精神的时代性

黄河是大自然的杰作,更是中华民族的基本文化象征。在中华民族发展的历史长河中,滚滚黄河对流域和两岸百姓产生了巨大影响。在中国人眼中,黄河不仅是一条自然意义上的河流,更是维系中华文化的中坚力量,是中华民族心理认知的最基本参照。黄河是中华文明之母,是中华民族之根。

远古时代黄河流域的中游——关中盆地一带属于亚热带,气候温和滋润,四季分明,为原始人类的生存提供了有利的条件。黄河流经的黄土高原土壤肥沃,充足的阳光与集中降雨为原始农耕的发展提供了良好的条件。流域大部分地区森林丛生,种类繁多的野兽和人类共同存在于

---

① 参见陈会娟:《黄河文化孕育的恢弘大气的民族精神》,《河南日报》2021年3月10日。

这块土地上，人们捕猎野兽，以战利品为食，用兽皮缝衣制裙，覆盖身体以防寒冷。

综观历史，无论是尼罗河、恒河还是著名的幼发拉底河和底格里斯河，它们要么是一个民族或一种文化短期拥有的，要么是属于不同的民族、国家或文明的，往往不会延续下去，或者经历过多次起伏。然而，黄河流域留下了许多人类遗址，从远到近，系统地展现了中国古代人类不断发展的漫长历程，清晰地描绘了人类进化的轨迹。在人类发展过程中，黄河流域古人类化石的完整性和系统性是我国其他地区无法相比的。

中华民族起源于黄河流域。据考证，大约4000年前，黄河流域有许多血缘氏族和部落。据说最早的两个部落是黄帝和炎帝。黄帝又称轩辕世家。他的家族起源于陕北的吉水，定居在黄河中游，我们今天称之为“中原”。后来，这一带的居民都尊崇黄帝为直系祖先。尧、舜、虞都是黄帝家族的后代，黄帝成为中华民族的“第一人”。现在，陕西省黄陵县有“黄帝陵”，被誉为全世界华人的根。河流是人类生存和发展的重要支撑系统，是人类文明的发祥地。历史上，人类文明与河流共存，任何一个国家的发展都与河流有关。黄河用其甘甜的乳汁哺育着中华民族，中华民族的优秀儿女在她身边辛勤耕耘，创造了灿烂的古代文化。

在漫长的发展历史中，黄河逐渐成为中华民族的象征和旗帜。在中国人眼中，黄河已经远远超过了一般意义上的自然河。黄河及其衍生的黄河文化，如同维系整个中华文明的脊梁一样，成为中华民族心理认知的参照系。我们常称中华文明为黄色文明，生来就有黄河、黄土、黄帝和黄种人，这些要素紧密相连，让中华民族以如此自然和谐的方式融合在一起，让中国龙腾飞起来。黄河已经成为中华民族的象征，成为中华民族的旗帜，是每一个中华儿女所追寻的文化所依。

20世纪90年代，黄河断流愈演愈烈。1998年年初，中国科学院和中国工程院的163名院士联名向海内外中华儿女郑重发出呼吁：“行动起来,拯救黄河。”《呼吁书》写道:“……令人震惊的是,今日之黄河正面临着另一种威胁——断流。自 1972 年以来,几乎连年断流,且一年比一年严重。黄河,由滔天之水变成涓涓细流,继而只留下龟裂的河床……”他们在直面现实、痛陈恶果之际,提出了解决问题的思路,并相信“只要每一位炎黄子孙行动起来,那么,赤地变青山之时,便是黄河流碧水之日,伟大的母亲河——黄河一定能重现昔日光彩;那么,今天的炎黄子孙,将无愧于时代,将无愧于后人”。[①] 可见,黄河对中华民族和中国人民具有重大意义。之前的黄河断流或决口,不仅影响工农业生产、城乡生活用水、河流生态系统、经济社会发展,而且影响中华民族的文化自信,其影响程度和深度不可估量。

在世界四大文明中,唯有起源于黄河流域的中华文明绵延不断,贯通中华民族的过去、现在和未来。畅游历史长河,展望中华民族伟大复兴的光明前景,我们真切地感受到,讲好“黄河故事”,就是赓续中华民族创新创造、团结奋斗、实干筑梦的精神图谱。黄河精神代代延续,在不同的时代丰富自身内涵,讲好“黄河故事”,把跨越时空、超越国度,富有永恒魅力、具有当代价值的文化精神弘扬开来,必将汇聚实现中华民族伟大复兴中国梦的磅礴之力。

三、黄河精神的时代价值

(一)增强民族认同感,维护民族团结

黄河流域诞生炎黄二帝的传说,缔造了中华民族根深蒂固的根亲观念。黄河流域成为海内外中华儿女的根脉之地,“万姓同根,万宗同源”则成为中华民族的共同心理。黄河文化蕴含的“同根同源”的民族心理和“大一统”的主流意识,是增强民族认同感、维系我国国家统一和民族团结的精神文化支柱。在尧、舜、禹时代,黄河流域水患灾害频繁发生,

① 参见张光义等:《关于黄河文化建设几个基本问题的思考》,《黄河报》2008 年 12 月 6 日。

容易受水灾影响的部落开始迁移，聚集于适宜耕种的地区，原始封闭的氏族逐渐联合形成部落联盟共同应对水害，并诞生了管理需求和杰出的部落联盟领袖。中华民族大一统的主流意识也正是发端于黄河水患的逆境之中。虽然封闭的原始部落开始交流互动，但真正实现地域融合却是在秦王朝统一六国后，建立了首个统一的、多民族中央集权国家，实行“车同轨，书同文，行同伦”，进一步消除地域差异和社会矛盾，以追求国家长治久安。尽管秦王朝二世而亡，但却缔造了中华民族追求大一统、大融合的民族文化。[①]

在中华民族漫长的历史发展进程中，尽管也曾出现割据、分裂的情形，但最终都走向了统一，中华文明也得以延续。不仅如此，古代君主多擅长征战，以黄河流域为中心不断向周边地区扩展，并通过人口迁徙、贸易和文化交流等将大一统的价值理念向周边地域扩散，走向一统和融合已成为中华大地上共同的追求与信仰。中华民族历经数千年而传承至今的“同根同源”的民族心理和“大一统、大融合”的主流意识，是我国增强民族认同感、维系国家统一和民族团结的精神文化支柱，尤其是在当前国际环境复杂多变的背景下，为实现中华民族的伟大复兴和国家统一提供了精神层面的伟大力量。

（二）增强中华民族文化自信

自十八大以来，习近平总书记在多个场合谈到中国传统文化，表达了自己对优秀传统文化、传统思想价值体系的认同与尊崇。黄河文化作为中华优秀传统文化的重要部分，历久弥新，在中国乃至世界文明的浩瀚星空中留下浓墨重彩的印记，是增强中华民族文化自信的重要载体。坚定文化自信，能够为中华民族实现伟大复兴提供精神力量。中国特色社会主义文化既包括中国的优秀传统文化，也包括在中国共产党的带领下创造的先进文化。在中国传统文化中，黄河流域是中华文明的发源

① 参见田学斌：《黄河文化：中华民族的根和魂》，《学习时报》2021年2月25日。

地，在长达几千年的历史长河中，都作为重要的政治、经济、文化重心存在，创造了璀璨绚丽的物质文明和精神文明，构成了中华文明的主要组成部分，并且长期领先于世界科技文化发展水平。

同时，黄河文化也通过贸易、文化交流、政治外交等扩散至中东、印度、欧洲、日本及朝鲜半岛等地，丝绸、茶叶、瓷器等农业及手工业产品和先进的生产技术（如四大发明等）、文化艺术等也从这里走向世界，至今对世界发展产生重要影响。唐宋时期的都城长安和东京汴梁成为当时全球范围内最发达的国际性大都市，其形成的城市文明对世界文明影响深远。[①] 在近代中国共产党领导人民进行革命时期，黄河流域的陕甘宁边区是中国抵御侵略和解放战争的战略决策中心，在中国近代发展历程中影响深远。黄河文化以其博大深厚的文化内涵深刻影响着中国近现代的革命事业，同时创造性地吸收马克思主义思想，在实践中发展出了红色文化、爱国主义及生态文明等新的文化内涵，为黄河文化乃至中华文明增添了新鲜的内容。

从古代到近现代，黄河流域长期居于中华民族的政治、经济和文化活动中心，黄河文明经久不息，是世界上唯一未曾中断的文明，彰显了其在中华文明中的主体地位、在世界历史上的巨大影响力、在历史长河中历久弥新的顽强生命力和巨大创造力。保护、传承和弘扬黄河文化，有利于增强中华民族的文化自信，为中华民族的伟大复兴提供精神力量。

（三）助力我国生态文明建设

黄河文化蕴含的“天人合一”的自然伦理观，可为我国新时代生态文明建设提供历史经验与理论支撑。黄河文化是一种农耕文化，是中华民族先民在与自然的和谐相处中创造的物质与精神文明。农耕生活要求天时、地利，顺应自然规律，黄河流域先民们在漫长的生产生活实践中总结出和谐的三才观、趋时避害的农时观、主观能动的物地观、变废为宝的

---

① 参见王殿彬：《从宽窄巷子看地名文化根脉》，2020 年 6 月 16 日，http://www.zgdmw.info/detail/20061609231656。

循环观、御欲尚俭的节用观等。这都体现了黄河文化天地人和的思想，“应时、取宜、守则、和谐”是其主要内涵，强调要把天、地、人统一起来，按照大自然规律活动，取之有时，用之有度。[①]

习近平总书记指出：“人与自然是生命共同体，人类必须尊重自然、顺应自然、保护自然。”[②]保护自然就是保护人类，建设生态文明就是造福人类。生态文明建设是关系中华民族永续发展的根本大计，当前在人地关系矛盾突出的时代背景下，黄河文化为新时代生态文明建设提供了历史经验和智慧，有助于我们在历史与现实交汇中探寻人地关系和谐发展的根本途径。

（四）推动构建人类命运共同体

黄河文化包容开放，能够为新时代中国全方位开放发展和构建人类命运共同体提供可资借鉴的历史基础和实践基础。黄河文化是在与北方、西部、南方少数民族的攻守战以及与亚洲、欧洲及非洲其他各国的文化交流中逐渐形成的。在中国早期，得益于黄河流域优良的气候、土壤等地理条件，黄河流域社会经济发展在全国乃至全球长期处于领先地位，黄河流域长期处于中国政治、经济、文化的核心地带，中国对外经济联系、文化交流、政治外交也主要兴起和发展于这一地区。早在汉朝（西汉、东汉），中央政权就曾派遣张骞、甘英等出使西域，开辟从长安（今西安）经甘肃、新疆，到中亚、西亚，并连接地中海各国的陆上通道，建立起中原王朝与西亚和欧洲的政治、贸易等联系。这条通道也成为古代中国与西方所有政治、经济、文化往来的主要通道，即丝绸之路。

隋唐时期，丝绸之路交往进入繁荣鼎盛时期，经济贸易往来频繁，对外文化交往极为活跃，日本、新罗、天竺等国家派遣大量使节、留学生等来华进行文化政治交流。中央机构还设置“四方馆”以专门管理对外贸

---

① 参见苗长虹、艾少伟、喻忠磊：《黄河文化的历史意义与时代价值》，《河南日报》2019 年 11 月 4 日。

② 习近平：《决胜全面建成小康社会　夺取新时代中国特色社会主义伟大胜利——在中国共产党第十九次全国代表大会上的报告》，人民出版社 2017 年版，第 50 页。

易,制定对外国商人的优惠政策。在宋朝时,中国对外开放走向巅峰,统治者高度重视对外贸易等。尽管北方少数民族政权的崛起阻断了陆上丝绸之路,但宋政权依旧在宋辽、宋夏开设互市榷场,互易有无,联系经济文化。陆上丝绸之路的起点城市向东延伸至北宋都城汴京。宋政权还大力发展海上贸易,也欢迎远人来华定居,在北宋汴京设有犹太人聚居点。在对外开放与交流过程中,黄河文化不仅扩大了自身影响力,也不断从其他地域和民族文化中汲取营养,从而形成了具有开放、包容气质的中华文明。习近平总书记提出"文明因交流而多彩,文明因互鉴而丰富"。黄河文化与周边国家及地区的交流交融,为构建人类命运共同体提供了历史范本。

小　结

黄河,在中国北方蜿蜒流动,自人类产生的那天起,便与人类生息相依。黄河不仅仅是一条自然的河流,还是中华民族的象征。在中国人心目中,黄河是独一无二的。黄河,是中华民族的摇篮,孕育了自强不息的中华儿女,在人类史上不断创造着辉煌;黄河,是中华文明的发源地,历经百年沧桑,传为经典。

黄河文化是世界上最古老的文明之一中华文明的代表,延续几千年历久弥新,而其他同时代的古老文明却一再被埋没于历史的残垣断壁。我们不得不感叹,黄河文化历经数千年仍然完好地保持了文化传统的延续性,这是个值得追寻和研究的历史课题。回顾历史,黄河文化何以会延续不断?黄河文化具有鲜活的生命力,自始至终保留着独立自主、自力更生、艰苦奋斗的核心;黄河文化兼容并蓄,以宽厚的胸怀广纳百川,流域文化百家争鸣、百花齐放。

俄罗斯著名学者康拉德说:"中国很少发生极端的现象,中国社会在多元对立的历史文化形态中保持着平衡。"欧洲和中东国家的古代文明都曾因为宗教、社会或政治等方面的重大变革而发生大的裂变，而黄河文化是一个例外，即使在最为艰难或变幻的历史时期，“修身、齐家、治国平天下”的道理总是在中华民族的理想和价值体系中寻找新突破。

人类古代文明的发祥地大都位于河海之滨或河流交汇之地。黄河流域自古以来被人们视为中华文明的摇篮。黄河文化是中华民族智慧的结晶，也是中华文化的重要组成部分，对中华文明的发展意义深远。黄河文化以其博大的胸怀，兼容并蓄，在丰富着中华文化的同时，不断地将自己的文明推向世界。

第二篇

勇立潮头御风行,推动黄河文化高质量发展

第三章　立足新时代，构建黄河国家文化公园

第一节　黄河国家文化公园背景剖析

一、相关政策梳理

（一）顶层设计

2019年习近平总书记在黄河流域生态保护和高质量发展座谈会上提出，“要深入挖掘黄河文化蕴含的时代价值，讲好‘黄河故事’，延续历史文脉，坚定文化自信，为实现中华民族伟大复兴的中国梦凝聚精神力量”。2021年10月8日，中共中央、国务院印发《黄河流域生态保护和高质量发展规划纲要》。

国家文化公园发端于欧洲文化线路、美国遗产廊道以及中国线性文化遗产三条理论源流，是根植于我国政治、文化、社会现实环境的大型遗产保护与利用的创新性举措，并随着社会实践的逐步完善向具有普适性的文化遗产保护传承弘扬的管理运营模式转变。[①] 从2019年《长城、大运河、长征国家文化公园建设方案》文件及2020年《中共中央关于制定

① 参见李飞、邹统钎：《论国家文化公园：逻辑、源流、意蕴》，《旅游学刊》2021年第1期。

国民经济和社会发展第十四个五年规划和二〇三五年远景目标的建议》中提出构建黄河国家文化公园的相关表述来看,国家文化公园建设选择了长城、大运河、长征、黄河这四个具有典型“线性”特征的区域为试点工程,强调要“呈现中华文化的独特创造”,提出“整体布局”和“跨区域统筹协调”的要求,既表现出理论源流的形制和脉理,又从主体功能区、基础工程建设等具体要求方面体现了对现有理论的创新以及愿景——将国家文化公园打造成为中华文化的重要标志。

2020 年 6 月 9 日,中共济南市委党史研究院召开新闻发布会,提出要深入研究黄河文化,深度挖掘黄河历史文化资源,讲好“济南黄河故事”,为保护传承弘扬黄河文化作出应有的济南贡献,并迅速开展了以“讲述黄河故事,传承黄河文化”为主题的“三大行动”。11 月 26 日,黄河文化保护传承弘扬座谈会在山西省太原市召开,会议指出文化和旅游部系统要深入贯彻党的十九届五中全会精神,贯彻落实《黄河流域生态保护和高质量发展规划纲要》和即将印发的《黄河文化保护传承弘扬规划》。国家公园、黄河国家文化公园、国家级文化生态保护区正在成为黄河文化保护传承弘扬的重要载体。

(二)支持类政策

国家从整体角度出台相关支持类政策。2021 年 6 月,《黄河保护立法草案》公开征求意见,明确绿色发展是高质量发展的核心内涵之一,而黄河水资源—生态—环境保护则是实现绿色发展的重要措施和保障。明确黄河流域的职权负责机制。由于黄河流域左右岸、上下游分属不同地区不同部门管辖,极易给执法保护工作造成盲区,因此建议建立健全黄河流域联合执法的主导体系,并明确责任机制,尽力杜绝“九龙治水”的情况发生。

2021 年 2 月,《关于对“十四五”国家重点研发计划“长江黄河等重点流域水资源与水环境综合治理”等 12 个重点专项 2021 年度项目申报指南征求意见的通知》提出,重点专项紧密围绕长江和黄河流域水资源、水环境、水生态综合治理的科技需求，通过基础理论研究、关键技术与装备研发、流域管理创新、典型区域和小流域集成示范，支撑长江、黄河等重点流域水安全保障与治理能力的实质性提升，形成流域水系统治理范式，并进行推广应用。①

各地也纷纷出台相关支持类政策，推动黄河国家文化公园落地。2020 年 4 月，陕西省文化和旅游厅印发《2020 年陕西省黄河文化保护传承弘扬工作计划》，提出要健全黄河文化保护传承弘扬规划体系，推动黄河文旅融合项目建设，完善黄河流域公共文化服务体系，实施黄河文化遗产系统保护工程。郑州市专门成立郑州黄河文化公园管理委员会，管理国家黄河文化公园建设相关事宜。政府出台了《2020 年郑州市建设黄河流域生态保护和高质量发展核心示范区工作要点》《郑州市建设黄河流域生态保护和高质量发展核心示范区文化博物旅游发展三年行动计划》《郑州市建设黄河流域生态保护和高质量发展核心示范区文化博物旅游发展 2020 年度专项方案》等多个文件，从顶层设计高度推进国家黄河文化公园建设，加强黄河生态保护治理，保护传承黄河文化。

二、时代背景分析

（一）新发展格局

2020 年 4 月，习近平总书记在中央财经委员会第七次会议上发表重要讲话，首次提出构建以国内大循环为主体、国内国际双循环相互促进的新发展格局。同年 8 月，总书记在经济社会领域专家座谈会上指出，新发展格局决不是封闭的国内循环，而是开放的国内国际双循环。加快构建以国内大循环为主体、国内国际双循环相互促进的新发展格局，是党中央根据我国发展阶段、环境、条件变化，审时度势作出的重大决策，其站位高远、影响深远、意义重大。从构建新发展格局这个大背景、大战

① 参见王浩等：《黄河流域水系统治理战略研究》，《中国水利》2021 年第 5 期。

略、大趋势出发,深度思考黄河战略实施策略,从全局角度奏响“黄河赞歌”,书写黄河高质量发展大文章。[①] 立足中华民族伟大复兴战略全局和世界百年未有之大变局,不断提高把握新发展阶段、贯彻新发展理念、构建新发展格局的政治能力、战略眼光、专业水平,加强黄河上、中、下游联动,建设新时代黄河国家文化公园,切实把黄河建设成为“母亲河”“幸福河”。

(二)历史机遇

黄河是中华文明最主要的发源地,被国人尊称为“母亲河”,它发源于青海巴颜喀拉山北麓,分别流经青海、四川、甘肃、宁夏、内蒙古、陕西、山西、河南及山东等 9 个省级行政区域,最后于山东东营注入渤海。沿线大中小型城市超过 60 个,各类黄河旅游景点超过 100 处,每年接待游客过亿人次。黄河流域极具丰富的旅游资源和文化内涵,因此国家大力提倡的“以文塑旅、以旅彰文”之文旅融合理念,或许在黄河流域能得到完美的落地实施。[②] 推动黄河流域文化、旅游、体育等多产业高质量发展,对于打造一条资源高效利用、生态持续改善、人民幸福安康的绿色高质量发展示范带,推动文化强国建成具有重要战略意义。

黄河流域生态保护和高质量发展上升为重大国家战略,这是以习近平同志为核心的党中央着眼于全国发展大局、生态文明建设全局和区域协调发展布局作出的重大战略决策。党的十九届五中全会专门提出了“推动黄河流域生态保护和高质量发展”,也将黄河高质量发展的战略地位提升到了新高度。十九届五中全会上提出要建设长城、大运河、长征、黄河等国家文化公园,这一决议在 2021 年经人大审议通过的《中华人民共和国国民经济和社会发展第十四个五年规划和二〇三五年远景目标

① 参见戴有山:《以黄河国家文化公园建设为契机　加快推动黄河城市群高质量发展》,《人民周刊》2021 年第 5 期。

② 参见赵虎、杨松、郑敏:《基于水利特性的黄河文化遗产构成刍议》,《城市发展研究》2021 年第 2 期。

纲要》中得到确认，至此形成了四大国家文化公园的格局。国家文化公园建设是深入贯彻落实习近平总书记关于推动黄河流域高质量发展等一系列重要指示精神的重要举措。

三、黄河文化发展现状

（一）黄河文化保护、传承、弘扬现状分析

1.载体建设的现状分析

黄河流域现存有各类国家地质公园、国家重点风景名胜区、森林公园、湿地公园等保护地模式，其内容载体、表现特征及发展现状如表 3-1 所示。

表 3-1　黄河流域保护地模式现状特征（遴选）

保护地模式	内容载体	表现特征	发展现状
国家地质公园	贵州国家地质公园、河南郑州黄河国家地质公园等	以保护区域内地质遗迹为目的，并以特色化的地质遗迹为“看点”，创造非抽取式旅游收益	资源所有权全部归为国家所有，但相关专门性、针对性的地质遗迹保护法律匮乏，法律层面的保护、利用、保障方式层次较低
国家重点名胜风景区	黄河三峡风景名胜区、兰考东坝头黄河湾风景区	以展现区域特殊性为目的，重视景观类型、自然状态的活泛化，强调景观价值，兼具环境服务功能及第三方服务（旅游为主）功能	基于国家条块式的行政管理体制，区域内相关产权问题界限模糊，无法真正实现公平的权益划分，社区参与机制保障完善

续表

保护地模式	内容载体	表现特征	发展现状
国家森林公园	山东夏津黄河故道国家森林公园、洛阳白云山国家森林公园、坎布拉国家森林公园等	以林地保护为目的，以环境保护为主，旅游产业为辅	过于强调资源保护的重要性，对区域内生物多样性保护力度不足，对游憩功能开发有所忽视
国家湿地公园	天鹅湖国家城市湿地公园、四川若尔盖湿地、郑州黄河国家湿地公园等	以保持区域内湿地资源完整性、多样性为主，以公众游憩、环境教育产业为主	整体呈现分布的广泛性和不平衡性，国家重保护和地方重利用间博弈明显，法律法规和技术标准不健全，相关监管体系和配套机制不完善
国家级文化生态保护（实验）区	藏族文化（玉树）生态保护实验区、格萨尔文化（果洛）生态保护实验区、热贡文化生态保护区、晋中文化生态保护实验区等	所有权明确，依托区域内特色资源以发展旅游产业为主	多以实施“抢救式保护”为主，利益相关者之间矛盾明显，尚未形成统一的网络体系

2.载体保护模式存在问题分析

人文生态保护力度弱。黄河流域现有载体保护中对人文与生态之间的平衡协调力度不足，文化要素利用效能低。湿地公园、森林公园等单一性载体中各类自然生态资源活化利用形式单一，部分优质资源长期闲置，对遗产保护支撑力度不足，文化主题不明确、不突出。名胜风景区、实验区等综合性载体的新技术、新模式应用率较低，大部分依旧以静态展示、传统利用为主。

产业创新动力不足。黄河流域文化遗产与相关产业融合程度较低，传统业态比重较大，文化创意产品、数字文化产品等新型文化及相关产业产品开发滞后，相关保护模式因自身或环境原因，生产力普遍较弱，产业结构有待规范。

重大项目带动力迟缓。黄河流域内大型遗产保护、地方生态资源利用等项目带动力不足，对文旅产业的带动作用亟待激活。部分保护模式中基础设施老化问题严重，森林公园、湿地公园等载体内生态保护亟待创新。文创科教、研学体验等产业园区建设、线路规划的招商及公共服务能力有待提升，严重影响文化及相关产业消费的积极性。

（二）沿黄省区文化保护传承空间分析

1.黄河生态系统保护特色重点分析

黄河生态系统作为一个有机整体，需要依据上、中、下游地区的差异化发展进行重点保护。目前来看，黄河上游地区生态系统整体呈现水源涵养功能下降、循环系统退化的现象；中游水土流失严重，汾河等支流污染问题较为严重；下游生态流量较低，一些地方的河口湿地面临萎缩干涸的险境。此外，工业、农业及城镇生活的污染问题也对上、中、下游地区生态保护造成了一定程度的影响。

基于此，黄河生态系统需要上、中、下游地区针对突出问题作出有针对性的缓解保护，实现上、中、下游产业协调、区域协同发展。具体来看，黄河上游是青藏高原，生态系统较为脆弱，重点应通过生态补偿、扶贫等方式帮助地方发展生态，建立自然保护区、地质公园等，保护上游生态系统，提高水源涵养能力。中游地处黄土高原，需把重点放在解决水土流失的问题上，通过植树造林、大面积绿化等保持水土；对于汾河等支流污染严重的区域，则应以水污染防治为主，提高中游水土平衡能力。下游地处平原地区，各种水利工程使得黄河径流量发生变化，需把重点放在河口河流生态维护方面，保持下游水量充足，并利用地方特色文化资源合理发展相关产业。

2.黄河文化传承存在问题分析

围绕黄河文化保护传承,国家和沿黄省区做了诸多尝试和创新。比如,位于河南郑州的黄河博物馆,是郑州市颇具时代特点的标志性建筑之一。作为世界上最早建立的水利行业博物馆,黄河博物馆是我国唯一以黄河为主题陈列内容的自然科技类博物馆,内有600余幅照片、丰富的历史文献和珍贵的文物标本、过水模型、触摸屏、数字化信息地图和幻影成像等,整个陈列由"伟大的黄河""黄河历史灾害""人民治黄成就""黄河在前进"四部分组成,生动展示了中华民族的摇篮——黄河流域的地理、地貌、气候等自然概况,灿烂的黄河文化以及历代水旱灾害、河患治理、水土保持、水资源开发利用、治理开发的远景规划等内容。

同时,笔者认为,黄河文化保护传承存在有待提升的三个环节。

黄河文化"集成研究少"。在黄河文化资源的保护和利用中,理念的缺失导致对黄河文化认知不清和认识浅层化。研究偏差导致对黄河文化的挖掘梳理不够深入,针对黄河精神和时代价值的现代阐释严重不足。黄河文化与儒家文化、齐商文化等地域文化的溯源阐发和互动研究尚不系统,黄河文化与运河文化、海洋文化、红色文化等融合研究刚刚起步。

黄河文化"单点使用多"。传统资源文旅化、产品化趋势明显,开发理念和手段的原始化、低端化倾向突出,黄河自然生态和文化资源简单地就地孤立开发、单点运营影响了项目文化生命;黄河文化资源整合意识淡薄,对黄河流域生态环境造成了不同程度的影响或破坏。黄河文化尚未形成完整的研究阐发、普及教育、实践养成、保护传承和传播交流体系。

黄河文化"创新保存缺"。黄河文化的数字化、数据化产品体系构建相对滞后。黄河价值和黄河故事没有形成标志性的项目示范和长期性应用典范,适应现代生活方式和美好生活需求的黄河文化产品亟待破题。对黄河文化“非遗”重视程度不高，发展地位不明确，影响了黄河文化的保护传承与价值弘扬。

第二节　国内外文化传承发展经验借鉴

一、河湖人文生态保护传承

（一）莱茵河综合治理

莱茵河发源于瑞士东南部的阿尔卑斯山麓，全长 1320 千米，是欧洲西部第一长河。1999 年 4 月 12 日，德国、法国、欧盟等国家和组织联合签署了《莱茵河保护国际公约》，多方联动探索综合治理莱茵河水系的路径。莱茵河是欧洲的重要航道及沿岸国家的供水水源，对欧洲社会、政治、经济、人文生态等发展均起着重要作用。19 世纪下半叶以来，由于受到周边工业的影响，莱茵河流域遭遇了严重的环境与生态挑战，还曾一度被戏谑为“欧洲下水道”和“欧洲公共厕所”。

其污染主要体现在以下几个方面：一是废弃物随意排放丢弃，水土污染严重。随着莱茵河沿岸人口增长和工业化加速，越来越多的有机无机物排入河道，氯负荷迅速增加。二是生态环境快速退化，生物多样性受损严重。甚至到 1940 年前后，流域中的鲑鱼几乎灭绝。水生动物种类数量大幅减少，且多以抗污耐污类为主。三是流域洪水问题突出，经济损失不断增大。1882～1883 年、1988 年、1993 年和 1995 年发生了流域性大洪水，沿线居住环境遭到侵蚀，潜在经济损失逐年增大。四是土地开发无序，次生灾害严重。由于大面积开垦种植，自然风貌也因此被改变，加上海水位上涨，致使防洪形势十分严峻，次生灾害较为突出。[①]

莱茵河流域各国面对这一问题，团结一致制定治理目标，历经多年

① 参见郑人瑞、杨宗喜、杜晓敏：《莱茵河流域综合治理经验与启示》，《中国矿业报》2018 年 6 月 20 日。

实践,最终实现了河流与人类和谐共处的美好局面,莱茵河流域管理被誉为"国际流域管理的典范"。2001年,伴随着"莱茵河2020计划"的公布,莱茵河生态总体规划及生境斑块连通计划、莱茵河洄游鱼类总体规划、土壤沉积物管理计划、微型污染物战略等一系列的行动计划相继出台落地。梳理和总结莱茵河流域管理的经验做法,可为我国黄河流域高质量发展、黄河国家文化公园构建等提供遵循与借鉴。具体可参见表3-2。

表3-2　莱茵河综合治理经验

典型举措	具体内容
专业化的协调管理组织	将风险预防纳入现行环境法规中,要求"社会应当通过认真提前规划和阻止潜在的有害行为来寻求避免对环境的破坏"。成立保护莱茵河国际委员会,主要任务包括国际流域管理研究评估;依据成员国计划作出决策;提供年度评价报告;通报治理成果与环境状况。莱茵河流域合作治理的核心机制是1950年成立的ICPR(保护莱茵河国际委员会),经过70多年发展现已成为全球流域治理领域多国高效合作的典范。它不仅设有政府组织和非政府组织参加的监督各国计划实施的观察员小组,而且设有许多技术和专业协调工作组,可将治理、环保、防洪和发展融为一体。"保护莱茵河委员会"在莱茵河及其支流设立了水质监测站,从瑞士至荷兰共设有57个监测站点,通过先进的方法技术对莱茵河进行监控,形成了科学的监测网络,建立了完善的监测预警体系①

① 参见王思凯等:《莱茵河流域综合管理和生态修复模式及其启示》,《长江流域资源与环境》2018年第1期。

续表

典型举措	具体内容
企业、公众广泛参与	利用经济手段，通过颁布《污水收费法》等，对流域内企业征收生态保护税，用以建设污水处理工程。同时，相关法规对污染企业在银行贷款方面进行严格限制，并对其进行曝光处罚，企业声誉形象就会受到影响，使得企业不得不重视环境保护。1994 年颁布的《环境信息法》中对公众参与环境管理的途径、方法、程序等进行了明确规定。公众能够通过参与听证会制度、顾问委员制度、媒体或互联网获取检测报告等方式，对水资源的保护利用进行实时了解，确保流域管理措施能够切实符合广大公众的利益，实现莱茵河流域的立体化管理。流域综合治理需要政府、企业、公众的合作与共同努力

（二）长江经济带综合治理

长江发源于"世界屋脊"，长度居世界第 3 位，横跨中国的青海、西藏、四川、重庆、云南、湖北、湖南、江西、安徽、江苏、上海等部分地区。长江经济带横跨我国东、中、西三大板块，人口规模和经济总量占据全国"半壁江山"，生态地位突出，发展潜力巨大，应在践行新发展理念、构建新发展格局、推动高质量发展中发挥先锋模范作用。

推动长江经济带发展，是党中央作出的重大决策部署，更是关系国家发展全局的重大战略举措。我们要认真贯彻落实习总书记在深入推动长江经济带发展座谈会上的重要讲话精神，正确把握整体推进和重点突破、生态环境保护和经济发展、总体谋划和久久为功、破除旧动能和培育新动能、自我发展和协同发展"五大关系"，坚决守好发展和生态两条底线，坚持"共抓大保护、不搞大开发"，协同推进长江经济带一体化发展。[①] 2020 年 1 月 1 日 0 时起，长江流域重庆段最大规模的退捕禁渔行

① 参见孙志刚：《坚持走好生态优先绿色发展新路　协同推进长江经济带高质量发展》，《学习时报》2020 年 9 月 9 日。

动第一步启动,标志着我国全面保护治理长江的局面已然形成。长江经济带综合治理经验如表 3-3 所示。

表 3-3　长江经济带综合治理经验

典型举措	具体内容
深化生态环境保护治理	编制了《中华人民共和国长江保护法》和《长江经济带生态环境保护规划》,坚持生态优先、绿色发展,共抓大保护、不搞大开发的基本思路。把修复长江生态环境摆在压倒性位置,狠抓中央环保督察组“回头看”、长江流域生态问题专项督察等反馈问题整改,深入推进重点流域综合治理。以沿江化工环境问题治理为着力点,加快推进化工企业生产过程绿色低碳化,提升长江水生态环境质量。加大化工环境风险治理水平,修复沿线省份生态系统屏障。实行长江流域生态环境保护责任制和考核评价制度,建立长江保护约谈制度
贯彻新发展理念,实现高质量发展	加快形成绿色发展方式,是推动长江经济带高质量发展的根本之策。坚持绿水青山就是金山银山,坚定不移推进供给侧结构性改革,加快转换发展动能,推动高质量发展不断迈出新步伐,努力将生态优势转化为经济发展优势。以高端化、绿色化、集约化为主攻方向,深入实施“千企引进”“千企改造”工程。优化提升旧产能,加快发展新兴产业,以打造长江经济带世界级产业集群为目的,以智能制造为统领,着力打造新动能,实现生产智能化、产品智能化、服务智能化。加强区域协调联动发展,严禁污染型产业、企业向上中游地区转移。积极融入“一带一路”建设,推进国内国际双循环相互促进。纵深推进农村产业革命,大力发展绿色优质特色农业产业,降低农业水资源消耗,减少农业面源污染,有力推动农村产业升级和农村生态保护有机统一

续表

典型举措	具体内容
创新文化保护方式	长江造就了从巴山蜀水到江南水乡的千年文脉，它同黄河文化一样，是中华民族的代表性符号，也是中华文明的标志性象征。坚持“共生、共建、共享、共融”原则，构建集思想文化、哲学价值、历史传承、遗产保护、文创开发等于一体的长江文化带。设立专家咨询委员会，通过集结专业人士共同智慧，开展长江流域专业咨询，如大发展战略、政策、规划等。积极统筹长江流域自然保护地体系建设，对长江流域生态环境敏感区、重要遗迹分布区等区域设立国家公园、自然公园等保护地
推动协同保护发展	积极推动长江流域各省市的战略对接和工作交流，实现错位发展、协调发展、有机融合。2021 年 4 月，上海、江苏、浙江、安徽三省一市人大常委会分别通过促进和保障长江流域禁捕工作的相关决定，建立健全三省一市协同的闭环监管长效机制，探索建设覆盖三省一市的船舶登记信息共享平台、渔船动态监管平台、水产品市场流通追溯监管平台和执法信息互通共享平台，共同打击破坏禁捕的各类违法犯罪行为，切实把协同推进长江经济带发展作为重大政治责任，构建起协同推动长江经济带发展的责任链条。贵州与云南、四川共同推动跨省赤水河流域水污染防治生态补偿，与重庆、四川、云南建立区域合作机制，与上海、浙江、江苏等省市在农业产业、劳务就业、文化旅游、教育医疗帮扶等方面协作，切实担负起保护长江经济带的“贵州责任”

二、国家公园管理机制模式

（一）美国

自美国艺术家乔治·凯特林提出构建国家公园倡议以来，美国国家公园便进入了如火如荼的建设阶段。尊重自然、保护自然资源是美国国家公园的重要职责，“不规划自然，尊重自然规律”是美国建设和管理国家公园的重要指导思想。他们认为,发生在国家公园内的一切自然现象都应该顺其自然,如火灾、洪水、虫害等,因为他们认为这是大自然的正常更替,无须人为干预。美国国家公园建设经验如表 3-4 所示。

表 3-4 美国国家公园建设经验

典型举措	具体内容
明确建立标准与管理机构	设立国家公园管理局,以州界划分管理范围,并下设具体的支持系统。美国建设国家公园以"全国性""适宜性""可行性"为基础标准,每一项具有明确的实施标准及具体的自然、人文景观的评定范例。美国国家公园由美国内政部的国家公园管理局全权管理与负责,不受各州干预。他们主张资源调查、分类和评价,以公园生态及历史文物的保护为主要内容开展相应工作。1970 年以来,美国国家公园的管理权限已扩大到城市范围
设立专业化的规划设计机构	美国国家公园规划设计全部由国家管理局下设的丹佛规划设计中心负责,以此来保证规划设计的质量、一致性与独特性。采取严格的事前监督与事后执行,在规划设计上报前广泛征求区域内居民意见,保证规划设计的科学性、公开性。一方面为保护国家的土地、水源、古建筑资源,另一方面,充分满足人民享受和文化娱乐的需要,重点征收那些拥有者乐于出售给公园的土地,及征收公园范围内必须保护的土地。对某些难以征收的土地通过控制管理、共同经营或经济补偿的方法,制定每一个公园完善的土地保护计划①

① 参见郑敏:《美国国家公园的困扰与保护行动》,《国土资源情报》2008 年第 10 期。

续表

典型举措	具体内容
高度重视资源保护	国家公园负责向公众进行环境保护与文化遗产保护的教育宣传，广泛宣传资源保护的重要知识。同时，以游览指导与服务为媒介，传播关于自然变迁、历史发展、娱乐条件的知识，从而提高人们资源与环境保护的意识。注重通过出版物、视听节目、人员讲解和群众宣传来传播游览指导信息。几年前，宰恩国家公园管理局就下令，禁止旅游高峰期机动车辆在规定景区内行驶，由公园统管巴士运载游客，这样既减少了尾气污染，避免了交通堵塞，同时也降低了游人的公交成本。现在宰恩国家公园旅游者的烦恼少了，噪音减少了，公园变得更加静谧宜人
持续加强规范经营管理	美国国家公园管理层由总局直接任命、统一调配，职员学历要求本科以上，并对国家历史、心理学、生态学、导游、救生知识等内容进行培训。美国国家公园严禁开办开发性项目，只允许少量、小型、分散的基础服务设施存在。建筑风格与当地自然环境、风俗民情相协调。严格控制游客量、住宿旅馆、营地床位，重视野生动植物保护。在国家公园内还把游览节目与游客服务结合起来，举办形式多样、高质量的文娱与科教活动，把国家公园作为户外教室，还特别注意把城市郊区的文娱活动区办成教育中心

（二）法国

2006年，法国在借鉴大国公园经验的基础上对国家公园管理体制进行了全面改革，并取得了显著成效。其主要做法包括：通过“加盟区”的制度设计，使得国家公园所在的基层政府能够参与到国家公园治理中。[①] 同时，对国家公园董事会成员构成进行了明确的法律规定，保证地方政府和社会组织、农民团体等代表均可以入选董事会，参与到治理中。

① 参见林家彬：《让自然生态得到最优保护》，《中国自然资源报》2018年第7期。

在法律上明确了国家公园管委会与地方政府的协作关系，并明确了要帮助加盟区发展。对于我国正在构建中的国家文化公园体制而言，法国的经验具有以下几个方面的重要借鉴意义：人与自然和谐共生的理念，多元共治、合作共赢的制度设计，民主参与、形成共识的程序正义。具体情况如表 3-5 所示。

表 3-5 法国国家公园建设经验

典型举措	具体内容
探索、保护、发展自然文化和风景遗产	法国国家公园建设以探索和保护自然、文化和风景遗产为主旨，通过建设观测站、监测站以及构建评价体系、制图等方式促进对自然文化和风景遗产的保护。在立法保护方面，出台鸟类指令、栖息地指令、欧洲生物多样性战略、拉姆萨尔公约等促进探索和保护自然文化和风景遗产恢复，自然、文化和景观的原貌遗产保护政策的发展。在保护管理方面，派遣巡警、行政警察等进行日常监督保护，并适时引进符合当地自然环境需要的新物种，进行集中式保护
加强立法，明确运行机制	法国于 2006 年制定的《关于国家公园、海洋自然公园及大区自然公园的法案》中提到："国家公园包括一个或多个核心区和一个加盟区域。核心区是需保护的陆地和海洋空间。加盟区包括市镇的整体或部分区域，因地理上的延续性或与核心区的紧密联系而自愿加入国家公园，同意国家公园的章程并自愿促进其保护。"该文件定义了国家公园的具体内容，并明确了地理边界和框架基础，为国家公园核心区域与周围区域协同发展、中央政府与地方政府合作发展指明了方向。法国每个国家公园有其科学委员会和经济、社会、文化委员会。科学委员会主要成员为生态等领域的科学家，主要为国家公园核心区域的生态保护与发展出谋划策。经济、社会、文化委员会则主要由加盟区相关代表构成，为加盟区地区发展献计献策。管委会可依据科学委员会和经济、社会、文化委员会的相关建议作出决议，事后向董事会汇报

续表

典型举措	具体内容
强化当地直接利益人及公众参与程度	国家公园董事长由当地市镇长任命，经济、社会、文化委员会主席由农民协会主席任命，管委会主任由环境部官员（如副司长）任命，充分体现多元共治的理念。让地方政府与国家享受同等话语权，让农民、官员等多位社会主体参与到国家公园管理建设中。通过国家与地方磋商来提高地方参与主动性，对国家公园的公共管理结构的章程、实施、评估提出建议、进行完善
完善接待标准，带动经济发展与知识共享	以保证人与国家公园中的自然环境和谐共存为目的，在公园规划中兼顾探索路线、标志、残疾人通道、避难所等基础公共设备的完善改进。积极开发公园自然资源，大力发展第三产业，通过国家提供财政或技术援助，带动相关产业发展。根据国家公园的特殊性，通过跨区域数据交换、生成以及汇总绘制国家公园地图集等方式实现国家公园之间的科学研究和知识共享

三、民族文化符号保护传承

有关外国民族文化符号的保护传承经验如表 3-6 所示。

表 3-6　文化遗产及非物质文化遗产保护传承国际经验

重点环节	具体措施	
立法规制	英国	注重“活的遗产”，依赖政策立法及发达的创意产业进行活态保护，颁布相关立法条例，保护手工艺等文化模式，更多地在发展中保护与完善
	日本	通过《文化财保护法》规定了无形文化遗产的范畴，强调保护传统文化“持有者”的重要性，注重对“人”的关注，实施“人间国宝”认定。在制定无形文化财产保护以及地域文化振兴的相关法律法规中，注重儿童的问题，通过学校、社区创设文化团、常态举办传统艺术表演等，增加国民特别是儿童接近生活文化和娱乐的机会

续表

重点环节	具体措施	
机构设置	法国	设立遗产日和保护区并适当放权。首创“文化遗产日”，扩大影响力；文化部下设文化遗产局，专门负责非物质文化遗产的研究、保护和管理。政府通过签署国家与协会契约，让社会组织自觉参与到非物质文化遗产的管理和保护中
	韩国	成立的非物质文化遗产委员会主要由社会各界人士组成，如来自大学、研究机构、文化团体的专职专家，由普通群众组成的社会专家等
	墨西哥	建立民族志方言与“话语档案”。将非物质文化遗产还原到固定的社群，将其建构为社群身份的象征
运营机制	法国	采取私人运营和管理。重大文化遗产项目由文化部评定，具体保护工作接近一半由地方一级文化部门进行管理保护，另外一半则由文化部下属的历史纪念物基金会、文化艺术遗产委员会、考古调查委员会等非政府机构合力完成，只有不足5%的重点文化遗产由文化部直接管理保护①
	英国	鼓励多方协同参与，共同保护。通过博物馆、画廊或者申请资金项目来保护非物质文化遗产。充分发动民间博物馆与研究机构的力量，加强对“非遗”的保护研究工作
	泰国	发展知识性文化遗产。启动“民俗艺术家”评定类项目，确保“非遗”保护工作的项目系统化、规范化；利用庞大的数据库存储和开发文化遗产，由相关研究所进行保护知识性文化遗产的宣传

① 参见林家彬：《多元共治视角下的国家公园管理——法国国家公园管理体制考察报告》，《绿叶》2018年第4期。

第三节　长城、大运河、长征国家文化公园经验积累

一、政策解读

2019年印发的《长城、大运河、长征国家文化公园建设方案》中提到，计划到2023年年底基本完成长城、大运河、长征国家文化公园的建设，其中长城河北段、大运河江苏段、长征贵州段等作为重点建设区于2021年年底前完成，因此本书选取了部分重点区域作为研究对象，研究国家文化公园构建思路，为黄河文化保护、传承、弘扬及黄河国家文化公园的构建积累经验。

国家文化公园就是要把各种具有价值和影响力的文物文化资源进行传承，加以保留，实现保护传承、旅游参观、休闲放松、文化宣传、价值弘扬等多种功能，形成理论与实践相结合的文化空间体。无论是传承了5000多年的历史文化，还是积淀了时光岁月的河流文化，抑或是在改革斗争中留存下来的革命文化，又或是一直处于发展中的社会主义先进文化，都是我们中华民族独特的文化标识，象征着中华民族的精神灵魂。但历史文化的传承、文化自信的传递，不仅要有精神符号的抽象化递接，更需要看得见、摸得着、听得到的实实在在的具象化感知。把“国家文化公园”与“中华文化重要标识”画上等号，事实上就是将我们常说的“文化自信”具体化、客观化。

长城、大运河、长征三大国家文化公园，承载着凝聚理想信念、价值理念、道德观念，构筑文化自信厚重肌体的重任。在强调保护传承的同时，还需要站在新时代的视角，推动文旅体高度融合，环境整治、数字化技术等重大工程的进一步落地，通过创新融合发展，让文化不仅“活”起来更能“火”起来，不仅“传”下去更能“驻”下来。

有关长城、大运河、长征国家文化公园建设的举措如表 3-7 所示。

表 3-7 长城、大运河、长征国家文化公园建设举措[①]

名称	具体举措	
长城国家文化公园	天津段	贯彻“原状保护、局部加固、重点修缮”基本思路。重点推进重要点段的现状整修加固项目；深度挖掘长城及沿线各类文物和文化资源价值，建设全国爱国主义教育基地、全国红色旅游景区
	山东段	推动长城文物保护，强化线性遗产管控，构建完善的齐长城遗产保护体系。在活化传承和合理利用中，充分挖掘齐长城周边特色传统村落及与齐长城文化相关的资源，注重重点项目与乡村振兴战略、与推动文旅融合发展相结合
	内蒙古段	坚持保护第一。签订《长城保护工作责任状》；向社会公布全区长城遗存，明确保护范围；创新长城保护执法巡查模式，组建长城保护队，并配备了无人机巡检设备
大运河国家文化公园	山东聊城东昌府段	以“江北水城·运河古都”为主打地域文化品牌，突出挖掘运河时代商业文明，建设大运河商业文明展示区。依托聊城大学运河学研究院，打造运河文献数据库、大运河文化数据平台，构建大运河保护传承战略智库平台体系。发展龙头精品文旅产业、乡村旅游产品等多元化旅游产业发展格局
	浙江杭州拱墅段	打造留得住记忆、记得住乡愁的大运河历史文化街区。对运河地块、基础设施、建设项目等运河资源进行市场化运作，推进运河区块的“退二进三”，置换企业用地，实现“借地生财”“借地发展”，形成“自行借贷、自行建设、自行经营、自行还贷”的良性循环路子。建立与运河沿岸城市和国际城市的交流互动机制，打造具有全球影响力的文化品牌、高端论坛、旅游产品

① 本表格中内容选自各地区“国家文化公园规划”。

续表

名称	具体举措	
大运河国家文化公园	江苏淮安段	在全市大运河文化带规划建设管理办公室的综合协调和督导指挥下，统筹推进大运河文化保护传承利用各项工作；充分依托市文旅集团推进全区国家文化公园项目建设工作。高标准运营大运河历史文化街区，常态化举办系列节庆及主题活动。分类精准施策，制作项目清单
长征国家文化公园	贵州段	以遵义为“一核”，以中央红军长征经过的贵州线路为“一线”，以红二、红六军团长征经过的铜仁、毕节为“两翼”，以及覆盖全省60多个县(市、区)的“多点”为整体布局；坚持“轻资产、重内容、新方式”的保护思路；实施保护传承、研究发掘、环境配套、文旅融合、数字再现、人才提升六大工程
	四川段	总体布局主要是形成由南向北、竖体椭圆构架，以此为高地，沿两个中心点、两条轴线外沿，连接南、北、东、西4条文化传播线路。在南部打造南方丝绸之路；在北部打造蜀道出川之路；在东部打造长江流域文明传播路线；在西部藏羌彝文化走廊，打造西部民族文化传播通道
	广西段	在《长征国家文化公园广西段建设保护规划(2020～2023年)》中提出了“一路三园多点”的总体布局。“一路”即红军长征文化主题复合廊道；“三园”即红军长征湘江战役纪念园、红军长征突破湘江烈士纪念碑园、湘江战役新圩阻击战酒海井红军纪念园；“多点”即灌阳、全州绝命后卫师战斗遗址，全州县两河镇红军古岭头战斗旧址，兴安县界首镇光华铺阻击战旧址等16个特色展示点

续表

名称	具体举措	
长征国家文化公园	甘肃会宁段	考虑到长征会师地,文化公园建设主要选址于南城区。以祖厉河南岸、国道 312 线和长征南路为主轴,布局“一轴两带三区,九村一园一心”,建成后与长征会师旧址及红军长征胜利景园衔接,形成文旅深度融合、上下连成一体的空间格局
	陕西段	确立了将延安建设成为“长征胜利落脚地”的总体定位与“长征国家公园的核心区”的战略目标

二、案例借鉴

(一)长征国家文化公园[①]

习近平总书记曾指出:“伟大的长征精神是中国共产党人革命风范的生动反映,我们要不断结合新的实际传承好、弘扬好。”[②]下文以井冈山段和遵义段长征国家文化公园为案例,深度剖析国家文化公园建设要点与思路,以期为黄河国家文化公园建设提供参考。

1.井冈山段长征国家文化公园

1927 年,毛泽东带领起义军来到井冈山建立了第一个农村革命根据地,自此点燃了工农武装割据的星星之火,为中国革命探索出了“农村包围城市、武装夺取政权”这样一条前无古人的适合中国国情的道路。新时代,应把握长征国家文化公园建设这一重要机遇,高度重视红色主题文化的挖掘、保护和利用,做好长征国家文化公园项目的相关工作。

(1)挖掘新时代内涵特质

紧紧抓住长征精神这一主题,讲好长征故事,宣传好长征精神,传播时代价值,传承红色基因。井冈山段作为第一个农村革命根据地,其重

① 参见陈宇:《长征国家文化公园的兴建》,《新阅读》2021 年第 3 期。

② 转引自王尧、江琳、程龙等:《继承长征精神　共铸复兴伟业》,《人民日报》2021 年 7 月 29 日。

要性不言而喻。该地政府高度重视其在伟大中国革命建设探索过程中的重要地位，仔细梳理本地的文化历史资源，深入挖掘长征精神的时代内涵，规划先行，出台了《长征国家文化公园(江西段)建设保护规划》，重新复原长征出发线路，以此为线索不断探索井冈山段长征国家文化公园建设，着重突出几条重要旅游线路，推动文旅产业融合，打响“中央红军长征出发地”品牌。

(2)长征军需小镇——新城镇

高标准、高起点打造军需小镇项目，使其成为井冈山经济发展的最新动力。军需小镇建设重点抓好“四个结合”。一是与弘扬井冈山精神、传承红色基因相结合。突出军需小镇当年对红军长征的重要作用，进一步突显井冈山精神与长征精神的意义。二是与突出井冈山红色文化特色、保护开发旧居旧址相结合。规划要进一步提炼主题，突出井冈山独有的文化符号。三是与发展全域旅游、促进红色旅游相结合。瞄准一流的目标来规划打造军需小镇，做到人无我有、人有我新、人新我特、人特我优。四是与融合国家核心发展战略、促进井冈山高质量发展相结合。军需小镇项目是长征国家文化公园江西段的一个子项目，主要包括望红台、南门城墙、军需老街、新城大捷纪念馆、长征步道等建设内容。图 3-1 为长征军需小镇一隅。

图 3-1　长征军需小镇一隅实景图

2.遵义段长征国家文化公园[①]

遵义作为中国长征途中生死攸关的转折点,其历史地位不言而喻。2019 年 12 月,贵州省委、省政府在《长征国家文化公园贵州重点建设区建设保护规划》中提出构建“一核一线两翼多点”的总体布局,其中遵义段担任起“一核一线”的重要责任;规划中提到的中国工农红军长征纪念馆、中国长征干部学院等标志性项目也将落户遵义。

(1)规划先行

在《长征国家文化公园贵州重点建设区建设保护规划》的指导下,根据遵义段实际情况,全面展开规划设计,出台了《遵义市长征国家文化公园建设保护规划》总规,并前后出台了《遵义会议——四渡赤水集中展示带建设保护专项规划》《遵义会议核心展示园建设保护专项规划》《四渡赤水(土城)核心展示园建设保护专项规划》《娄山关战斗核心展示园建设保护专项规划》等专项规划。

(2)细分重点

作为长征途中的重要转折点,遵义拥有较多的长征文化资源。以中国工农红军第一方面军在遵义长征线路为重点,加上红二方面军(红六军团)的长征线路,勾勒出“一核、一线、多点”长征国家文化公园格局,实施包括中国工农红军长征纪念馆在内的十项代表性工程。其中,部分重点建设项目已经开工,如遵义会议核心园——遵义战役纪念园、中国工农红军长征纪念馆、《伟大转折》演艺综合体项目、长征重要历史步道红军村等重点工程、四渡赤水战役旧址、遵义战役老鸦山红军战斗遗址等。图 3-2 为中国长征文化第一馆建设实景图。

① 本部分节选自《遵义市长征国家文化公园建设保护规划》。

图 3-2　中国长征文化第一馆建设实景图

（3）抓好重点板块

按照中央和省级关于国家文化公园的建设要求，遵义市根据地方实际提出要构建长征精神展示、红色文旅融合、名城风貌呈现三大部分。长征精神展示板块主要包括对遵义会议会址、红军四渡赤水战役旧址、苟坝会议会址、强渡乌江战斗遗址等长征文化遗存遗迹进行整体保护，打造长征国家文化公园样板展示区。红色文旅融合板块主要依据主题展示区对旅游资源进行整合，推动红色文旅资源深度融合，构建遵义市文旅融合示范区（包含红花岗区、汇川区、播州区）、桐梓文旅融合示范区、习水文旅融合示范区、赤水文旅融合示范区和仁怀文旅融合示范区。名城风貌呈现板块主要包括对古城旧风貌进行修复，保存传统文化产业业态，打造传统文化和红色基因保护传承的典范区。

（二）长城国家文化公园

1.河北省长城国家文化公园

（1）统筹规划，顶层设计

河北省坚持保护第一、传承优先的原则，先后编制《河北省长城保护条例》《长城国家文化公园（河北段）建设保护规划》等总体规划，并完成了配套实施方案、项目推进方案、工作方案，与此同时完成了《长城国家文化公园（河北段）文化和旅游融合发展专项规划》《长城河北段周边风貌控制导则》等专项规划，为长城河北段国家文化公园建设提供遵循。长城沿线 9 市 1 区也编制了各自的发展规划，并形成了“1 规划＋3 方案＋1 专规＋1 导则＋10 市规”的规划体系。

（2）突出重点，项目支撑

河北省作为长城国家文化公园重点建设区，深入挖掘山海关保卫战、冀东抗日根据地等沿线红色资源，叫响“红色长城”；对沿线地区进行环境综合治理，打造长城风景复合廊道，建设“生态长城”；策划“长城脚下话非遗”“冀游长城”“冀忆长城”“长城味道”等系列品牌，展示“魅力长城”。现已建立包含 45 个项目、总投资额 285.92 亿元的省级规划重点项目库，已开展山海关中国长城文化博物馆（暂定名）、山海关长城风景道等多个重点工程。[①] 如张家口市崇礼区充分利用 100 多千米的长城遗址，借助冬奥会契机，加强冰雪运动项目体验，打造“长城脚下冬奥会”精品长城国家文化公园。

（3）活态传承，彰显内涵

省内沿线各区市积极探索适合自己发展的长城国家文化公园建设之路，因地制宜推动长城资源合理保护与有效利用，推动长城文化和旅游融合发展。如承德市编制了《长城国家文化公园（承德段）建设保护规划》；秦皇岛市在长城沿线两侧设置旅游步道、骑行道，推动文体旅深度融合；张家口市则以“开放融合 · 大好河山”为主题，凸显边塞文化、商贸文化和民族融合文化。

金山岭长城则谋划了“百年国韵 · 年少有城”场景化主题打卡点，吸引广大游客拍照打卡。线上推出“日出金山，云瀑万顷”“守护金山，风华正茂”“日落金山，红霞漫天”三场直播，全国知名网络大 V、旅行达人、短视频达人齐聚在金山岭长城砖垛口广场、将军楼、西五眼楼、桃春口、西

① 参见杜英杰：《坚定文化自信　强化使命担当　高质量推进长城国家文化公园建设》，2020 年 12 月 11 日，https://www.sohu.com/a/437704655_120006290。

城楼等直播点。利用主播们的镜头呈现金山岭“日照金山和落日晚霞”的壮美景观，并带领网友了解长城修缮工程全过程，开启了一场守护长城、打卡金山岭的盛夏之旅。图 3-3 为金山岭长城网红打卡地。

图 3-3　金山岭长城网红打卡地

2.甘肃省长城国家文化公园

甘肃是历史上修筑土质长城最多的省份，也是保存长城遗迹最丰富的省份之一，被誉为“中国长城博览园”。2006 年，甘肃省启动了有史以来首次长城资源调查，历时 6 年，全面摸清全省长城资源“家底”，临洮、敦煌、嘉峪关三大长城文化地标突显。其中，甘肃明长城总长达 1738 千米，居全国之首。图 3-4 为甘肃临洮战国秦长城。

图 3-4　甘肃临洮战国秦长城

(1)抓好顶层设计

甘肃省一直以来高度重视长城的修复保护与精神传承,先后成立了甘肃省国家文化公园建设工作领导小组及办公室,成立了“甘肃长城长征国家文化公园建设发展研究中心”,并于2019年7月施行了《甘肃省长城保护条例》,成为我国首个省级长城保护条例。2021年3月,由敦煌研究院编制的《长城国家文化公园(甘肃段)建设保护规划》问世,确定了长城国家文化公园(甘肃段)“338”的空间布局,即“三园、三段、八点一线”的开放式战略空间布局。

(2)充分利用科技力量

大力推进土遗址保护科学研究,实现了长城保护从抢险加固到预防性保护,从本体保护到本体和环境风貌共同保护,让科学研究贯穿长城保护全过程。近年来,依托敦煌研究院建立的“国家古代壁画与土遗址保护工程技术研究中心”掌握了土质长城保护关键技术,为甘肃省长城的整体科学性保护提供了技术指导,并通过无人机进行长城资源的普查与实时监测,建设大数据中心。另外,嘉峪关丝路(长城)文化研究院先后与兰州大学、天津大学等科研院所进行合作,培养相关技术人才。

(三)大运河国家文化公园

近年来,习近平总书记多次提出要保护好、传承好、利用好大运河这一祖先留给我们的宝贵遗产,深入挖掘以大运河为核心的历史文化资源。

1.杭州段大运河国家文化公园构建

为更好地保护、传承、利用大运河的历史文化资源,杭州市坚持“人民的运河,游客的运河”发展理念,创造全新的城市空间与生活场景,助力“工业锈带”转变为“文化绣带”,奋力打造大运河国家文化公园规划建设的“杭州样板”。对沿线11处遗产点段进行严格保护,规划建设了包括京杭大运河博物院、大运河杭钢工业旧址综保项目在内的“十大标杆”项目,着力打造国际运河文化示范城市。

(1)京杭大运河博物院项目(见图 3-5)

京杭大运河博物院项目定位为文旅融合背景下的体验型博物馆和高品质文旅目的地。总建筑面积约 18 万平方米，建筑方案由普利兹克奖得主赫尔佐格和德默隆设计，设计灵感源于大运河水道。展览空间悬停于距地 13.5 米的空中，建筑的玻璃立面与运河水波交相辉映，如水墨一笔。上部的空中花园和下部的城市广场创造了丰富多彩的公共活动空间，环形的博物馆和山形的文化交流中心相得益彰，将成为杭州市的公共文化客厅和文化地标。计划 2023 年年底试运营。

图 3-5　京杭大运河博物院

(2)大运河杭钢工业旧址综保项目(见图 3-6)

项目位于大城北示范区，紧邻半山国家森林公园，距离武林商圈约 10 千米。总占地面积约 55 万平方米，开发量约 50 万平方米，其中地上约 32 万平方米，地下约 18 万平方米。周边 3 千米范围内分布着崇贤居住区、康桥居住区、桃源居住区、田园居住区，居住人口超过 30 万人。项目规划利用保留下来的高炉、焦炉、筒仓、烟囱等工业遗存打造文化地标，同时通过建设杭钢湖，联通杭钢河、电厂河，打通地块南北水系，形成山水环链；开发水上运动和文旅项目，打造多个室内外自由联动的活动空间,包括沿运河及其支流的滨水景观带、大型绿地公园、慢行游步道等,满足都市亲绿、亲水、亲人文等需求。未来,大运河杭钢工业旧址综保项目将是一个集创意和办公、艺文活动、体育休闲为一体的综合场地,定位为年轻、时尚、活力、先锋等主题,还计划通过举办水上运动、工业马拉松、音乐节等活动集聚人气,打造未来城市生活的亮点。

图 3-6 大运河杭钢工业旧址公园效果图

(3)大运河滨水公共空间(见图 3-7)

大运河滨水公共空间项目位于杭州大城北核心区,项目范围东至大运河杭钢旧址综保项目,南至上塘河,西至京杭大运河,北至崇杭街。沿线主要由京杭大运河、电厂河、杭钢河、上塘河、宣杭铁路防护绿带、支流水系及新开挖河道等两岸滨水公共空间构成,形成集观光、散步、游玩等多需求为一体的公共文化空间,组成半山与运河之间的山水景观环链,打造具有标志特性、文化特征、国际水平的滨水空间和“世界级滨水人居文明典范”。

图 3-7　大运河滨水公共空间效果图

2.台儿庄段大运河国家文化公园构建

(1)坚持交通先行

赋能“高速旅游经济”。依托与山东高速集团合作建设的京台高速台儿庄大运河服务区和 ETC 出入口，打造“服务区＋驿站＋文旅＋产业”特色交通旅游综合体，形成鲁苏交界处山东对外形象第一窗口。逐步打通新泰至台儿庄、京台高速至新台高速连接梗阻，实现台儿庄区与各地区之间的互联互通。

畅通大运河黄金水道。新建万年闸复线船闸即将正式通航，通航能力由 2200 万吨提高到 5100 万吨，台儿庄港区马兰屯作业区投入运营，建成 2000 吨级通用泊位 6 个。取缔沿运非法港口 40 家，恢复岸线长 7000 余米，沿运环境质量得到大幅提升。适时启动大运河船闸和游船码头项目，激活大运河在观光休闲、游船体验等方面的功能(见图 3-8)。

图 3-8　台儿庄段大运河实景图

(2)坚持项目引领

台儿庄区先后上报大运河文化带重大工程 16 个、重大项目 19 个,大运河文化公园重大项目 26 个。2020 年,包装策划了大运河文旅小镇综合体、库山文旅综合体等 8 个项目,总投资约 170 亿元,并与功夫动漫签约大运河动漫产业暨大运河超级 IP 项目。同时,对运河沿线基本农田进行土地利用性质调整。

第四节　黄河国家文化公园建设

一、政策解读

黄河国家文化公园横跨青海、四川、甘肃、宁夏、内蒙古、陕西、山西、河南、山东等沿黄九省区。2019 年《中国日报》(英文版)曾将"中国国家文化公园"翻译成"national culture park",与国家公园"national park"相比仅多了一个单词"culture"。显而易见,国家文化公园应与国家公园有所区别,而这个最大的不同之处便在于"文化"二字。

国家文化公园与国家公园渊源颇深，所以要理解好什么是国家文化公园，首先应搞清楚国家公园的来源。国家公园最早由美国艺术家乔治·凯特林提出，美国国家公园管理局全权负责，本章中第二节也已提到。美国的国家公园再分类中虽然没看到文化（culture）两个字，但无论是历史追溯还是传承弘扬，均与文化脱不开干系，如历史公园、军事公园、战场公园和战场遗址等均与文化息息相关。而中国的国家文化公园则更好地将“文化”两字囊括其中，更好地凸显出文化元素的重要性，更将国家公园的文化精神表现得淋漓尽致。建设国家文化公园是一项极其复杂的系统工程，是向世界展示中国精神和中国力量的机会，是进一步传承弘扬黄河精神的机会，更是较快推动文化强国、体育强国建设的机会。

我国在“十四五”规划中重点提出，要构建黄河国家文化公园，这是将黄河地位抬升到了前所未有的新高度。而在构建过程中，应将保护传承黄河文化放在首位。整合黄河资源，各地应根据地方特色，突出“黄河文化”这一公共核心元素，加强上下联动，着重推出适合本地发展的黄河高质量发展之路。[①] 因此我们团队仔细分析了黄河国家文化公园建设规划纲要，建议沿线地区以此为契机，进一步加强上、中、下游交流合作，积极联动，成立相关社会组织，以长城、长征、大运河国家文化公园建设经验为借鉴，在沿黄区域构建黄河生态廊道，着重建设黄河国家文化公园、黄河国家博物馆、黄河文化遗址展示区等系列工程，探索具有地方特色的构建运营模式，打造体现“中华民族之根、核心价值之魂”的黄河国家文化公园。

二、意义简述

民族复兴、文化强国、旅游发展是提出国家文化公园建设的三个重要的时代背景，国家文化公园建设不仅体现着我党的“共同体思想”，也

① 参见龚道德：《国家文化公园概念的缘起与特质解读》，《中国园林》2021年第6期。

是国家在文化和旅游领域的创新和实践。

一方面,国家文化公园建设能够打破传统线性文化遗产的保护方式,联动各地对弘扬中华文明和民族精神有重大价值的文化遗产及相关文化产品,打造具有共识性标识特征的大型IP体系,使趋于同质化的资源从竞争走向联合,从国内走向国际。

另一方面,通过不断的理论探索与实践应用,逐步形成中国国家文化公园建设体制,构建科学、公平、严格的筛选标准与认定方式,不断形成完善集前期理论探索、中期具体实践、后期监管运营相配合的标准与模式,不断提高国家文化公园服务管理水平,在国际化的交流推广中展现"中国特色",弘扬中华文明。黄河将成为继长城、长征、大运河之后的第四个国家文化公园。黄河国家文化公园的建设,对于集中打造中华文化重要标志,进一步坚定文化自信,充分彰显中华优秀传统文化持久影响力、社会主义先进文化强大生命力,有着重要的国家战略意义。

三、发展建议

围绕黄河国家文化公园空间结构、功能分区和业态体系,在遵循原则上应该做到四个方面。

第一,与区域现实实际相结合,即与黄河、与黄河文化紧密结合,与流域、流域发展以及两岸和相关地区发展相结合,与黄河的治理、开发与管理相结合。

第二,要坚持顶层设计、分步实施的原则。国家和区域黄河文化公园的规划设计一定要高起点、高标准、高要求,坚守理想追求和价值信仰,与黄河、黄河文化在国家、在中华民族、在世界的崇高地位相适应。

第三,要具有全球视野、战略高度、创新理念。正确处理好一般与重点,共性与个性,流域与区域,整体与部分,历史、现代与未来,文化事业与文化产业等的关系。

第四,要立足于生态保护和高质量发展。各地充分展示多维度的黄河，不同面孔的黄河，以全新的思路展示黄河文化，营造多样化、高科技、可互动、可融入的立体化黄河文化公园，力求全面展示黄河文化的丰富多彩。

(一)空间结构划分

黄河国家文化公园承载的是国家记忆和民族记忆，承担着讲述中国故事、表达民族精神、保护民族符号的历史责任，必须充分体现中国特色、中国风格、中国气派。因此高标准建设黄河国家文化公园是“十四五”时期相关地市的主要目标之一。充分参考《长城、大运河、长征国家文化公园建设方案》《大运河文化保护传承利用规划纲要》等关于国家文化公园布局要求，我们建议将黄河国家文化公园划分为公共文化空间和特色产业空间两大区域板块。

1.构建公共文化空间

以黄河流域典型遗址遗物为依托，打造满足人民日益增长的文化需求的新型公共文化空间，为群众提供更多更高水平、更高质量的公共文化服务。内外兼修，突出功能定位，不断提升现代公共文化服务的水平和质量，彰显城市文化生态多样性。另外，也要充分处理好黄河国家文化公园与其他文化公园在资源统筹、项目定位、产品开发等方面的关系，确定好以哪类文化为主，哪类文化为辅，融合黄河文化与地方特色文化，形成独具地方文化特色和魅力的黄河文化体系。

黄河文化公共空间可以考虑利用好以下资源：一是与黄河有关的诗词等书籍、歌曲、报纸、杂志、音像等；二是黄河流域出土的文物；三是与黄河的开发、治理、建设和保护有关的有代表性的人物，他们曾用过的器具等；四是黄河流域居民生产及生活用具；等等。

2.打造特色产业空间

各相关地区可根据本地特色文化产业，以科技创新为驱动，充分发挥政府和市场的双引擎作用，打造整体结构合理、“点、带、园”多方联动、富有鲜明地方特色的环保型、清洁型的新型特色产业空间。充分考虑各区域自然条件、环境承载能力、社会经济发展基础等要素差异,不断调整空间结构。另外,黄河沿线上、中、下游应加强联动,错位发展,在共同加强生态环境保护的前提下,提高产业综合竞争力,实现黄河流域高质量发展的总目标。黄河国家文化公园建设功能分区如图 3-9 所示。

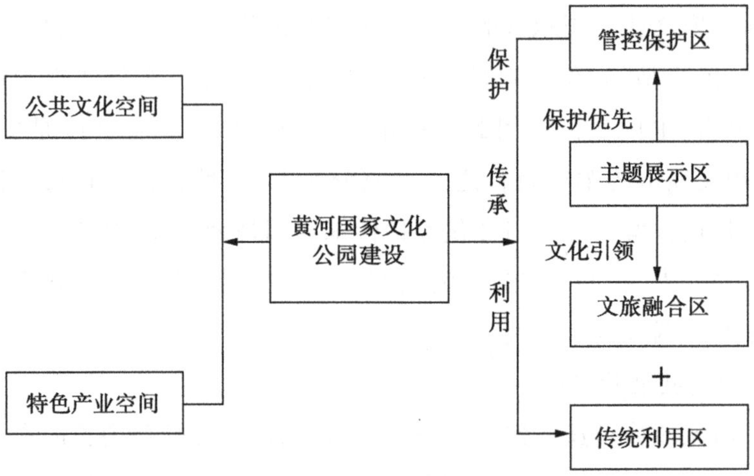

图 3-9　黄河国家文化公园建设功能分区

(二)功能分区定位

可以说,黄河是一条自然雄浑的河,需要定位展示黄河磅礴的气势和从上到下的壮丽的景观;黄河是一条历史悠长的河,需要定位展示黄河流域特别是黄河两岸悠久的历史文化、考古和人文景观;黄河是一条生命长青的河,需要定位展示黄河两岸百姓的生产生活以及生生不息的未来。结合黄河流域文化遗产等分布情况,在明确国家文化公园四大功能单元的基础上进行相关调整,着重建设管控保护、主题展示、文旅融合、传统利用四类主体功能区。

1.管控保护区

管控保护区以“保护”为主,是黄河国家文化公园的核心保护区,分为本体保护地带和管护控制地带两类。可以说,黄河文化是东方文明的核心与代表，对世界文明的贡献具有不可替代性，也具有自然遗产与文化遗产的双重性。黄河是世界上含沙量最高的河流。黄河的“悬河”景观，黄河的多次改道，黄河与黄土高原的特殊关系，使得黄河自然价值不可估量。因此，可以适时启动黄河自然、历史双遗产申请。

各地市应完善黄河文化遗产遗址名录，对于明确的黄河文化遗产，如青海的三江源国家公园、甘肃的大地湾遗址、宁夏的青铜峡黄河大峡谷、河南的三门峡大坝及梁济运河等，划拨为本体保护地带，并根据遗产情况实施分类分级保护，对文物及相关文化资源实施严格保护和管控，对濒危文物实施封闭管理。将黄河主河道两岸 2000 米内的核心区范围划定为核心管护控制地带，各地市根据区域内河流污染及水土流失情况有针对性地进行自然生态环境和传统历史风貌保护。原则上除城市建成区（含建制镇）外，主河道两岸各 1000 米范围划定为滨河生态空间，严控新增非公益建设用地。

2.主题展示区

主题展示区以“传承”为主，“点、带、园”联动，是黄河国家文化公园的重点建设地带。各地区明确区域内主题展示内容及形式，不同地区、不同性质展示对象应采用不同的展示手段。可将黄河文化遗产散布的点状区域作为特色展示点，依托运河古镇古村、古建筑及相关主题博物馆、“非遗”传习基地、科普教育基地、政德教育基地等载体，分主题分类型打造展示节点群。

将遗产线状分布区域划为集中展示带，依托黄河河道及其桥闸、渡口、桥梁等，分类打造黄河文化展示带、生态文化廊道。遗产富集的片状分布区域划为核心展示园，依托各种历史文化街区，优化展示线路，完善服务设施。上、中、下游可分别突出各自特色，如上游展示水体治理成效，下游展示特色文化产业产品等，打造参观游览和实地体验黄河文化及特色文化的主体区。历史上也有对黄河的祭祀活动，可以祭祀母亲河为内涵的多种形式，感恩自然、感恩先哲，祈福太平、祈福美好的未来，也可以进行相关主题展示。

主题展示需要选好代表性景观。比如黄河九曲十八弯，可以从大方向呈现“几”字形，把一些沿黄的空间景观做出来。具体而言，可以展示内容包括：

一是黄河的形成与变迁。重点反映地质时代的黄河形成，历史发展时期黄河的变迁，尤其是黄河下游的26次改道以及黄河主要干流的迁移情况；以此为基础，展示黄河文化形成的基础。

二是黄河的历史文化。以考古数据为基础，对上游地区的甘青文化系列，中游地区的关中文化系列、洛陕文化系列，下游地区的郑嵩文化系列、豫冀文化系列、鲁豫文化系列、齐鲁文化系列等进行展示。

三是黄河的城市文明。以郑州、安阳、洛阳、西安、开封等大古都为背景，反映黄河流域夏、商、周、秦、汉、魏晋、北朝、隋、唐、五代、宋、金等3000余年的王朝建都史，从而说明这一地区文化的正统性、主干性与特殊性。

四是黄河的制度贡献。以黄河流域王都历史上的制度贡献为切入点，反映奴隶制的有关制度，如井田制、分封制、封建时代的中央集权制，以及官制、田制、地方行政建置、科举制等制度文明的历史贡献和得失。

五是黄河的艺术贡献。以黄河流域历史名人的学术贡献为主线，反映黄河流域在哲学、文学、宗教、史学、艺术等各个方面的贡献，展示相关的成果，尤其要说明这些成就在中国历史上的地位以及在世界文明史上的分量。

六是黄河的科技发现。以黄河流域的科技名人为主线，围绕科学技术的各个门类，如数学、化学、物理、天文、建筑、水利、农业、医药及重要发明创造进行展示，充分反映黄河流域科技文明的伟大成就。

3.文旅融合区

文旅融合区以“利用”为主，整合周边优质资源，是黄河国家文化公园的创新发展地带，以文化、旅游、体育、农业等为主导产业，打造地方特色文旅融合区。可选择建设黄河文博开发片区、“非遗”传承片区、文化演艺片区、夜游经济片区。

各地区因地制宜，重点依托黄河博物馆、文化馆等开发黄河主题的文博衍生产品，打造黄河文博开发片区，并探索开展黄河元素的文化创意产品体验式营销。另外，可结合历史文化街区，在保存“非遗”项目基础上，持续引进一批与黄河有关的传统技艺、传统美术、曲艺、传统体育与传统医药项目，配套落地“非遗”传习中心、“非遗”工坊等平台项目，打造“非遗”传承片区。历史文街区、音乐厅、艺术剧院则联合国内外知名文艺创作团队，以黄河自然风光为背景，推出系列“日游夜演”演艺活动，打造独具黄河特色的大型水上实景演出、舞台剧目，并构建“中华魂”系列品牌，打造文化演艺片区。各地市根据地方特色，重点依托黄河沿线历史文化街区、文旅商业街等，聚焦夜游、夜娱、夜食、夜购、夜宿需求，购置升级游船设施，联动打造“一河、一街、一城、一故事”夜游地标景点群，讲述黄河故事，构建夜游经济片区。

推动文化和旅游融合，可以举办黄河文化论坛、黄河文化旅游周和各种各样的黄河文化节庆活动。可以考虑拍摄以黄河为题材的影视剧和视频影像，举行“行走黄河口”“黄河之水”“黄蓝之歌”等大型实景表演和体育赛事活动。可以策划举行寻根祭河、经典场景再现、黄河民俗表演、黄河生活模拟、文化艺术体验、民俗物产展销、大型水景影视、黄河美食博览、黄河手工制作等活动。可以考虑设立黄河文化奖励基金，如黄河文化研究奖，黄河文化雕塑、摄影、书画作品奖，黄河文学作品奖，黄河风景区建设奖等。

4.传统利用区

传统利用区重点保护传统文化生态，是黄河国家文化公园的建设缓冲地带。突出发展特色文体产业，着重建设资源管控利用区、风貌引导利用区、精神传承利用区。在黄河管控保护类文化遗产的建设控制地带，应逐步疏导不符合文物保护和建设规划要求的设施及项目，适度发展文化旅游、特色生态产业和各类生产经营活动,建设风貌引导利用区。合理引导黄河周边原住民维持传统的生产生活方式,制定特色乡规民约,通过实践养成及宣传引导,传承黄河精神与城市特质,建设精神传承利用区。

在黄河流经区域,各地市文化遗产和产业特色均不相同,如黄河上游的三江源国家公园、大地湾遗址等,黄河中游的壶口瀑布、三门峡大坝等,黄河下游的泥塑等。观察山东省内的沿黄九市,涉及黄河主题的文物相对较少,这时就需要利用好黄河的形态、水景和地势,利用好黄河的精神内核、黄河的文明、黄河的风情、黄河的历史人文。因此,各地应积极加强地方特色遗产和产业保护,坚持文化生态的系统保护理念,严格控制遗产保护利用行为、土地利用类型、资源利用方式,建设资源管控利用区。

(三)产业业态构建

黄河国家文化公园建设应从生态着手,融入休闲、文化历史、旅游活动、商业、交通体系、社区发展等重要的元素,加强黄河与文化、康养、体育、旅游、农业等的充分连接,打造黄河全链条化的业态体系。

1.黄河+文创

黄河沿线孕育了三秦文化、中州文化、齐鲁文化、三晋文化、燕赵文化、河湟文化等地方文化。各地应积极加强黄河文化与地方文化的科学研究,创作反映黄河精神和地方文化的演艺节目,如话剧、歌舞剧等。加强以弘扬黄河文化为主题的文学、艺术、影视剧等作品创作,例如打造黄河文化题材的京剧、诗歌、电影等。上、中、下游积极推进黄河文化遗产系统保护,深入挖掘黄河文化的时代价值,讲好“黄河故事”。打造“中华魂”总品牌,推动与黄河有关的文化产业发展,如可创作黄河文化题材的漫画,加强黄河元素的文创作品研发。

2.黄河+体育

黄河沿线区域可因地制宜,发展体育运动休闲业。可参考引进水上运动、低空飞行、武术表演、汽车营地、极限运动等户外休闲项目与新型业态，推动黄河沿线体育业态发展。相关省份推出体育旅游示范基地、体育运动休闲小镇、体育旅游精品线路，举办“千里走单骑”国际沿黄自行车赛、国际沿黄徒步大赛、中华武术节等系列体育旅游精品赛事和活动。引导和鼓励沿黄九个省区建立“沿黄区域体育联盟”等组织共同讨论体育产业发展，并将特色体育场馆、设施和基地向游客开放共享。

3.黄河＋旅游

以黄河战略和黄河国家文化公园建设为契机，推动黄河沿线地区旅游资源高质量发展，打造全产业链条的黄河国家文化公园旅游体系。加强黄河旅游产品开发，构建以美丽黄河、美味黄河、好客黄河、好品黄河、好看黄河、好玩黄河为特色的黄河旅游产品体系，打造黄河精品旅游路线。从顶层设计出发，运筹帷幄，打造沿黄河干流、支流的多条风景廊道，提升观景平台功能。依托黄河、山峡、湿地、悬河、滩涂等生物多样性立体景观资源，对沿线重点景区进行提档升级，实施“一河两岸”休闲观光游憩工程、都市景观风貌与环境治理和亮化美化工程，提升沿黄城市观景功能，着力打造“绿色生态带、根魂文化带、黄金旅游带、黄河古都旅游带”等节点。同时，应从总体站位出发，联合设计统一的黄河旅游 IP，成立黄河旅游营销联盟，通过各种方式开展旅游产品品牌塑造和推广营销活动，开发黄河精品旅游线路，不断提升“黄河游”品牌认可度、满意度、影响力。

4.黄河＋康养

黄河沿线地区可凭借优越的地理位置和交通条件，发挥仲景文化、太极文化、武术文化等系列养生文化及中医药产业优势，大力推进健康、保健、医疗、养老产业与休闲产业的融合发展，重点发展生态养生养老、乡村田园养生养老、温泉养生养老、医疗保健养生养老等项目，建设黄河休闲养生养老综合体。依托沿黄区域的资源发展基础，开发多样化养生旅游产品，建设综合性康养旅游基地。

5.黄河+农业

黄河中下游相关地区依靠黄河水源优势,农业基础雄厚,历史悠久,发展较好,因此可充分利用各地区优势,加强生态农业建设。利用田园综合体、特色农庄、共享农庄等载体建设,打造区域联合特色农业品牌。在建设国家文化公园时,着重打造黄河沿线生态景观廊道、风景道、运动道等重点项目,加快在黄河流域沿线建设森林果园带、休闲娱乐带、生态多样性保护带,为打造"美丽经济、幸福产业"提供新的发展模式和路径。同时,利用区域内如河南省和山东省优质的农产品资源优势,发展无机、绿色、安全、高产的农产品加工业,壮大农业龙头企业,建设一批产业链完备的农产品加工基地,鼓励和规范农牧户出售土特产品。

第五节　高标准"黄河样板公园"经验分享

一、黄河上游——生态保护(以青海省贵德县为例)

贵德县位于青海省会西宁市南,被世人称为青海"小江南"、省会"后花园"、高原"德文化"等,此间处黄河上游,河水常年清澈,更是有"天下黄河贵德清"的美称。"十四五"期间,贵德县被定位为青海省贯彻黄河流域生态保护和高质量发展重大战略的样板县、示范县(见图 3-10)。

图 3-10　"天下黄河贵德清"实景图

（一）以项目为载体，推动生态农业建设

贵德县以建设田园综合体等项目和生态文明机制创新为突破，实施绿色、低碳、循环生产、基建和消费行动。近几年实施了田园综合体项目，积极争取实施水土保持、河床保护、防洪筑堤等项目，探索出了由“绿水青山出颜值”转化为“金山银山有价值”的贵德实践。构建了现代生态农牧业产业链、供应链、服务链，实施了“加工强县”战略，推进现代生态农牧业向集约化、有机化、产业化方向发展。

（二）加强古城保护式开发，打造青海特色古城文化标识

贵德古城是黄河流域生态保护的重要非物质文化遗产，也是西北地区最负盛名的古城遗址，历经沧桑、更显厚重。政府对古城、古迹、古道等古旧设施进行了保护修复，真正彰显“城中有村、村在城中”，新旧相依、相得益彰，构成一幅相映成趣的城市景象。

（三）举办特色品牌赛事活动，凝聚贵德文体IP

贵德县科学定位规划，持续举办了多届黄河徒步越野赛、黄河文化旅游节等特色节日赛事。“天下黄河贵德清”，依靠这一金字招牌，贵德县全力推进全域旅游，让贵德一年四季都有亮点、有看点。一方面，通过这些赛事举办，可鼓励更多的人走到户外、亲近自然、畅享运动；大力宣传黄河文化和环保观念，进一步加快青海黄河流域体育产业发展。另一方面，可加速推进生态环境建设与体育旅游项目相结合，通过比赛践行体育、文化、旅游、环保、扶贫等多方面融合性发展思路，在服务黄河流域生态保护中贡献青海体育力量。

构建文化生态体系。在宗教文化层面，最具代表性的祭海活动展示了青海湖厚重的文化底蕴和民族特色、民俗风情。基于此类文化资源，形成了“青海湖历史遗迹访古游”“青海湖宗教文化探源游”“青海湖民俗风情体验游”“青海湖祭海文化节”等旅游产品。在生态文化层面，青海湖蕴藏着禀赋极佳的自然景观和人文景观资源，含纳生态保护、生态建

设、生态哲学、生态伦理、生态美学、生态教育、生态艺术等各种生态文化要素，是青海湖文化内涵的重要构成要素。在节庆文化层面，青海湖通过“青海湖国际雕塑与大地艺术节”等文化节、艺术节打造青海湖文化特色节庆品牌，带动旅游产品提档升级，成为青海省提升青海湖旅游市场影响力的重要平台。

2021 年的黄河文化旅游节持续 1 个多月，通过书画、采摘、体育比赛等十余项活动，向游客展示贵德县丰富的文旅资源（见图 3-11）。另外还有两个亮点。一个亮点是举办贵德首届梨花电商节大赛，通过“现场体验＋带货直播”等形式，宣传推介贵德景区景点、特色文旅农产品。另一个亮点则是江苏省南通市狼山镇在 3 月 30 日至 4 月 5 日开展了贵德黄河文化旅游季的推介和贵德农产品展销活动。南通市与贵德县有 10 年的对口援建的关系，两地互动让贵德的旅游资源和农产品走出青海，走向沿海地区。

图 3-11　黄河文化旅游季开幕式现场

（四）促进文、农、旅深度融合，找准乡村振兴的突破口

贵德县不断推进引水入城，打造溪水通衢、曲径通幽的水乡景观，使其成为“风水人文·印象贵德”高原小江南之城。构建了“以旅串文带农”的全域、全时、全季、全产业链融合发展的乡村旅游格局，创造出了

“望得见山，看得到水，记得住乡愁”的贵德新貌。

推动文旅产业融合。依托青海湖北岸315旅游经济服务带，从海北藏族自治州州府海晏县“西海镇—沙岛—二郎剑—黑马河—鸟岛—刚察县城—哈尔盖—西海镇”顺时针环线，串联“湟鱼家园—马头俄博—仙女湾”“刚察大寺—五世达赖圣泉—沙陀寺”等藏文化软性资源，构建“放生—祭山—祭海—朝拜—祈福”的圣洁之旅；建设环湖营地，开发圣湖徒步朝拜项目，提升祭祀、放生活动参与度。建设青海湖生态博物馆，充分运用现代技术手段对青海湖生态文化进行深度探寻和诠释，展现青海湖的自然风光、生态价值及文化底蕴。

（五）文旅体产业高度融合，推动高质量发展

依托文旅资源开展体育赛事项目，充分吸引游客流量。依托抢渡黄河极限挑战精英赛、环青海湖国际公路自行车赛、“中华水塔”国际越野行走大赛、国际自行车速降赛等重大赛事活动，打造区域性赛事品牌集群。运用专业策划、专业操作、专业营销和专业服务的方式和手段，进一步提升抢渡黄河极限挑战精英赛办赛质量。促进运动休闲项目与文化旅游资源的联动开发，整合专业竞技、民族体育、趣味体育、户外挑战项目，打造体育嘉年华。依托贵德地质公园、松巴村、麻吾峡等优质户外资源，积极规划布局户外徒步、露营、冰上运动、水上运动、速降、蹦极、攀岩等新兴时尚体育项目。引进青海省旅游投资集团进行全民健身中心场馆建设。充分利用贵德县水资源优势，开发冰上运动项目，挖掘冬季旅游市场活力。依托通用航空基础设施，稳步发展动力伞、滑翔伞等低空飞行运动体验项目。

二、黄河中游——水土保持（以陕西省西安市汉城湖水土保持科技示范园为例）

西安汉城湖国家水土保持科技示范园位于西安市未央区，距西安市中心5千米，园区地貌单元属渭河二级阶地，局部地面水力侵蚀和重力

侵蚀极为严重,具有较强的代表性。建设前的汉城湖水土流失严重,加之常年接纳城市污水,库岸杂草丛生,被市民戏称为西安市最大的“卫生间”。政府积极实施水土保持工程,保护汉长安城墙遗址,将“文化性”和“景观性”融为一体,汉城湖成为市民休闲娱乐、外地游客来西安旅游参观的“网红打卡地”。

园区于2012年12月被命名为第二批陕西省水土保持示范园区,于2013年2月被批准为国家水土保持科技示范园区,于2017年11月由中国水土保持学会评定为“全国水土保持科普教育基地”。园区共确立了7个汉文化主题景观区,即安门盛世、流光伴湾、御景覆盎、汉桥水镇、角楼叠翠、霸城溢彩、封禅天下,通过沉浸式体验等现代化科技,让游客切身感受到水土保持的重要性。

(一)实施水保工程,加强水土保持综合治理

在综合治理工程实施中,积极向市民普及水保知识,增强带动辐射作用。结合水保工程建设,园区划分为左岸水保生物措施示范区(栽植“生态文明汉城湖”等植物造型,见图3-12),右岸水保工程措施示范区(布设了水平阶梯整地、鱼鳞坑、砌石挡土墙、砌石护坎、格宾网挡土墙等工程措施),水保科普体验区(在秦岭山水微缩景观地下通道建设“西安水土保持科普体验馆”,见图3-13),水保经济林区(栽植柿子和枇杷等),水土流失演示区(在水车广场设立模拟径流小区),水保植物观赏区(在湖心岛弯道处栽植牡丹、芍药等观赏花卉)。这既体现了城市水保和建设美丽中国的主旨,又体现了水保事业对于西安这座有着悠久历史的城市的重要性。

图 3-12　水保生物措施示范区

图 3-13　水土保持科普体验馆

(二)运用科学技术,丰富展现形式

汉城湖公园还展示了乔灌草护坡、水平阶地、水保经济林、水保宣传长廊、植物根系展示等 60 余处水保措施内容,充分体现了水土流失过程及危害、治理措施、水保普法、科技体验、治理成就。在西安水土保持科普体验馆,大家可以亲身感受水土流失的过程。流失隧道以视觉震撼和感官冲击为切入点,采用艺术造景、弧形穹幕投影技术等展示水土流失的恐怖场面。现场暴雨来临,坡地农田流失,洪水泛滥,摧毁城镇,干旱成灾,作物绝收,一幅幅灾难性的场景都在向大家警示水土流失的严重后果。水车广场里则设置了一个人工降雨模拟径流小区,当人们走到这里时,晴朗的天空便会突然下起雨。旁边是6个不同的土坡,利用对照实验的方法,在模拟同样雨量的冲刷下,诠释植被、坡度与水土保持之间的科学关系。

(三)采用专业养护模式,科学设置文化宣传活动

园区业务主管单位为西安市西北郊城市排洪渠道管理中心,合作单位为西安市水土保持工作总站,运行管理单位为西安汉城湖实业有限公司。园区采用专业养护模式,由西安市园林绿化总公司安排专人养护绿化,汉城湖实业公司负责维修养护工程设施,保证了绿化生长正常,工程设施安全运行。2014年荣获了西安市教育局、市科技局授予的“西安市中小学生优秀传统文化社会实践基地”“西安市青少年科普教育基地”称号等,与西安文理学院合作成立“西安文理学院汉城湖实训基地”。

园区于2013年建立了“学雷锋志愿服务站”,并设立了道德讲堂,专用于思想道德培养,突出“善诚孝强”,弘扬传统美德。积极组织各类公益志愿宣传活动,如“世界水日”宣传活动、“珍惜生命之源,爱我美丽家园”等主题活动。园区常年围绕汉文化、水文化,举办多场特色鲜明的传统文化活动,开笔礼、成人礼、赛龙舟等系列活动成为景区的代表性品牌活动。为响应“建设丝绸之路经济带”的号召,景区联合其他单位部门举办了多场影响深远的“丝路文化”系列志愿活动,如“行走新丝路”大型跨国全媒体报道活动等。

三、黄河下游——高质量发展(以山东省利津县生态农业为例)

山东省利津县紧紧抓住黄河滩区水资源丰富、土质好、地势平坦、生态环境好等优势,将沿黄滩区开发建设作为“农业固县”战略的突破口,不断加快转变农业发展方式,积极打造黄河生态农业基地,大力发展绿色生态农业,加强农产品质量和品牌建设,健全规范生产标准,为农业提质增效、农民持续增收提供了有力支撑。从产业发展、主体培育、项目建

设等方面入手，全力打造沿黄现代农业经济示范带。

（一）以基地建设为平台，推进生态农业发展

利津县沿黄各乡镇、街道和村因地制宜、发挥优势，充分利用沿黄17万亩优质农用地资源，配套实施农田水利、农业开发、道路建设等工程项目，制定分区发展规划，加快培育有机水稻、生态瓜菜、林果采摘、休闲观光四大主导产业，大力发展特色农业，培育品牌产品，打造“金河滩”优势农产品品牌体系，全力打造沿黄产加销一体化高效生态农业示范带，绿色生态农业逐步成为百姓致富增收的“聚宝盆”。

重点抓好恒业绿洲现代农业园区、綦家夹河现代农业园区、国丰现代农业园区等6家园区建设，正在探索以圣水循环农业示范园和津汀现代渔业示范园为示范，以前崔片蜜桃、陈家片渔业、毛坨片葡萄、王屋片瓜菜、北码片果蔬、汀河片甜瓜和龙庙片经济林等特色产业为支撑的“一体两翼七集群”村级集体经济示范引领体系。同时推进土地成方连片流转，抓好七龙河庄园、陈庄镇藕塘荷香等5个田园综合体建设，大力发展农业新六产，提升综合效益。

（二）推动利津县黄河生态公园休闲观光农业示范区建设

该园区结合黄河生态公园建设和黄河滩区农业结构调整，大力发展生态观光和休闲体验型现代农业，实现了园区经济效益、社会效益和生态效益的协调统一，带动了周边农户的就业，促进了农业增效、农民增收。该园区规划建设面积约2万亩，全长27.5千米，依托黄河滩区高效生态农业、自然生态环境和东津渡、水文站等历史人文资源，以生态休闲观光为主，形成“一带两村六节点”的空间布局。

“一带”指宫家险工至王庄险工的生态景观带，“两村”即毕庄、东关两个旅游特色村，“六节点”分别是金滩田园、和乐园、黄河外滩（见图3-14）、苗木繁育园、西瓜乐园、银杏种植园。该地完善旅游基础设施建设，形成一条休闲农业观光带、黄河生态景观带和黄河文化体验带。该园区果蔬采摘、休闲垂钓、农事体验、水上活动、菜园畜禽认养、民俗体

验等旅游特色休闲项目以及民俗表演、篝火晚会特色娱乐活动吸引了东营、滨州等周边地区很多游客前来参观游玩。该园区包装生产的罗布麻茶、黄金梨、杂粮、银杏茶、银杏果等特色农产品也深受游客喜爱。该园区举办了“三月三”黄河踏春节和和乐园荷花观赏节，为园区聚集了人气，对外起到了很好的宣传效果。

图 3-14　凤凰城滨河休闲旅游区

（三）以农业清洁生产为引擎，引领生态农业发展导向

该县立足农业资源实际，以规模畜禽养殖场为重点，改造粪污处理设施，改进技术工艺，提升水气污染治理水平，推进畜禽养殖废弃物无害化处理、资源化利用。完善秸秆收储运体系，全力创建秸秆综合利用示范区，实施秸秆生态循环农业与农村新能源项目建设，推广秸秆还田、秸秆青贮、氨化、过腹还田、生产沼气和生物反应堆肥等技术，逐步实现秸秆肥料化、基料化、燃料化、工业化利用，促进农业增产、农民增收。发展工厂化循环水养殖和池塘节水减投、减排清洁生产新模式，推广鱼虾混养、贝藻间养、鱼菜共生等立体生态养殖技术，使农业生产环境大为改善（见图 3-15）。

图 3-15　现代农业建设

(四)加强农产品质量和品牌建设，提升生态农业发展质量

该县积极完善县、乡、村三级农产品质量安全监管体系，加强源头控制，建立完善农业执法体系，抓好农药、化肥等农业投入品监管。积极推行农产品标准化生产，制定无公害、绿色农产品种植技术规程25项，完善生产、加工、包装、储运标准和生产技术规范，支持利用条形码、二维码、射频卡等溯源标识，逐步实现商品农产品流向可查询、质量可追溯、产品可召回、责任可追究。大力实施农产品品牌战略，以优势主导产业为重点，鼓励和支持基地、园区、协会等经济组织加快“三品一标”认证。目前，已认证无公害农产品 73 个、绿色食品 17 个、有机产品2 个，基地面积 16 万亩。

第四章 发展多产业，探索幸福黄河建设新路径

第一节 培育壮大市场主体

一、黄河流域产业发展现状

（一）各省发展差异较大

黄河流域的产业发展较为传统，以第二产业为主，其中初级加工也占比较高，现代服务业明显落后于长江流域。从2020年人均GDP来看，与国内其他地区差距较大。沿岸九省区大体分三个层次。第一层次：山东、内蒙古和陕西；第二层次：四川、河南、宁夏、青海和山西；第三层次：甘肃省。[①] 第二层次数量较为集中，说明黄河流域发展较为缓慢，发展突出的省份较少，梯次差距较大。

从经济社会发展来看，人口和产业较为集中在黄河流域中下游地区，如汾渭谷地、河套平原、河西走廊和湟水谷地，并因此形成了山东半岛城市群、中原城市群、陕西城市群等集中区。与全国其他地区相比，受

① 数据来源于国家统计局发布的《2020年国民经济和社会发展统计公报》。

地形因素影响，上游地区发展较为缓慢，虽已全部脱贫，但仍存在部分相对贫困地区。

（二）各地发展资源不同

黄河流域气候总体呈现出降水集中、季节差异大、冬季寒冷干燥、夏季炎热多雨的特点，并且多冰雹、沙暴、扬沙等恶劣天气。与长江流域、沿海地区、京津冀地区等对比，黄河流域土地、矿产和生物等资源较丰富，尤其是煤炭、天然气、太阳能、水能和风能等能源资源富集。煤炭主要分布在山西、陕西、内蒙古、宁夏等地，天然气资源集中于陕甘宁地区，太阳能和风能资源主要分布于内蒙古、甘肃、青海、宁夏等上游地区。钾盐、铝土矿等矿产资源丰富，其中全国最大的钾盐矿富集于青海柴达木盆地。[①]

二、主抓特色产业市场主体

（一）企业主体

企业是市场的主体，市场是创新的主力军。2020 年 5 月 14 日，中央政治局常务委员会会议提出构建国内国际双循环相互促进的新发展格局，此后，习近平总书记在多个场合论及加快构建新发展格局问题。党的十九届五中全会对构建“双循环”新发展格局进一步作出重大战略部署。根据党中央的要求，构建“双循环”新发展格局的一个重要任务是畅通国内产业循环，提高我国产业现代化水平，而推动一切快速发展的主体大多为企业。黄河上、中、下游主打产业体系各不相同，如上游地区主要利用黄河资源发展旅游业等，下游地区山东、河南等省份则利用黄河资源实施“特”“优”战略，依靠科技创新发展现代农业，大力培育龙头加工企业，努力把农产品精深加工业打造成转型发展支柱产业，带动更多

① 参见徐勇、王传胜：《黄河流域生态保护和高质量发展：框架、路径与对策》，《中国科学院院刊》2020 年第 7 期。

农民增收致富。

1.提升龙头企业质量

产业化龙头企业在推进产业高质量发展中发挥着关键性作用。中小企业占据半壁江山,如何让繁星点点的中小微企业茁壮成长,这便需要龙头企业引领,推动产业集群发展,通过抱团发展探索产业共富路。通过大企业的引领,将散落的“珍珠”串成“项链”,在造产品、树品牌上下功夫,有利于提升全产业链竞争力。近几年,国家高度重视国家、省、市、县四级农业产业化龙头企业队伍建设。一是开展龙头企业认定。2019年,农业农村部新认定第六批299家国家重点龙头企业,平均资产规模、销售收入均超过8亿元,平均辐射带动农户2万户左右。二是加强龙头企业负责人培训。农业农村部每年举办国家重点龙头企业负责人培训班,围绕经济形势、产业政策、技术装备、企业管理、典型模式等,对国家重点龙头企业负责人进行培训,开展交流研讨,帮助龙头企业负责人开阔视野,提高现代管理水平。三是积极推进科企对接。农业农村部每年依托中国农产品加工业投资贸易洽谈会等平台,开展科企对接活动。鼓励龙头企业牵头组建农业科技创新联盟。新冠肺炎疫情期间,农业农村部组织全国大专院校、科研院所,通过“乡产天下”公众号和“快手”短视频平台举办“乡产云课堂”直播公益讲座,累计观看人数超3000万人次,为技术成果向农业企业推广转化提供了新途径。

2.完善农业产业化龙头企业扶持政策

在粗放发展模式下,在产业链末端生产低附加值产品的竞争空间越来越小。如何发挥政府的“有形之手”,让企业主动改造升级,提升产品附加值,授企以“鱼”的同时实现授企以“渔”?近年来,发力中高端的转型升级组合拳2020年以更大的力度展开——加快淘汰落后产能、过剩产能,低端产品加快向中高端产品发展,传统产业通过“两化”融合等加快转型升级……农业农村部会同财政部实施优势特色产业集群、现代农业产业园、农业产业强镇等项目建设，均将龙头企业作为项目实施主体。[①] 近年来，中央财政累计投入230多亿元资金，共建设优势特色产业集群50个、现代农业产业园138个、农业产业强镇（乡）811个。农业农村部会同有关部门，完善扶持政策，支持龙头企业发展壮大；通过要素市场化配置改革，倒逼企业变粗放低效发展为高效集约发展。提升中小企业自身改造能力，通过政策导向，鼓励龙头骨干工业企业实现订单本地化，优先与本地中小工业企业开展配套协作。

（二）组织联盟

为进一步加强信息沟通，实现资源互通，提升区域行业水平和核心竞争力，黄河上、中、下游地区加强互联互通，相关组织联盟应运而生。下面仅介绍几个较为典型的组织联盟。

1.黄河流域专业合作社

黄河流域尤其是中下游地区农业基础雄厚，为进一步扩大影响力，提升农产品综合竞争力，各地区纷纷成立黄河流域专业合作社，如陕西农民专业合作社、滨州合作社等。下面以陕西农民专业合作社联合会为例，简单介绍农业专业合作社的相关职能。

陕西省农民专业合作社联合会（以下简称“陕农联”）是由陕西省农业厅主管、陕西省民政厅监督管理，在陕西省内依法设立的，农民专业合作社自愿结成的，全省性、联合性、非营利性社会团体和非政府组织，由陕西华夏农民专业合作信息科学研究院、省百强社共同出资创办。陕农联下设发展指导、宣传和培训三大中心。依托陕西华夏农民专业合作信息科学研究院的人才、技术、营销、培训、基地、传媒、研发和品牌八大优势，整合农业优势资源，引领全省农民专业合作社发展现代农业，转变农业发展方式，开辟农业增效、农民增收新天地。陕农联积极弘扬合作精神，宣传、帮助、引导、教育、服务广大农民合作社、会员朋友。陕农联的

① 参见雷瑛：《做强龙头企业　提升河南农业发展质量》，《河南日报》2020年8月7日。

职能是资源互补、平台互通、信息共享、合作共赢。

2.陕西黄河文化旅游联盟

陕西黄河文化旅游联盟是在陕西省文化和旅游厅指导下，经陕西沿黄城市榆林市、延安市、渭南市、韩城市文化和旅游局联合倡议发起，由榆林市文化和旅游局负责筹备成立的组织。其目的是深入贯彻习近平总书记关于黄河流域生态保护和高质量发展的重要论述，以保护传承弘扬黄河文化、推动黄河流域文化旅游发展为己任，充分发挥陕西作为文化旅游大省优势，加强陕西黄河流域城市文化旅游互动营销、优势互补、业态合作、资源共享，构建引导客源互动、线路延伸、服务升级、文旅惠民的区域黄河文化旅游发展共同体，共同讲好黄河故事，打造特色鲜明的“陕西黄河之旅”优势品牌。各市利用联盟平台，彰显城市特色，抓好黄河文化保护与传承弘扬，促进文化旅游业高质量发展。

陕西黄河文化旅游联盟以“凝聚共识、资源共享、品牌共建、合作共赢”为宗旨，重点开展黄河（陕西段）国家文化公园建设、黄河文化传播、旅游主题线路设计、文化旅游市场推广、黄河文化旅游品牌树立等方面合作，全面加强陕西黄河流域城市文化旅游资源共享、客源互动、业态合作、线路延伸、整体营销，共同讲好黄河故事。本着“开放、协调、合作、共赢”的原则，接受陕西黄河流域其他市县文化旅游行政主管部门、研究机构、行业组织和企业的加入，共谋文化旅游发展大计，助推陕西黄河流域生态保护和高质量发展。

3.黄河流域研学联盟

为加快推进黄河流域生态保护和高质量发展，推动黄河文化在新时代发扬光大，由山东省教育厅倡议、沿黄九省区教育厅共同发起的黄河流域研学联盟在东营市成立。联盟成立后积极组织开展黄河文化研究、宣传、保护等活动，深入挖掘黄河文化蕴含的时代价值，建立黄河流域研学区域性协调机制；加强联盟成员间人员培训、学术研究、社教推广等交流与合作；研发主题鲜明的黄河文化研学精品课程，协同组织跨区域中小学生黄河流域研学实践活动，打造优秀研学品牌线路；吸引更多优秀的黄河文化研学基地（营地）加入联盟，辐射带动周边研学实践活动，建设黄河流域研学示范带等。

4.黄河流域博物馆联盟

黄河流域博物馆联盟的成立是文物博物馆界深入学习贯彻习近平总书记关于文物工作的重要指示批示精神、在黄河流域生态保护和高质量发展座谈会上的重要讲话精神，推进黄河文化保护传承弘扬的实际行动，具有重要的现实意义。制定了《黄河流域博物馆联盟章程》，推选出河南博物院为黄河流域博物馆联盟首届召集单位。

三、保护激发市场主体活力

市场主体是我国经济活动的主要参与者、就业机会的主要提供者、技术进步的主要推动者，是经济的力量载体，影响着我国国民经济的整体发展水平、人民生活幸福指数，也影响着我国社会生产力与生产关系的矛盾程度。因此应激发市场主体活力，以推动新时期我国经济建设。

（一）体制机制和制度环境的完善

改革开放以来，随着制度的不断完善，我国社会主义市场经济体制框架日益成熟，到2019年年底，我国已有市场主体1.23亿户，发展迅速。但同时也要看到，当前我国社会主义市场经济体制机制仍不完善，供需矛盾虽有所改善，但人民日益增长的美好生活需要与不平衡不充分的发展之间的矛盾问题仍然较为突出。因此，国家应高度重视，从顶层设计出发，不断完善社会主义市场经济体制机制。

积极推动研究型高新技术企业的扶持政策落地实施。积极完善科技创新体系，在科技主体培育、人才引进、科技成果转化、产学研合作等方面建立长效工作机制，为科技创新提供政策支持。综合运用“五员联动”（企业服务管理员、项目管理网格员、研发归集指导员、创新政策宣传员、资源对接信息员）举措，深化“科技服务进百企”行动，让科技干部和企业共同谋创新、解难题、促发展,全面激发企业科技创新活力,推动科技工作实现从管理型向服务型、从扶持型向引导型转变。不断创新金融贷款投放模式,采用知识产权质押及联合担保的方式,为企业投放“科支贷”专项贷款产品,促进先进的科技成果向生产领域转化或应用。

(二)做好供给保障与服务工作

面对复杂严峻的国际国内环境,沿黄区域各省市要坚持“两手都要硬、两战都要赢”,扎实做好“六稳”工作、全面落实“六保”任务。持续推进放管服改革和依法行政,构建“亲”“清”政商关系。政府是市场规则的制定者,也是市场公平的维护者,要根据完善我国社会主义市场经济体制的要求,着力制定好有利于公平、包容、有序竞争的市场规则,积极推动统一开放、竞争有序的市场体系发展;做好市场规则执行的监管人和市场秩序的维护者。加强价格监管,维护市场秩序,在做好疫情防控措施的同时,进一步加强防疫用品和生活必需品的价格监管力度,全力维护市场秩序;对经营者采用各种手段哄抬物价等违法行为进行处罚,加大处罚力度。放宽小微企业、个体工商户登记经营场所限制,为各类创业者注册经营提供便利,确保其享受扶持政策。依法治理各种腐败行为,保证市场公平公正性,严格遵守宪法法律,法无规定不可为,法有规定必须为。

(三)理顺政府与市场的关系

政府和市场的关系,一直是我国经济体制改革面临的核心问题。虽然市场在资源配置中的重要性不断凸显,但一些行政部门不断扩权,行政审批过多、时间过长,对微观经济直接干预过多等,在很大程度上抑制了市场成长空间,导致信号失真、资源错配和效率不高,并造成政府该管的事没有管好。所以应充分发挥市场在资源配置中的决定性作用。政府部门应在经济调节、市场监管、社会管理和公共服务等方面发挥作用,真正解决在公共服务产品供给方面、社会事业等领域存在的政府错位、越位和缺位现象，维持好市场秩序，保证竞争环境的相对公平公正。[①]

总的来说，要让全面深化改革不偏离正确轨道，既需要使市场在资源配置中发挥决定性作用，也离不开强有力的政府做后盾。两者之间是矛盾统一体，相辅相成，不可偏废其一：全靠市场自发调节会导致市场失灵，需通过宏观调控进行纠偏补充，如因为市场自身滞后性、盲目性等特点，导致出现“劣币驱逐良币”等不良现象，就需要政府来加以管理。若想更好地发挥政府的作用，应充分厘清政府与市场的关系，在一些需要弱化政府职能的地方退出来，让市场真正发挥配置资源的基础性作用，让政府真正发挥政府职能。黄河流域应培育产业发展新优势，夯实高质量发展的产业基础，推动沿黄地区中心城市及城市群高质量发展。

第二节　打通全领域产业链和供应链

在新冠肺炎疫情的挑战下，未来我国要下大力气加强产业的国内价值链建设，在强化核心环节的同时，提升产业链本地化水平，以此应对我国产业发展所面临的外部不确定性，并成功攀上全球价值链高端。本章节简单选取了黄河流域发展较为突出的文化、体育、农业、旅游四大业态的产业链条进行着重分析。

一、产业链上游

（一）文旅体资源梳理

全面梳理黄河流域黄河文化遗产，委托专业机构深入黄河沿线九省区，普查、评估与黄河具有历史渊源的物质文化遗产、非物质文化遗产及黄河文化赖以传承的人文生态环境，运用地理信息系统（GIS）对沿黄区域的文化遗产信息进行采集与分析，结合文化资源的级别、规模、资源类

① 参见张立群：《着力保护和激发市场主体活力》，《学习时报》2020年9月16日。

型、保存现状和遗产价值,建立文化资源数据分析模型,并对沿黄地区文化资源空间分布特征进行分析,出具专业评估报告。加强普查成果的管理和利用,建立黄河文化遗产大数据库。挖掘黄河治理文化。在治理黄河的过程中,中华民族彰显出不屈不挠、顽强拼搏的奋斗精神;中华人民共和国成立后,中国共产党领导人民创造了黄河岁岁安澜的历史奇迹。在治理黄河的过程中,诞生了亲民爱民、艰苦奋斗、科学求实、迎难而上、无私奉献的焦裕禄精神。打造黄河文化品牌,要着力讲好中国共产党治黄故事,弘扬焦裕禄精神,传承黄河精神,促进黄河治理文化传承发展。建设非物质文化遗产廊道,策划打造一批重点旅游项目。

(二)农业智能研发

推动黄河流域农业智能研发,加强传感器、无人机、农业机器人等技术研发应用,创新应用卫星遥感、航空遥感、地面物联网的农情信息获取技术等,打造现代农业智能装备制造业,突破"卡脖子"技术,搭建农机装备研发平台、动植物育种研发平台、绿色农业研发平台、盐碱地农业综合研究平台等现代技术平台。采取"互联网+农业"模式,结合农业、畜牧业以及林业生产实际需求,应用互联网、大数据、云计算、物联网、卫星遥感等现代信息技术,全面控制、监测影响农作物生产与产量的因素,如光照、温度、湿度、氧气浓度、土壤肥力等,打造更智能、更有连接性的农业管理系统,进行实时环境监测、实时设备控制、远程视频监控、运行状态管理、农产品防伪防窜货管理、农产品质量追溯管理等。导入先进的管理机制和经营模式,实现农业全产业链规划,全价值链综合考虑,提升农业生产经营管理能力,达到农业安全绿色、可持续发展。

二、产业链中游

(一)文体赛事举办(以济南市为例)

为贯彻落实黄河流域生态保护和高质量发展重大国家战略,黄河流域应主动整合优化黄河沿岸资源,利用黄河沿线生态廊道连接黄河流域运动节点，打造系列黄河特色文化体育赛事，形成黄河体育新业态，唱响全民健身赞歌。下面以济南市为例，深度剖析文体产业链的中游。

济南市立足“泉水”携手“黄河”，抢抓机遇，勇于担当，创新发展，持续打造“春渡明湖、夏赛龙舟、秋寻百泉、冬游泉水”的泉水体育赛事品牌。济南市冬季畅游泉水国际邀请赛、国际足球嘉年华总决赛、城市体育公园微型马拉松赛、国际体育产业与健康论坛、“黄河情健康行”北纬36.5°风情带迷你马拉松比赛、首届山东沿黄九市社会体育指导员健身技能精品项目展示活动、“黄河少侠”武术散打争霸赛等系列沿黄赛事活动相继举办。[①] 这些活动一方面全面提升了泉城济南在黄河流域的影响力，另一方面，更好地将黄河精神展示给全球，提升了黄河文化的国际影响力。一系列品牌赛事的成功举办，推动了黄河两岸的融合互动，也为打造协同、开放、融合、共享的“大体育”新格局奠定了扎实基础。图4-1为2020年济南百里黄河自行车赛现场。

图4-1　2020年济南百里黄河自行车赛

（二）智慧农业

智慧农业意指现代新型农业，是农业生产的高级阶段。智慧农业技术体系主要包括农业物联网、农业大数据和农业云平台等三个方面。智慧农业功能构建包括特色有机农业示范区、农科总部园区和高端休闲体

① 参见王蓓贝：《泉水叮咚　黄河奔腾》，《济南日报》2021年4月9日。

验区,是促进农业的现代化精准管理、推进耕地资源的合理高效利用的有效载体。智慧农业是农业生产的高级阶段,集新兴的互联网、移动互联网、云计算和物联网技术为一体,依托部署在农业生产现场的各种传感节点(气温湿度、土壤水分、二氧化碳、图像等)和无线通信网络实现农业生产环境的智能感知、智能预警、智能决策、智能分析、专家在线指导等技术,为农业生产提供精准化种植、可视化管理、智能化决策。智慧农业是数字中国建设的重要内容,在大田精准作业、设施农业智慧管理、畜禽智慧养殖等重点领域实现突破,可更好地推动乡村振兴的进一步实现。图 4-2 为智慧农业示意图。

图 4-2　智慧农业示意图

未来智慧农业将会实现三大突破。第一,实现由人工走向智能。在种植、养殖生产作业环节,构建集环境生理监控、作物模型分析和精准调节为一体的农业生产自动化系统和平台;在食品安全环节,构建农产品溯源系统;在生产管理环节,实现智能设施与互联网的广泛应用。第二,突出个性化与差异性营销方式。随着物联网、云计算等技术的广泛应用,农资采购和农产品流通等数据将会得到实时监测和传递。近年来随着农业休闲旅游、农家乐的兴起,个性化旅游服务将成为农村经济新业态。第三,提供精确、动态、科学的全方位信息服务,为农业经营者提供先进的农业科学技术知识、生产管理信息,引导龙头企业、农业专业合作社和农户经营好自己的农业生产系统。同时,云计算、大数据等现代化技术也将会提高农业管理数字化、现代化水平。[①] 黄河沿线区域应着力实施技术创新中心建设、特色种业发展、农业智能装备制造产业发展、大健康及功能性食品产业发展、农业高端服务业发展、企业转型升级、乡村振兴等“九大攻坚行动”，打造新时期现代农业模板示范区。

（三）农产品深加工

农产品深加工细分产业领域包括谷物深加工（包括小麦深加工、稻米深加工、玉米深加工、小杂粮深加工等）、薯类深加工、蔬菜深加工（包括蔬菜提取物、保鲜蔬菜、冷冻蔬菜、脱水蔬菜等）、水果深加工、热带水果加工（包括水果提取物、保鲜水果、冷冻水果、速冻水果等）、坚果深加工、浆果深加工、棉麻深加工、花卉深加工、茶叶深加工、蜂产品深加工、特色农产品深加工（包括各地区特色的农产品）等。

把农产品加工业作为深化农业供给侧结构性改革、推动农村一二三产业融合发展的重要抓手，全力推动农产品加工业提质增效，为打赢脱贫攻坚战、推进乡村振兴奠定良好的基础。各地市通过招商引资引入农产品龙头企业，再吸引配套企业形成规模化产业链。如小麦深加工，可以做面食也可用来做啤酒；对于玉米深加工，可以将玉米用作饲料，也可以用来榨油，关键还得提高生产效率，加强技术攻关，提升农产品竞争力。沿黄区域要推动现代农业园区建设，根据地方特色优势打造特色农产品品牌，使其走出国门；做大做强特色农业，建成一批现代特色农业核心示范区，形成沿线区域错位发展、相互连接的特色农业发展新格局。

三、产业链下游

（一）体育消费

2019 年，国务院办公厅印发《关于促进全民健身和体育消费　推动体育产业高质量发展的意见》（国办发〔2019〕43 号），切实推进国家体育

① 参见王方：《用智慧赋能农业》，《中国科学报》2018 年 8 月 1 日。

消费试点城市有关工作,扩大体育消费,促进全民健身。黄河流域凭借其独特的地理优势,体育产业发展迅速,前景广阔。因此我们应审时度势、多措并举,积极推进体育消费。鼓励企业跨界联动、多业态融合,推进国家体育消费试点城市建设,促进全市体育消费回补和潜力释放,支持体育社会组织、知名体育企业推出一批特色项目,挖掘一批跨界活动,推荐一批网红线路,不断激发市民体育消费热情,更好地满足市民日益增长的体育需求。

打造体育消费新名片,完善“体育+”融合发展模式,推动体育消费从传统消费模式向观赏型、活动型消费模式转变升级。深挖体育消费潜力,开发具有体育功能的公园,拓展覆盖周边、辐射全域的水陆一体化发展空间新布局。加快推进产城一体化发展,着力打造以健步走、足球、电竞、水上运动等为核心的体育消费集聚区。同时,释放体育赛事活力,完善政府引导、市场运作、社会参与的体育赛事市场协同机制。鼓励市场主体参与赛事组织、赞助和服务,采取“内培外引”的方式,持续放大精品赛事品牌效应。重点打造一批持续性强、影响力大的“草根赛事”“民族传统体育赛事”和“小而精”的网红体育赛事IP,繁荣民间体育赛事消费市场。发挥财政资金引导作用,每年安排资金用于支持体育赛事发展,鼓励社会力量举办商业性和群众性体育赛事,积极吸收国内外优质体育赛事、体育服务资源、知名体育组织或企业落户黄河区域。

(二)订单农业

结合本地农业特点,以发展特色经济作物为抓手,积极探索适合本地产业发展的“订单农业”新路径。通过“公司+合作社+基地+农户”的订单农业模式,不断完善与农户风险共担、利益共享联结机制,形成了紧密的利益共同体,带动农民增收、促进现代农业发展的作用越来越突出。积极探索传统种植模式与现代经营理念相结合的产业发展模式,积极推进“订单农业”生产,既带动农户通过土地流转、务工增加收入,又壮大了村集体经济,努力构建“村有当家产业、户有致富门路、人有一技之长”的“三有”型稳定致富新模式。

根据订单农业生产和销售需求，大力培育特色产业种植基地。订单农业采取“企业＋合作社＋基地＋农户”的生产模式，各专业合作社与公司签订种植收购合同，根据公司需求，进行订单式种植。在产品销售上，积极联系收购企业开展订单收购。可充分借鉴济南市历城区的山东泉心农业科技发展有限公司的历城草莓订单农业模式。公司与10家农业经营主体签约合作，推广“雪里香”草莓种植，并进行泉心草莓收获标准制定，从终端倒逼农业生产的标准化、高品质，推动历城草莓品质化、品牌化。未来历城草莓品牌通过“统一种苗供应、统一标准化技术管理、统一收购销售、统一品牌运营”的“四统一”运营模式，与种植户、销售商建立紧密的利益联结机制，创新产业发展机制，提升科技创新能力，推进草莓品牌建设，拓宽草莓供应链，延伸草莓产业链，提升草莓价值链，促进草莓产业的三产融合，实现农业产业高质量发展。

（三）农业高端服务

在大健康战略背景下，我国农业也将进入新的发展时期，继高产农业、绿色农业之后，功能农业被认为是第三个发展阶段，农产品的市场结构和消费需求将发生重要变化。功能农业就是要种植出具有保健功能的农产品，它可以带领农业走出“完全竞争”。完全竞争就是指别人种什么，你也种什么；东西完全同质，靠价格取胜。在所有行业中，第一产业农业的“完全竞争”特质最为明显。功能农业相比绿色农业的突出特点就是，消费者在持续消费功能农产品之后身体状况能够得到改善。这种差异性可以给农业企业带来更加忠实的消费者。因此黄河流域应及时把握住功能农业发展的机遇，发展系列高端科技服务业，打造大健康及功能性食品研发加工基地，大力发展大健康及功能性食品产业。

另外，不断丰富农业服务载体。黄河沿线九省区积极打造乡村绿色发展研讨会、特色农产品展销、非物质文化遗产展演、乡村传统艺术品展览等系列活动，联动展示黄河流域传统农耕文化，为食品产业集聚要素资源,为优质农产品拓展销售渠道,推动地方农业与食品产业高质量发展。如2020年9月在河南开封举办了“中国农民丰收节”,以“庆丰收、迎小康”为主题,这是国家层面的中国农民丰收节启幕主场首次走出北京、走向基层。同期还举办了歌舞、鼓乐、戏曲等农民艺术表演和网络销售直播带货等活动。图4-3为2020年中国农民丰收节现场。

图4-3　2020年中国农民丰收节

(四)农业、制造业电商平台

1.发展趋势

黄河流域各省区,包括山东省、河南省在内,是我国重要的农作物生产地区,发展农产品跨境电商,对于促进黄河流域对外经济高质量发展具有重要作用。目前,我国的中小企业具有数量大、行业广、历史短、相对离散、动态交易等特点,在开展电子商务方面受到人才、资金等方面的限制,与大型企业相比有一定差距。而第三方电子商务服务平台使得中小企业开展电子商务变得简便可行。与普通制造业不同,农产品电商平台应考虑其安全性、健康性等特点,所以需要从种植基地、采摘体验、物流体验、可追溯、供应链可视化等维度全程展现农产品品质,打造社会化的冷链物流队伍和集约化、专业化的管理队伍。

2.典型经验——天津多兴庄园农业科技开发有限公司

天津多兴庄园农业科技开发有限公司以农民专业合作社为依托，采用“互联网＋农业”模式，集农产品种植、养殖、加工、销售、配送于一体，并在全国各地建立了生产基地，让放心农产品走进千家万户。该公司自2011年成立以来，坚持“公司＋合作社＋农户”的管理模式，做好运营工作。为保证菜品质量，根据市场需求制定了严格的生产管理规范，做到统一采购农资、统一标准化种植、统一产品质量要求、统一生产种植计划、统一产品检验监测、统一产品的收购和销售，实现农业生产、产后加工、冷藏保鲜、产品销售“一条龙”的生产经营效果。2014年，该公司开始尝试发展蔬菜配送业务，应用“互联网＋农业”的销售模式开展会员制农产品配送，消费群体从大众化向高端市场转变。消费者可通过多兴庄园的微信平台线上下单，线下收货，新鲜、绿色的农产品当天就能送到家。

第三节　构建幸福产业生态圈

一、全方位推进产业融合

（一）“文旅＋”

黄河之水，奔腾千年，浩浩荡荡，滋养了无数中华儿女；黄河文化，体系完善，源远流长，是中华文明的根魂。文化旅游产业融合发展是新时代发展的必然趋势，文旅融合更是推动黄河文化创造性转化和创新性发展的必然选择。应努力探索文旅融合对城市更新、乡村振兴、产业转型的支撑作用。加快推进“健康中国”“文化强国”“体育强国”构建，推动黄河流域形成特色统一的文旅品牌，有利于提升黄河文化的整体影响力，提升其国际地位。因此需要高屋建瓴，做好黄河流域文旅融合大文章，合力创建文旅融合示范基地，在文化和旅游业高质量发展中展现新担当、实现新作为。

文旅产业作为典型生态友好型绿色产业经济,被誉为“美丽产业”。黄河文旅产业在不断的转型升级过程中,培育新兴业态,开拓生态文旅、休闲、康养等领域,将国家提出的“两山理论”融入其中,发挥绿水青山与金山银山之间的纽带桥梁作用,实现了黄河文旅与生态、经济的多元互通。合理发展黄河流域文旅产业,为生态赋能,促进生态旅游,进一步宣传生态环保意识。创新发展文旅产业,将生态资源优势转化为物质财富的同时,践行生态保护理念,让黄河文旅产业的发展契合生态文明的时代要求,成为生态保护的重要举措。

因此,我们建议通过文化融入旅游、旅游承载文化的形式,充分借助和融入新一代信息技术手段,推动资源优势向产业优势转化。大力开发文化与旅游相融合的文旅产品,打造一批黄河文化艺术精品;加快培育新业态,推动黄河文化旅游产业与农业、中医药、康养、体育等产业融合发展;加快推进黄河文化旅游资源一体化发展,打造国家级或世界级的文化遗产传承保护区、黄河生态走廊、文化旅游融合发展示范区、龙头大景区等;科学规划一批具有国际影响力的文化产品和旅游精品线路,真正打造具有国际影响力和竞争力的黄河文化旅游带。[①] 以上建议都是黄河流域高质量发展和黄河文化传承弘扬的必由之路,各地市可根据各自发展情况有针对性地采取对策。[②] 另外,可成立沿黄九省区融合发展大联盟,合力打造“黄河游、游黄河”的世界名片,向世界展示黄河人文景观、优美自然风光和文明成果;借助“一带一路”倡议,加速推进“黄河文化”走出国门、走向世界。

(二)“农业+”

黄河流域凭借丰富的水源,农业发展较好。因此,可围绕农民、农

---

① 参考自《黄河国家文化公园建设实施方案》。

② 参见石培华、申军波:《文旅融合视野下黄河长江文化保护传承弘扬思考》,《中国旅游报》2021年2月26日。

村、农业三大主体，推动沿黄地区发展优势农业产业，发展观光农业和休闲农业，推动沿黄区域农业与旅游业、工业、文化等深度融合。以“农业＋”为抓手，通过创新农业发展方式、拓展乡村休闲空间、拓宽农民就业渠道做活农村第三产业，推进黄河沿线流域的休闲农业供给侧结构性改革。各地区根据地方特色进行模式的选择，如部分地区可发展苗木花卉，打造景观农业；有良好条件的地区可打造“农事体验＋旅游”的模式，发展乡村民宿和创意农业等；部分沿黄地区传统村落保存完好，可发展观光旅游与养生农业；有机农产品发展较好的地区可选择性发展品牌农业，推动农副土特产品通过电商渠道销售；民俗文化氛围浓厚的地区则可发展研学农业，鼓励游客体验农耕文化和黄河文化。

（三）“体育＋”

整合黄河沿线流域现代服务业的新优势，创新休闲业态，发展文旅演艺、体育等；借助新兴科技，实现多业态融合，形成黄河国家文化公园“旅游＋健康＋体育＋文化＋养老”等大黄河幸福产业链。在黄河沿线地区大力发展乡村休闲度假产业，推动沿线城镇与乡村地区人流、物流、资金流、信息流、技术流的交流互融。地市之间可联合承办沿黄河流域非物质文化遗产大展、群众文艺展演和黄河文化主题美术巡展、环河湖自行车赛等一批国家级文化体育活动，加强文化、旅游和体育精品推广，丰富活动形式，提高比赛服务质量，集中展示黄河文旅体融合发展成果。

（四）“工业＋”

黄河中下游地区工业基础雄厚，因此可围绕“以文带工，以工促文”的发展理念，保护现有的工业遗址，挖掘新型工业资源，通过发展黄河工业遗址观光、新兴工业生产工艺体验、黄河“非遗”手工业研学等新业态，实现文旅业促进工业转型升级、带动工业持续健康发展的目标，助力城市转型发展。

二、构建全产业科创带（以郑州为例）[①]

（一）郑州沿黄科创带定位

在黄河流域生态保护和高质量发展中，郑州是重要节点，更是先行示范区。郑州紧扣国家黄河流域生态保护和高质量发展重大战略规划纲要精神，结合本地建设核心示范区实际，提出了系列针对性解决策略、设计了若干重大战略性工程举措。郑州依托沿黄生态走廊，将自创区、金水科教园区、智慧岛、鲲鹏软件小镇等串联起来，打造沿黄科创带，积极争取国家大科学中心、重大科技基础设施、综合性产业创新中心等在郑布局。规划建设中原科技城，吸引全球创新人才集聚，努力将其打造成为郑州新旧动能转换的发动机、中原地区科技创新的策源地、黄河流域高质量发展的引领区。

（二）建设5G产业园

郑州重点完善"产业基地＋产业大厦＋专业孵化器"载体链条，着力打造安全"中国芯"，力争创建国家信息安全产业示范基地。聚焦转型升级，在智能终端（手机）方面稳定富士康手机产能，推进非苹果手机智能转型，加快富士康科技集团中州技术研发中心等项目建设，着力引进一批关键零部件配套企业。加快5G基站建设，推动5G规模组网，深化5G商用，打造一批"5G＋应用场景"，启动5G产业园建设，培育卫星导航定位和遥感应用产业。

同时，郑州完善市、县两级工业经济运行监测体系，市级重点抓好66家龙头骨干企业经营指标的预判分析，县级抓好20～30家骨干企业生产指标的监测预警。稳住民营经济，推动民营企业改革创新、转型升级和健康发展，切实增强自身融资能力；进一步放宽民营企业准入，扎实做好清理拖欠民营企业、中小企业账款工作，完成国家、省定清欠目标任

---

① 资料来自《郑州市2020年制造业高质量发展实施方案》。

务，统筹好制造业发展和生态环境保护。

三、打造黄河生态经济带

（一）重大现实意义

黄河流域及相关省区是我国重要的农牧业生产基地，拥有丰富的能源资源和深厚的文化底蕴。流域内的河南、山东、内蒙古等省（区）是全国粮食生产核心区，饮水同源、文化相通，但生态环境脆弱，各省区之间生态、经济、社会、资源等禀赋差异也较大。上游地区生态环境优异，但经济发展相对落后；中游地区资源丰富，但生态环境有待完善；下游地区经济发展快速，但能源匮乏。因此，构建黄河生态经济带，有效凝结上、中、下游力量，落实“五位一体”总体布局，推进黄河流域生态文明建设，有利于深入贯彻落实习近平生态文明思想，加快推进黄河流域生态环境、产业体系、制度体系一体化建设，推动黄河流域实现高质量发展；有利于促进黄河文化互联互通，促进与本地特色文化的相互连接融合，促进各地区间的优势互补，共建“黄河共同体”，共推“中国梦”的顺利实现。

（二）加强规划布局

建议构建国家级的黄河生态经济带战略，成立沿黄生态经济带发展领导小组，打破行政区划限制，并组织编制好相关规划，制定颁布《黄河生态经济带发展指导意见》和《黄河生态经济带发展规划纲要》。进行顶层设计和规划布局，指导沿线各省区统一编制生态经济发展规划，加强规划协调衔接。树立黄河治理新思维，坚持“绿水青山就是金山银山”的新理念，贯彻生态优先、绿色发展、以水而定、量水而行的新方针，因地制宜、分类施策，制定差异化发展路线图。选择部分区域率先建设沿黄生态经济示范区，为沿黄生态经济带建设提供样板和先期探索。积极申请设立国家、省、市三级生态补偿专项资金，加大对沿黄区域生态补偿力度，建立支持沿黄生态经济带发展的长效机制。

(三)推动产业融合

以黄河生态文化带建设为抓手,推进黄河文化与旅游融合发展。在建设生态黄河、加快基础设施互联互通、推动产业转型升级、推进文化旅游一体发展、扩大对内对外开放、推进联席会议机制创新六大领域上下功夫。黄河上、中、下游地区加强错位发展,找好定位。上游地区以三江源、祁连山、甘南黄河上游水源涵养区等为重点,加强生态涵养,重点发展生态经济和文化旅游业等;黄河中游的黄土高原区注意水土流失问题,有条件的地方要大力建设旱作梯田、淤地坝等,使经济建设与生态保护同步进行;黄河下游依托黄河三角洲高效生态经济区做好经济开发与生态保护,提高生物多样性,实现新旧动能转换、高质量发展。另外,着重发展现代高新技术农业,尤其是盐碱地农业。在完善基础设施、建设科研平台、聚集高端资源、培育高新技术产业、发展盐碱地现代农业等方面积极探索,走出契合黄河流域特色的高质量发展之路。

第四节　构建黄河文化保护传承弘扬“五大体系”

2019 年 9 月 18 日上午,习近平总书记在郑州主持召开黄河流域生态保护和高质量发展座谈会上强调,黄河文化是中华文明的重要组成部分,是中华民族的根和魂。要推进黄河文化遗产的系统保护,深入挖掘黄河文化蕴含的时代价值,讲好“黄河故事”,延续历史文脉,坚定文化自信,为实现中华民族伟大复兴的中国梦凝聚精神力量。我们应着重打造黄河文化保护传承弘扬“五大体系”,推动黄河文化产业高质量发展。

一、研究教育体系构建

深挖黄河文化的历史内涵和时代价值,进一步深入研究阐发黄河精神,认真梳理、深刻阐发和教育普及黄河文化,坚定黄河文化是中华文明的重要组成部分,是中华民族的“根”和“魂”的信念。

（一）做好梳理工作

黄河文化是中华文明中最具代表性、最具影响力的主体文化。临黄河而知中国。《汉书·沟洫志》曰："中国川源以百数，莫著于四渎，而河为宗。"从文化区域发展视角看，黄河文化具有崇道、重德、贵礼等整体性、一元性特征。从上、中、下游区分，黄河文化包括河湟文化、关中文化、齐鲁文化、河洛文化等，这些文化特点不同，其差异共同构成了黄河文化的多样性和丰富性。河湟文化具有多民族交融性特征，关中文化具有重礼法的特质，齐鲁文化秉承了"仁德""王道仁政"模式，以河洛文化为代表的中原文化则具有外儒墨、内道法的深层文化结构。

所以，我们要在时空的横向坐标和纵向坐标上，以中央及地方相关部门为统领，充分做好文物资源、历史遗迹的调查，加强统计、分类、评估工作，完善文物分级分类名录档案，做好新时代背景下黄河文化资源的梳理分类与研究整理，绘制好中华黄河文化资源地图；建立权威的、动态的，涵盖人文历史、自然生态的黄河文化素材库和大数据平台，提炼出黄河文化精髓。[①] 建立黄河档案，根据历史脉络，探索黄河记忆，明确黄河典型文化地标，并根据历史演变进行专题化整理，让黄河文化真正"活起来""火起来"。

（二）加大研究力度

黄河文化历史悠久、源远流长、内涵丰富，作为中华民族精神的根与魂，其代表着中华民族优秀传统文化，因此应着力加大研究力度。黄河文化主要指发生在黄河流域的制度文化、抗洪文化、农耕文化、龙文化、历史文化等的总体概括。我们的农耕文明诞生于此，彩陶瓷器起源于此，儒家思想发展于此，道家文化传播于此，甚至于周易、诗经等文化经典均与此流域有着千丝万缕的关系。从古代来看，我国的王帝传承制度、科举用人制度、农耕地税制度，乃至今日的中国法律制度均在这里形

① 参见张晓欢：《紧抓黄河文化传承与创新的四个重点》，《经济参考报》2020年11月19日。

成并完善。因此,黄河文化内涵极为丰富,见证了我国历史朝代的兴衰更替,更凝聚了中华民族经久不息、团结一致的爱国情怀与民族精神。黄河文化是中华优秀传统文化的重要源泉和精华所在,更是一个潜力巨大的国民教育资源宝库。

在治理开发保护黄河的同时,进一步加大对黄河历史文化的研究力度,加大对黄河文化中的治水历程、历史名人、诗词歌赋、传统习俗、手工技艺、红色故事等的阐述力度,深入挖掘黄河文化的内涵和外延。整合相关高校、研究机构的专家学者成立中华黄河文化研究院,定期举办黄河文明国际论坛,努力打造黄河文化保护传承弘扬的发展平台;组织高等院校和研究机构的专家学者,规划一批研究黄河文化物质内涵、精神实质和时代价值的重大课题,推出一批高质量的研究成果,深化对黄河文化的内涵阐释和定性解读。在推动黄河文化研究成果转化方面,可编撰针对不同教育层次的、既通俗易懂又科学严谨的黄河文化教材和科普读物,在小学和中学阶段适当安排黄河文化普及课程,在高等院校开设黄河文化的选修课程,增进青少年对黄河文化的认知认同。

二、系统保护体系构建

(一)把修复生态环境放在首位

坚持把修复生态环境摆在压倒性位置,牢牢守住生态保护这条红线。我们应聚焦当前突出问题,统筹山水林田湖草治理,根据地方特点,以系统工程思维扎实推进水污染治理、水生态修复、水资源保护“三水共治”。以强化“河(湖)长制”为切入口,协调处理好江河湖泊、上中下游等关系,落实岸线开发、河段利用、区域开发和产业发展禁止、限制准入要求,加快改善流域生态服务功能。以沿黄生态保护治理为引领,推进黄河生态廊道建设,在黄河湿地生态修复、全域河渠综合治理、黄河生态廊道建设等方面持续发力,久久为功,着力把黄河建成造福人民的幸福河。建立黄河流域生态补偿机制是解决黄河流域生态环境保护与治理、推动黄河流域实现高质量发展、协调流域上中下游生态经济利益、调动各方流域保护治理积极性的有效手段。黄河流域与长江流域不同，主要受地形影响，呈现出水源涵养、水土保持、生态修复保护等环境问题，因此要坚持自然恢复与人工促进相结合，统筹布局实施国家和省、市、县各级造林绿化工程、水源地退耕还林还草工程、森林精准提升工程、生态廊道建设工程等多工程，推进黄河流域生态环境改善。[①]

（二）健全黄河文化生态保护体系

历史悠久、底蕴深厚的名城、名镇、名村是黄河国家文化公园的重要组成部分。目前，中国共有历史文化名城 123 座，分布在黄河流域九省的有 24 座。半坡遗址、老官台遗址、裴李岗遗址、石窟寺遗址、千里黄河大堤等文化遗址及水利图碑等文化遗物均凝结了厚重的黄河精神，具有重要的保护与研究价值。一些重要的遗址遗物因为保护不当，导致破损严重，这就迫切需要现代化生态保护技术。

《汉书·沟洫志》曰："中国川源以百数，莫著于四渎，而河为宗。"黄河流域也流传下来很多的非物质文化遗产，如近年来被列入世界非物质文化遗产名录的二十四节气，其历史可以追溯到遥远的《华胥历》《伏羲历》《夏小正》。另外被列入国家及省市县各级非物质文化遗产名录的唐三彩烧制技艺、汝瓷烧制技艺、洛阳肖氏烧伤自然疗法技艺、雀金绣技艺等，其历史可以追溯到唐宋时期，是黄河流域多种现代技艺之根。这些技艺，世代传承，是中华民族之魂，是黄河文化的"活化石"。因此应保护传承好黄河文化遗产，加大生态保护力度，打造中国特色历史文化标识和文化品牌。完善文化遗产保护制度，加强日常监测维护，建立定期巡查制度。另外，建立治黄工程遗址博物馆，以时间为线索，串联起历朝历代治理黄河的故事民谣等，将黄河治理文化的相关典籍等进行专题化、数字化展示。成立专业性、权威性的"黄河文化保护委员会"，主导黄河

① 参见董战峰等：《黄河流域生态补偿机制建设的思路与重点》，《生态经济》2020 年第 5 期。

文化系统性保护工作。

三、传播传承体系构建

(一)创新传播传承内容

黄河文化主要体现为历史的久远、生长的柔韧、共生的包容、奋斗的耐力和拼搏的精神,形成了中华文化自信最为深厚的根基和精神源泉,也为世界文明的可持续发展提供了精神力量。坚持以人民为中心的宗旨,坚持一切为了人民,一切依靠人民,从群众中来,到群众中去的原则。以文艺精品奉献人民,以文艺创作服务人民。积极挖掘黄河沿线各类民间传说、真实故事,以沿线艰苦奋斗的人民为主人公,根据他们的真实故事进行改编,以体现他们身上的黄河元素和黄河精神,让他们成为传播弘扬黄河文化最有力的声音。另外,及时更新传播内容,与时俱进,创新传播形式,引进先进技术(如 VR、AR、5G 等)进行传播,创作一批优秀文艺产品,如《河宝传奇》《黄河密码》《黄河小英雄》等动画、漫画、游戏作品,让黄河文化遗产"动"起来、"活"起来。

(二)丰富多元传播载体平台

加强"非遗"传承与相关文创研发,开展优秀剧目、地方戏种展演,旅游演艺,文艺创作等。丰富传播载体,一方面依托文化和自然遗产日、重要传统节日、重大纪念日等,开展黄河沿线重要文物和非物质文化遗产主题展示和传播活动。从经济社会发展角度考虑,建议成立"黄河文化日"和"黄河文化传承日",以更好地宣传黄河文化、黄河精神,增强黄河文化的"仪式感",提高人民的重视程度。另一方面,构建一批覆盖全面的教育载体,建设一批特色鲜明的保护传承项目,搭建一批沟通中外的传播交流平台。成立并运用好沿黄九省区"黄河之旅"旅游联盟和黄河流域博物馆联盟,推进"黄河文化博物馆"建设,共同搭建黄河文化传播弘扬平台,携手打造一批文化讲座、文化讲堂、文创比赛、演讲大赛、征文大赛等。同时加强与国外文化交流互鉴,提升其知名度,推动"黄河文化”走出国门、走向国际。

（三）借助新技术深挖黄河文化内涵

一方面，积极借助互联网、5G、VR、AR、大数据、人工智能、物联网等新技术，加大对黄河文化的传播传承力度，创新传播形式。建立黄河文化遗产大数据库，实时监测黄河水资源和文化资源动态。依托国家数据共享交换平台，提高文物遗址遗迹等的数字化水平，建立完善各类黄河专题数据库和遗产监测预警体系。同时，公共文化场馆也应加强数字化智能化改造，建设智慧文旅云平台和黄河流域实景三维平台、大数据平台，接入时空大数据平台，实现黄河流域所有数据的三维可视化表达与精细化管理。提升黄河文化资源数字化水平，搭建国际交流平台，推动黄河文化进校园、进社区、进课堂等。

另一方面，积极发展数字类科技文化产业，如数字动漫、数字动画、数字出版、影视影像等。各类文化产业也应主动更新关键技术，利用VR、AR等高新技术包装各类文化产品，提升产品附加值，加强文化产品体验，提升消费者的沉浸感与互动感。文化产业主体应加强对相关文化产品和消费者的大数据分析，建立实时有效的大数据中心，构建线上线下黄河文化传播“同心圆”。

四、价值弘扬体系构建

搭建黄河文化价值弘扬体系，以社会主义核心价值观为指引，以中华民族精神为依托，以黄河治理文化、黄河精神为主线，大力弘扬黄河文化背后的人文精神、科学思想、道德精髓，实现“延续历史文脉，坚定文化自信”。

（一）深入挖掘黄河文化时代价值

深入挖掘黄河文化作为中华民族精神的“根魂”作用，结合新时代背景与双循环新发展格局作出相关解释与阐述，挖掘其背后所体现的精神内涵与时代价值，助力坚守中国文化立场。充分利用当代融媒体渠道，做好黄河文化的时代解读与弘扬传颂,让更多中华儿女知晓、理解、传播黄河文化,绽放自强自立、顽强拼搏的黄河精神内核。

传承弘扬黄河文化,必须要深刻理解“黄河从哪里来、黄河文化从哪里来、黄河文化如何发展传承”的关键性问题。黄河文化有着忠厚、勇敢、包容、正直的思想内核,体现出吃苦耐劳、团结互助、勤劳朴实的主要精神。用好黄河流域博物馆联盟等平台载体,借助媒体传播优势,全方位、多视角展示黄河文化的物质内涵、精神实质和时代价值;结合社会主义核心价值观,促使黄河文化与其他优秀文化相融合,让黄河文化“活”起来,不断扩大黄河文化的国际知名度和社会影响力。

(二)着重推出黄河精品故事

讲好黄河故事,重要的在于弄明白为什么讲,讲什么和怎么讲。就眼下而言,首先,讲好黄河故事,就要对治黄历史进行全面建构。自古以来黄河经历了三次具有历史意义的改道。北宋之前,黄河从北线,即今河北、天津渤海湾入海,线路大概为:河南延津→滑县(滑台)→卫河→京杭大运河河北段→河北中东部→天津入海口。南宋至清代中后期,黄河从南线,即开封经菏泽、徐州、泗水(京杭大运河)入淮,占古淮河入海口入海。咸丰五年(1855 年),黄河再次改道,回到历史钟摆的中间位置,即从豫东一路向山东滨州、东营入海。黄河改道过程中涌现出了一批治黄人士,因此各地要加大本地区黄河故事、治黄名人的梳理力度,书写本地黄河故事。

其次,要加强对黄河文化的研究。黄河水和黄河精神哺育了中华民族。河南大力弘扬的红旗渠精神、焦裕禄精神、大别山精神,山东的儒家文化、齐文化、泰山文化、海洋文化等,历史上的河洛文化、大汶口文化、石家河文化、龙山文化、中原文化、江汉文化、大溪文化、仰韶文化、马家窑文化等均孕育于黄河文化,与黄河精神也有着千丝万缕的关系。这些都是不同时期黄河文化的反映,充分彰显了黄河文化的内涵。从审美趣味、社会结构、文化环境等方面探索建构黄河文化数据模块,以数据库为抓手保护传承弘扬黄河文化，为实现中华民族伟大复兴的中国梦凝聚精神力量。

再次，有代表性的地区要积极搭建黄河文化教育传承基地、国家爱国主义教育基地、研学实践示范基地等，为海内外同胞认识、亲近、感悟、体验黄河文化提供基本的场域与情境。

最后，要舍得投入人力、财力，舍得投入时间、精力，精心谋划，适时选择推出一批故事选题，进行重点扶持，推出黄河精品故事。不断推出能够增强人民精神力量的黄河主题文创产品，让黄河文化以青春的姿态、爆款的流量“飞入寻常百姓家”。

五、高质量发展体系构建

坚持文化与生态并重的差异化发展道路，坚持文化发展与经济社会发展紧密融合的高质量发展道路，着力推动黄河文化高质量发展体系构建，切实让黄河成为人民向往的“幸福河”，让“黄河产业”成为引领发展的“幸福产业”。

（一）坚持文化与生态并重的差异化发展道路

依托沿黄历史人文资源和自然景观资源，遵循文化与生态并重的开发方向，以沿黄地区农耕文化遗产为抓手，突出不同区段的地域乡土文化特色和生态特点，培育发展一批历史文化传承、民俗风情展示、健康养老养生、休闲度假、观光体验类特色旅游村镇。围绕特色农副产品加工、传统手工艺等劳动密集型产业培育发展一批特色产业小镇；围绕电子商务、文化创意、创新创业等培育发展一批特色服务小镇，形成“一镇一景、一镇一色、一镇一韵”的差异化发展格局。其中多地市已做出榜样，如河南省坚持优质文艺创作，推出了《黄河故事》等系列文艺作品；陕西省则着力推动文旅融合，全面启动沿黄旅游带建设；山西省将文旅产业纳入战略支柱型产业范畴，谋划黄河旅游板块；山东省则重点建设黄河入海口，将其打造成山东名片……各地区都应该准确把握自身定位，根据各地特色与优势,错位发展,着力推出适合自身发展的文化、生态并重的差异化发展之法,在“黄河大合唱”中唱出自己的声音,吹响自己的赞歌。

(二)坚持文化发展与经济社会发展紧密融合的高质量发展道路

各地应该因地制宜,宜水则水、宜山则山,宜粮则粮、宜农则农,宜工则工、宜商则商,根据地方特点探寻文化与经济共同发展的高质量发展之路。如粮食主产区(山东、河南等地)应主动提升农产品质量,发展智慧农业、现代农业、绿色农业。黄土高原地区加强水土保持,减少水土流失,推出示范基地,提升文旅融合质量。沿海城市、区域中心城市等经济发展条件好的地区要集约发展,提高经济和人口承载能力。较不发达地区要提高基础设施和公共服务水平,全力保障和改善民生。要积极参与共建“一带一路”,提高对外开放水平,以开放促改革、促发展。

国家文化公园建设应与黄河流域生态保护、特色优势产业培育发展和城乡空间优化提升紧密融合,全力推动黄河文化资源发展与沿黄经济社会发展紧密融合。同时,厘清黄河文化、区域文化、地域文化之间的关联,盘活黄河文化资源创新发展优势。各地区因地制宜,按照产业带动、乡村旅游、生态文明、民俗特色等不同类型进行打造。

沿黄各地区可基本分为以下几种类型:(1)产业拉动型。主要围绕高效农业、现代农业、文化创意、出版印刷等产业展开,打通全产业链,提升产品附加值。(2)乡村旅游型。充分考虑地区自然环境、资源禀赋、发展前景、人口流动、交通条件等多因素,不要人云亦云,要提升文化元素含量,打造独具地方特色的旅游乡村。(3)生态文明型。建设良好生态,注重水资源涵养,保护人居环境,利用新技术打造新时代全新的黄河沿线景域。(4)民俗特色型。加大黄河文化非物质文化遗产的传承力度,根据地方民俗特色,着重推出地方节日、地方庆典、地方活动,提升民俗文化影响力,为乡村振兴助力。

第五节　创建黄河文化创新共同体

一、加大政策支持

深入开展黄河立法基础性研究工作，研究制定《黄河保护法》等相关法律，编制《黄河国家文化公园建设保护规划》。建立健全政府、企业、社会组织和公众共同参与的黄河保护管理的长效机制，创新沿黄河旅游景区和涉旅文物单位相融合的体制改革，对黄河文物资源、遗址遗迹实施公园化管理与运营方式，打造集观光旅游、宣传教育、文化弘扬、陶冶心性等多功能于一体的空间运营综合体。

各地应主动健全完善相关扶持政策和保障体系，出台文化公园引导性政策，完善相关补贴、奖励、支持类政策，落实减税降费政策，引导和鼓励社会力量参与黄河文化旅游产业项目和公共服务体系建设。加快构建有利于推动黄河文化新业态发展的制度体系，完善相关的组织领导、政策引导、文化管理、资金扶持、人才支撑、评价考核体系等。各地区应根据国家发布的黄河国家文化公园总体规划，做好适合本地发展运营的规划设计，建立"全国一盘棋"的建设格局；相关部门做好规划落地实施考核，形成黄河文化高质量发展的良好局面。

二、加强多方联动

城市群是推动经济高质量发展的重要支撑和战略载体。在推进"黄河战略"过程中，我们要从"国家高度、历史眼光、区域发展"的不同维度，明确战略定位，理清发展脉络，加快"沿河、跨河、携河、融河"的战略推进。建议成立由水利部、财政部、文化和旅游部等部门共同参与组建的黄河文化保护传承工作专门领导机构，系统构建黄河文化遗产保护传承战略规划与体制机制，推动黄河流域连片建设。

另外,借鉴黄河中下游成立“黄河中西部战略联盟”的经验,可以成立由黄河流域各省(区)参加的具有权威性的“黄河文化保护委员会”,完善流域跨区域管理协调体系,建立沿黄地区污染防治联防、联控、联动机制;完善河长制、湖长制组织体系,加强流域内水生态环境保护修复联合防治、联合执法。推动黄河沿线兰西城市群、关中平原城市群、中原城市群、京津冀城市群之间的资源互补、文化互通、经济互动与产业互促,加强上、中、下游生态保护与产业发展双向并行的联动机制,形成黄河流域上、中、下游一体化发展的布局,为推动产业发展与生态保护并行作出贡献。

三、推动产学研深度融合

党的十九大报告将高校、科研院所、企业的深度融合提到了新的高度,从过去的“紧密结合”到现在的“深度融合”,说明了高校、科研院所、企业仍需要在产业领域、人才领域等进一步融合发展。黄河文化是中华文明的根与魂,黄河产业也进入了如火如荼的发展阶段。而在这个发展过程中,离不开人才的支持和技术的指导。为了更好地连接资源,加强产学研深度融合成了推动黄河产业高质量发展的必由之路。在人才培养、科技创新、服务社会等方面深化合作,能实现资源共享、优势互补、互动双赢、共同发展。

利用产学研合作,可以把高等院校、科研院所的技术、人才等资源和先进成熟的技术成果尽快地转化为生产力,不断提升黄河相关产业的技术和管理水平,科研成果转化便是实现从技术到生产、从理论到实践的伟大飞跃。[①] 校企之间应通过多种形式全面合作,充分发挥项目、技术、人才等资源的集聚效应和规模效应,群策群力,切实为黄河产业科技创新注入新的活力,为黄河幸福产业的打造作出积极贡献。

① 参见李浩:《促进产学研深度融合》,《中国社会科学报》2019年8月20日。

第三篇

勇于开拓创新，丰富黄河文化产业实践

第五章　立足新实践，解析沿黄产业规划案例

第一节　县域产业规划

——以贵德县为例

一、黄河上游产业形态分析

黄河生态系统作为一个有机整体，需要依据上、中、下游地区的差异化发展进行重点保护，按照黄河流域建设要求，在明确不同流域生态功能定位的基础上进行统一规划，科学施策，构建黄河流域生态安全新格局，为发展黄河流域各类文化产业、推动产业融合提供保障。目前来看，黄河上游地区生态系统整体呈现水源涵养功能下降、循环系统退化的现象；中游水土流失严重，汾河等支流污染问题较为严重；下游生态流量较低，一些地方的河口湿地面临萎缩干涸的险境。此外，工业、农业及城镇生活的污染问题也对上、中、下游地区生态保护造成了一定程度的影响。基于此，为保障黄河流域经济社会的可持续发展，保证流域内自然、人文、生态实现良性循环，需要以黄河流域整体生态系统为基础，打造“上游水源涵养，中上游水土保持，中下游环境治理，下游及河口生态重建”的复合型生态环境保护体系。

习近平总书记指出:“当前黄河流域仍存在一些突出困难和问题……这些问题,表象在黄河,根子在流域。”①因此要始终贯彻“以水定城、以水定地、以水定人、以水定产”的原则,协调处理好“水域—岸线—城市群”的自然与人工复合生态系统的互动与制约关系,落实黄河流域资源开发的环境保护刚性约束。各个流域要做到差异性地分区、分片、分类化治理,在持续提高黄河流域生态环境水平的同时推动流域内文化、经济等可持续发展,实现黄河流域上中下游、干流与支流、水域与陆域、自然与人文生态环境的系统性、统一性保护,统筹布局、协调推进流域水资源保护和水污染防治工作,深化黄河流域资源、生态、人文的综合保护管理。

具体来看,黄河上游地区包括河源段、峡谷段和冲积平原段,分布于内蒙古托克托县河口镇以上,河道全长 3472 千米,流域面积占全域面积的 53.8%。针对黄河上游地区水源涵养功能下降,循环退化给两岸生态产业带来的影响,要科学设定青藏高原草地的环境容量,严格控制畜牧规模,减少民众日常活动的影响;强化高原冻融地质灾害和鼠、兔灾害防治,通过生态补偿等方式帮助地方生态发展,建立自然保护区、地质公园等,保护上游生态系统,提高水源涵养能力。

一是要加强对水源的涵养。黄河上游地区畜牧业发展迅速,再加上河流干涸,湖泊、沼泽湿地等萎缩严重,造成了植被退化和沙化现象,降低了水源涵养能力,生态功能降低。应坚持保护优先原则,对各种不利于水源涵养的行为进行限制或者禁止。在开展退耕还林还草、天然林保护、封山禁牧等生态建设工程的同时,完善湖泊—湿地—草原—沙漠等生态系统的监测与管理,实时掌握黄河上游生态环境演变规律,加快推进水源涵养治理。合理调控流域水文生态,以自然保护为主,生态建设为辅,扩大湖泊和湿地保护范围,保障水源涵养功能的正常发挥。

二是要努力打造黄河上游生态人文良性循环载体,建立以国家公园为主体、自然保护区为基础、各类自然公园为补充的自然保护地管理体

① 习近平:《在黄河流域生态保护和高质量发展座谈会上的讲话》,2019 年 9 月 18 日。

系。首先要做到对上游自然生态的整体性、系统性保护，严格管理区域内的林草生态资源，维护林草资源安全，保护自然生态系统的原真性、完整性。其次，要明确黄河上游自然生态保护的功能定位，将黄河上游特色文化要素纳入保护之中，展现黄河文化的传承性，实现自然生态与历史人文的相互映照与良性循环。

黄河发源于巴颜喀拉山，三江源是黄河的主要水源涵养区。黄河上游水源涵养区对黄河流域水资源可持续开发利用具有决定性的作用。处理好黄河流域生态保护与高质量发展的关系，对落实“创新、协调、绿色、开放、共享”的发展理念，形成新的发展格局和模式，具有重要的战略意义。青海贵德作为河源段，是黄河流域重要的水源涵养与补给区。贵德县地理位置优越，多湖泊、草地、沼泽，河水清，产水量大，是“中华水塔”的重要组成部分，是发展黄河文化产业的重要载体。

近年来，贵德大力强化生态环境保护，不断提升城市承载能力。实施国土绿化提速三年行动计划，开展黄河绿色屏障、城乡绿化美化、高标准绿色通道等八大行动，推进重点公益林保护、人工造林、退耕还林、黄河流域生态保护、黄河北岸湿地水生态保护等生态建设工程。不断加快农田水利工程，建设完成黄河南北岸农村牧区饮水巩固提升项目、黄河南北岸防洪治理工程、黄河南北岸渠道灌溉工程、黄河干流防洪工程等，致力于提高地区防洪安全与灌溉保障。实施黄河流域生态综合治理及流域涉水企业全面达标工程，持续推进天然林保护、湿地保护、草原生态奖补、生物多样性保护、防沙治沙等专项工程，巩固和扩大生态安全屏障建设成果。加强黄河干流堤防护岸建设、中小河流治理、山洪灾害防治，构建中小河流和山洪灾害易发区的灾害监测预警预报系统，形成“一轴三带一圈”的防洪减灾格局。积极推进黄河生态廊道贵德段建设，充分利用地处黄河沿岸和西宁“一小时交通圈”优势，加快城市基础设施和公共服务设施建设，构建多样化的交通服务网络，增强城市承载能力。

同时，贵德大力推动黄河产业发展，积极促进旅游与文化、农牧业、工业、商业等的融合发展。加快建设黄河生态经济带,以“黄河廊道”为龙头,做大、做强、做响“天下黄河贵德清”核心龙头产品,打造一批精品路线,着力建设全国著名的黄河流域明珠型卫星城市。推动黄河农业产业创新升级,以黄河清省级农业科技示范园区为核心,提升薰衣草观光体验园、黄河孔雀苑、玫瑰花种植基地、三兄弟生态农业观光园、源源水乡生态农业观光园等园区发展质量,建成一批蔬果采摘、花卉观赏、休闲垂钓等园区,配套建设农事体验、农家休闲、餐饮娱乐、道路景观、绿化美化等设施,推动休闲观光农业发展,打造贵德县休闲农业品牌。加快黄河滩地露地蔬菜产业带建设,积极打造尕让乡黄河滩涂地等为主的露地蔬菜种植基地,开发“黄河清—高原野沙浆”等地方特色产品。

大力发展黄河旅游产业,串联黄河沿岸自然、人文旅游资源,重点推广清清黄河经典游、七彩丹霞风情游、民族文化体验游等 6 条主题旅游线路,推动旅游线路联通、旅游设施联建、旅游产业联动。依托黄河文化,坚持产业、文化、旅游“三位一体”和生产、生活、生态“三生融合”,规划培育“小而美、新而活”的黄河文化特色小镇。开展黄河文化旅游节、六月会神节、宗喀拉则文化旅游节等节庆文化活动,打造节庆文化旅游品牌。强化旅游产品供给,注重从黄河文化渊源、历史文化底蕴、地域文化特色、民族民俗风情等方面提高旅游、文化、产品融合度,扩大旅游供给总量,开发融合型旅游产品,编排具有地方特色的舞台剧,打造符合贵德特质的文化演艺产品、文化演艺场所。大力发展黄河体育产业,成功举办了抢渡黄河极限挑战精英赛、黄河文化旅游节、环青海湖国际公路自行车赛、全国皮划艇邀请赛、国际自行车速降赛等重大文体赛事活动。

二、规划背景分析

(一)规划背景

贵德向来有“中华水塔”之称。贵德县地理位置优越,在黄河上游区域中有着重要的战略地位。此次规划在编制过程中对贵德县的人文地理、文化价值等进行了深入的探索,对贵德的区位优势、产业优势等做了详细调研。

一是人文生态资源富集。贵德作为多民族聚居地,多元文化在此交融碰撞,积淀了丰富厚重的历史人文资源。第三次全国文物普查数据显示,贵德县共发现各类文物保护点 449 处,各有全国、省级、县级重点文物保护单位 3 处、26 处、56 处。尚尤则柔、拉伊、六月庙会等一批国家级、省级非物质文化遗产成为贵德民族民间文化的生动见证。贵德素有"高原小江南""梨都之乡"和"西宁后花园"的美誉,自然生态资源得天独厚,"天下黄河贵德清"成为贵德发展的金名片,丹霞地貌是贵德最具代表性的自然景观。

二是文化品牌深入人心。贵德牢牢把握在全省旅游发展"一圈三线三廊道三板块"格局和黄河旅游景观廊道中的特殊地位,不断拓宽外界认知贵德、观光贵德、投资贵德的路径。"天下黄河贵德清"的金字招牌为贵德旅游产业树立了独特的形象标志。贵德古城在戍边卫城中的历史作用,赋予了贵德"和合和谐、屯边屯垦"的精神文化标识。玉皇阁古建筑群集儒、释、道为一体,是贵德多元文化、多种宗教融合相安、和谐共存的历史见证。

三是区位地缘优势叠加。贵德位于青海省东部,地处黄河上游龙羊峡与李家峡之间,属黄土高原和青藏高原的过渡地段,是黄河流域生态保护和高质量发展国家战略的重要组成部分。贵德距省会西宁市 87 千米,距海南藏族自治州恰卜恰镇 158 千米,在青海"四区两带一线"区域发展格局、"一圈三线"旅游发展布局以及环西宁"一小时经济圈"中占据重要的区位优势。依托沿黄高速、通用机场、航运中心等重大交通基础设施建设项目,贵德现代化综合交通运输网络不断完善,成为环青海夏都旅游圈、三江源生态旅游线的重要组成部分和过境节点。

四是产业支撑基础稳固。贵德地处农耕文明与游牧文明的交融地和能源富集地,现已形成生态农牧、文化旅游和清洁能源三大优势产业。

通过全面推进休闲观光农业发展区、特色种养高效示范区、农牧交错生态循环发展先行区、草地生态畜牧业试验区、沿黄养殖适度开发带的"四区一带"建设,贵德特色农牧业、农副食品加工业、清洁能源产业由间接为文化旅游服务向直接融入文化旅游产业转变。电子商务、信息技术等现代服务业发展迅速,助推农畜产品、手工艺品、旅游商品交易额持续攀升。

"十四五"时期是贵德县由全面建成小康社会向基本实现社会主义现代化迈进的关键阶段。为加快贵德文化及相关产业高质量发展步伐,全面融入黄河流域生态保护和高质量发展国家战略,打造全省沿黄生态经济带发展龙头,贵德县主动融入国家及省州、县域层面的战略机遇,高标准制定"十四五"阶段贵德文化产业发展的专项规划。

——国家层面的战略叠加红利。"十四五"时期,黄河流域生态保护和高质量发展战略必将紧密叠加文化强国、全域旅游、全民健身、"一带一路"、乡村振兴等一系列国家战略,为贵德弘扬优秀传统文化、优化特色产业结构、深化文化与相关产业融合提供集成化的政策保障红利,将有利于贵德探索生态效益、经济效益、社会效益最大化的高质量发展新路径。

——省州层面的转型升级契机。新时期,青海省正着力打造国家清洁能源、国家公园和高原美丽城镇示范省,创建全国绿色有机农畜产品和民族团结示范省,同时提出加快沿黄河生态经济带建设,推动泛共和盆地可持续发展,打造全省新的经济增长极等一体化转型发展目标。伴随省州两级资源、资本、劳动力配置的不断优化,经济迈向高质量发展的有利因素在不断积累,贵德文化及相关产业发展活力将持续迸发。

——县域层面的内外发展潜能。贵德成功创建国家体育产业示范基地、国家生态文明建设示范县和省级文明城市,成为国家全域旅游示范区创建单位,全县"五位一体"发展基础不断巩固。"兰西城市群"和"大西宁"战略快速推进,撤县设市进程正不断加快,贵德已成为青海省重点培育的新兴城市之一。伴随对口帮扶的不断深入,贵德与南通及东部地区未来将在资本、人才、技术、平台、项目等各领域实现更大范围的合作发展。

(二)规划过程

2020 年 4 月 25～30 日，泺尚创意咨询研究院院长陈旭，泺尚创意咨询研究院首席特聘专家、文化产业山东省文化科技重点实验室主任昝胜锋，规划资深专家周朋飞，规划设计师张逸凡一行就《贵德县文化产业“十四五”发展规划》项目赴贵德县展开实地调研和座谈交流。

调研期间，课题组举行了贵德县文化产业“十四五”发展专题座谈会，认真听取相关汇报并展开深入交流。贵德县文体旅游广电局局长孙振刚就“中国德文化高地”“山水土石文化高地”等一系列发展定位进行发言，提出在黄河流域生态保护和高质量发展上升为国家战略的背景下，贵德传承创新黄河文化和“讲好黄河故事”仍任重道远，黄河文化应是贵德文化产业发展的主脉络，并针对“十四五”期间的重点任务、重点环节提出建议。

贵德县文体旅游广电局副局长吴德林、赵启霞，文化执法大队队长吴焱等先后陪同实地调研。调研组深入考察了黄河沿岸文化生态保护带、国家地质公园和国家湿地公园、贵德古城片区、贵德文化旅游产业园，先后走访调研了县文化馆、图书馆、县博物馆、玉皇阁、全民健身中心、松巴民俗文化旅游村、黄河奇石苑、青海青藏蜜蜂良种养殖场有限公司、贵德县藏巴拉雪域文化工艺品开发有限公司、布绣嘎玛文化产业园区、青海三兄弟生态农牧科技有限公司等地，对贵德县文化产业的规模质量、优势业态、载体项目、产业融合与发展环境等进行了深入调研。

三、规划内容解读

(一)发展思路

本规划内容以习近平新时代中国特色社会主义思想为指导，全面贯彻党的十九大和十九届二中、三中、四中全会精神，严格落实黄河流域生态保护和高质量发展国家战略和全省“一优两高”战略，紧紧围绕健康向上、品质优良、种类丰富、业态多样的文化旅游体育产品供给环节，以满足人民日益增长的美好生活需要为出发点和落脚点，以高质量发展为目标，以融合发展为主线，以改革创新为动力，以党的建设为保障，扎实推进公共服务补短板、提效能，遗产保护利用强基础、上水平，文旅产业强主体、提质量，市场管理两手抓、两加强，努力推动文化及相关产业发展再上新台阶，为贵德建设全省沿黄经济发展带龙头城市和全省新经济增长极提供强大的精神动力和文化支撑。基于此，规划在严格按照相关文件要求的基础上，坚持以下几项原则：

——坚持双效统一、统筹协调。牢牢把握文化产业意识形态属性与产业属性，坚持社会主义先进文化前进方向，切实引领贵德文化产业实现更高质量、更有效率、更加公平、更可持续发展，以高质量产品供给增强群众文化获得感、幸福感。统筹推进公共服务体系和现代产业体系建设，综合提升全县产业空间布局、业态构建及城乡协同水平，探索文化传承、产业发展与生态保护的协调共进模式。

——坚持生态优先、绿色发展。牢固树立“绿水青山就是金山银山”理念，强化生态保护、文化保护对贵德经济社会发展的重要地位。综合统筹古城、黄河、山地、草原等重点人文自然生态保护工作，严守自然生态保护红线，正确处理文化遗产保护利用关系，实现两大生态系统的良性循环。贯彻落实“生态、循环、数字、飞地”经济形态引领战略，以文化旅游为核心构建低碳循环产业体系，践行绿色发展方式和生活方式。

——坚持固强固优、补缺补短。始终将贵德特色资源禀赋作为内生优势，在培优做强三大产业基础上，积极适应文化及相关产业的新常态、新环境、新任务，重点针对文化旅游产业质量效益不高、投资引智环境较差等关键问题和产业结构不合理、区域发展不平衡的现状，提高资源聚焦、要素聚焦、政策聚焦水平，着力破解制约文化及相关产业发展的体制机制、财税金融、人才队伍等短板环节。

——坚持创新发展、开放合作。坚持以理念创新带动全县文体产业融合的机制创新、模式创新，以科技创新促进传统文化业态的产品创新、技术创新，推动传统业态提效益、新兴业态提规模、复合业态提潜能。积极融入兰西城市群发展战略和宜居宜业宜游“大西宁”发展格局，提高与全省及周边地区的产业协同发展水平。充分发挥对口帮扶平台作用，努力扩大与东部地区的互惠合作范围。

“十四五”期间，贵德县文化及相关产业实力显著增强，成为全县国民经济的重要支柱型产业，构建形成“中国山水土石文化亲近体验高地、‘和合和谐、屯边屯垦’乡愁文化体验高地、黄河源区传统文化教育体验高地、身心休闲运动康乐体验高地”的品牌体系，发展成为黄河文化全流域保护传承弘扬地标区与高质量发展样板区、全国著名的高原生态旅游城市、休闲养生度假区和全省文化旅游发展示范城市。

此外，课题组又根据产业能力圈层理论，制定符合贵德实际的“1+2+3”的具体发展目标体系。

首先，要在核心竞争能力上实现“一体跨越”。“十四五”期间，贵德文化产业规模、质量、效益实现一体跨越。文化产业增加值年均增速保持8%以上，到2022年、2025年增加值占GDP比重分别达到5.05%、5.45%。全县文化企业法人单位、规模以上文化企业、文化产业从业人员数量实现较快增长，推动一批产业项目跻身国家级或省州级示范园区、示范基地、试验区行列。文化产品体系迈上新台阶，工艺美术、民俗节庆、演艺赛事等传统产品更新换代频率加快，信息科技、数字创意、智慧旅游、智慧体育等战略新兴产品占比达到40%以上。

其次，要做到链条整合能力实现“两大突破”。一方面，产业融合深度实现突破。“十四五”期间，贵德文化、旅游、体育产业强链、补链、延链成效显著，文化与生态、农业、工业、康养产业融合深入推进。到2025年，全县文体旅融合型产品比例力争达到90%以上，文化与相关产业在项目、活动、平台、技术等方面的融合度大幅提升。另一方面，供需匹配能力实现突破。“十四五”期间，贵德文化及相关产业供给侧改革深入推进，文化旅游产品的品种序列、推广宣介和终端销售体系趋于健全，留宿经济、夜间经济培育成型，文化旅游总收入年均增长25%左右。到2025年，特色产业“文创化”覆盖率达到100%，本地人均教育、文化、娱乐消费支出占比达到15%以上。

最后，在效益溢出能力上实现“三大升级”。一是在公共服务能力方面做到持续升级。“十四五”期间，贵德文化、旅游、体育公共设施网络不断完善，设施利用效能显著提升，公共文化机构法人治理结构及文化馆、图书馆总分馆制建设等改革任务顺利完成，文化和旅游公共服务机构功能融合试点和政府向社会力量购买公共服务体系成效显著。二是在产业发展方面实现显著升级。“十四五”期间，贵德异地搬迁区形成“一区一业”“一村一品”的文化产业新模式，以文化产业为纽带的“一二三产”利益联结机制基本完善，文化产业直接受益率达到40%。乡村振兴战略取得丰硕成果，乡土文化能人队伍进一步壮大，贵德成为青海乡村振兴的典型样板。三是在生态共建能力方面做到稳步升级。“十四五”期间，贵德生态产业化和产业生态化特色经济体系初具雏形，黄河流域生态保护和高质量发展战略取得预期成效。结合海南安多藏族文化生态保护实验区建设，全县文化遗产实现整体性保护，古城片区人文生态实现系统修复，贵德黄河的时代价值与黄河故事得到系统阐发。

为明确“十四五”时期贵德文化及相关产业发展导向，充分发挥贵德在黄河高质量发展战略以及省州、县域一级中的产业作用，确保相关目标的顺利实现，制定以下战略路径：

——黄河文化隆起战略。紧紧抓住黄河流域生态保护和高质量发展上升为国家战略的重大历史机遇，将黄河文化作为贵德文化发展的主脉络，高标准推进黄河文化全流域保护传承弘扬与高质量发展工作。构建贵德黄河文化系统保护、研究教育、传承传播、价值弘扬、创新发展五大体系，持续擦亮“天下黄河贵德清”地域品牌，讲好“黄河故事”“贵德故事”，传承弘扬“以和为贵、重在养德”“河清海晏”等优秀传统文化精神。坚持以水定城、以水定地、以水定人、以水定产，构建宜水则水、宜山则山、宜农则农、宜牧则牧的现代产业体系。

——产业圈层融合战略。坚持以生态经济、循环经济、数字经济、飞地经济四大经济形态为引领，打造“核心产业＋延伸产业＋支撑产业”的大文化产业圈层。聚焦研发、生产、流通、销售环节，推动文化、旅游、体育三大核心产业与住宿餐饮、商业贸易、养生保健等支撑产业和现代农牧、信息技术、金融信贷、绿色加工、清洁能源等延伸产业的深度融合，开拓全域化规划、全景区建设、全要素构建、全时空打造、全产业融合、全社会参与的大文化产业生态格局。

——数字技术赋能战略。全面衔接青海“1119”数字经济发展促进体系和贵德智慧城市建设战略，搭建“云上贵德”数字经济发展构架，率先在文化旅游领域推进数字产业、产业数字、数字生态工程。发挥洛藏科技的行业龙头作用，拓展电子产品、电子商务、信息检索、双语融媒、云存储、线上平台等文化科技融合业务市场，加快推进“3＋1＋2”智慧旅游服务体系，鼓励发展智慧休闲农业平台，全面提升文化旅游生产智能化、经营网络化、管理高效化、服务便捷化水平。

——品牌联创联建战略。在巩固国家级文化产业示范基地、国家体育产业示范基地创建成果的基础上，建立城市产业品牌长效维持机制，加快推动众多创建成果转化为城市无形资产和品牌效应。结合贵德“五城同创”工程，统筹生态、文态、业态布局，推动国家文明城市、国家卫生城市、国家级生态文明建设示范县、国家园林城市、省级森林城市等在创品牌的联动创建，节约创建资源、提高创建效率，确保国家全域旅游示范区通过验收。

（二）空间布局

此次《规划》中对空间布局的确定是根据贵德“十四五”时期城镇发展与特色产业布局思路，基于全县文化产业资源、要素与载体分布现状，充分衔接《贵德县城市总体规划(2015～2030年)》《贵德县全域旅游发展规划(2017～2025年)》,以弘扬黄河文化为"芯",统领文化产业整体空间布局,加快形成主题统领、梯次扩散、错位发展、节点辐射的文化及相关产业高质量发展格局。图5-1为贵德县"十四五"文化产业空间布局图。

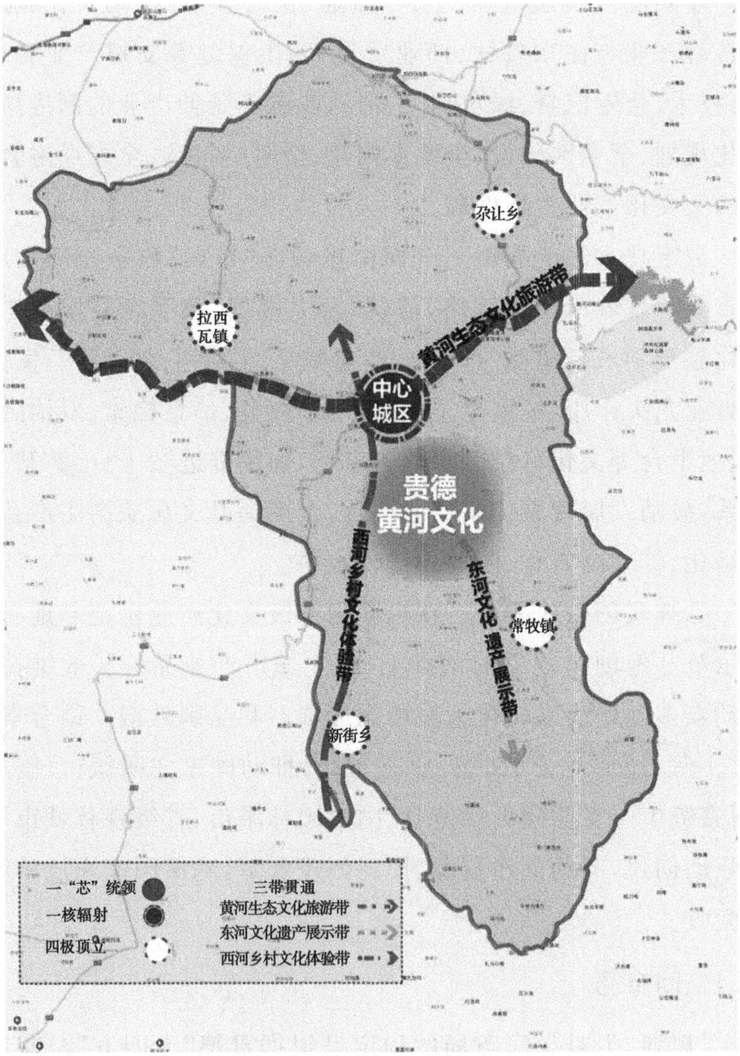

图5-1 贵德县"十四五"文化产业空间布局

1.一“芯”统领

贯彻落实习近平总书记关于“黄河文化是中华文明的重要组成部分，是中华民族的根和魂”的重要论断，将黄河文化塑造成为引领贵德优秀传统文化保护传承弘扬与产业高质量发展之“芯”。

重构大河精神的历史记忆空间。利用“线上＋线下”形式，重构由先民起源时空长廊、河湟卫城记忆图谱、大河奔流景观长卷组成的贵德“人—城—河”三重历史记忆空间。梳理黄河文化与马家窑文化、卡约文化、仰韶文化、昆仑文化、唐汪文化的传承脉络，推动古城池、古长城、古渡口、古会址、古书院等历史精神空间的再生再现与创新开发。

彰显贵德城市的精神文化标识。利用“物质＋非物质”形式，构建“尚和合”“求大同”的城市文化精神体系。依托城市风貌、功能节点、公共设施、产品服务、重大活动等载体，策划落地集科普性、体验性、参与性、互动性为一体的系列景观小品、公共空间，提高城市地标和主要街道标识设计水平，将黄河“兼容并蓄、博采众长”与贵德“人贵有德、尊道贵德”的精神相结合。

2.一核辐射

依托贵德中心城区，以迎宾路为主轴，串联河阴镇、河东乡、河西镇优势资源，打造河阴传统文化复兴组团、河东文化商贸休闲组团、河西特色产业融合组团，构建贵德文化的主展示区和全县文化产业发展的引领核、旅游服务集散地。

3.四极顶立

差异化培育拉西瓦镇、常牧镇、尕让乡、新街乡产业体系，打造贵德四大特色产业增长极。拉西瓦镇依托中心镇建制优势和能源产业基础，大力发展以水电能源业、水电观光体验为支撑的文化旅游业。常牧镇发挥全县唯一以牧为主的产业特色，重点发展高原牧业观光及体验旅游市场。尕让乡依托西久公路交通优势和农业、商贸业产业基础，发展绿色有机食品、中药材等的贸易、仓储、集散业态。新街乡依托高海拔生态优势和民族集聚特色,重点发展绿色农旅产品加工和高原观光、山地体育旅游业。

4.三带贯通

以贵德中心城区为基点,串联黄河、东河与西河沿岸线状资源,打造黄河生态文化旅游带、东河文化遗产展示带、西河乡村文化体验带。

黄河生态文化旅游带是黄河文化一“芯”统领的直接体现。稳妥实施黄河沿岸拆违拆临的后续改造提升工作,确保黄河沿岸各类开发活动处于资源环境承载能力之内。统筹推进黄河北区与南岸生态保护、产业统筹、风貌塑造,依托北区田园综合体,发展旅游服务、养生度假、旅游休闲、旅居养老项目。依托地质公园、湿地公园等重大项目,链接沿途自然人文名胜,持续优化沿黄风景带、绿道和步道系统,努力申报创建国家级环境教育、生态环境修复、生态环境科普、生物多样性展示基地。

发挥东河流域历史文化资源富集优势,高标准推进龙王庙、东沟遗址等沿岸文化遗产保护工作,联动沿途村落和寺院,打造以“寻迹大河文明”为主题的历史考古游、禅修体验游,策划落地文化标识系统和导视系统,完善重要节点的旅游配套服务设施。

依托西河流域蔬菜产业带发展基础,引导沿线村庄做强特色农业种植产业,因地制宜打造一批蔬果采摘、花卉观赏、休闲垂钓特色村,融合养生、创意、教育功能,配套提升农事体验、农家休闲、餐饮娱乐设施水平。

(三)重点任务

此次规划编制在创新提升贵德各类传统及新兴业态的基础上,部署实施文化产业“2+4”重点任务,以人文生态保护开发工程、产业创新生态构建工程为统领,稳步推进重大项目提档、数字经济赋能、乡村扶贫合作、产业飞地协作四大行动。其中在两大系统的实施中,重点提出了关注黄河流域人文生态保护的开发及黄河文化产业生态系统构建,以人文生态保护为根基，以产业生态构建为动力，夯实贵德黄河文化产业高质量发展的双维度生态基础。

1.人文生态保护开发工程

坚持保护优先、整体保护、见人见物见生活的理念，以黄河文化为主脉络，分类推进贵德人文环境、自然环境和非物质文化遗产保护开发，实现“遗产丰富、氛围浓厚、特色鲜明、民众受益”的保护开发目标。

持续开展文物普查定级。深入推进黄河沿线重点地区文化遗产普查，尽快划定部分县级文保单位保护范围和建设控制地带，全部实现各级文保单位的“四有”保护。建设国家级黄河文化遗产廊道，打造黄河文化博物馆、贵德黄河文化遗产数据库。持续推动一批重点文物定级申报工作，争取将尕让白马寺申报为第八批国家级重点文物保护单位，将贡巴寺、长佛寺等申报为第十批省级文物保护单位。加强普查成果的管理和利用，探索建立分类分级文化资源管理制度，制定仍果岩画等重点文化资源开发规划，建设壁画展览馆、中国岩画保护研究中心。积极申报和实施文保单位文物本体维修和环境整治项目。

拓展“非遗”活态传承渠道。完善“非遗”常态化普查制度，实施“非遗”数字化普查和记录工程，持续开展“非遗”项目及传承人的普查追溯，制定实施“非遗”“六个一”保护计划，争取将六月庙会申报为国家级非物质文化遗产项目。加快推进尚尤则柔传承保护中心建设，鼓励和支持尚尤则柔、拉伊、鹿舞、皮影戏及唐卡、木雕制作技艺传承人和民间艺人开展传习活动，继续推进“非遗”进景区工作。以尚尤则柔、鹿舞、皮影戏等“非遗”文化和传统为依托，鼓励演艺团体精心编排传统文化节目，丰富舞台艺术形式。打造若干“非遗”教育传承基地，实施传承人群研培计划，提高广大传承人群传承实践能力。拓展尚尤则柔等“非遗”传承活动商业赞助渠道，探索以项目带人才的方式对传承人给予资助、补贴和奖励。

优化人文自然生态环境。统筹推进历史文化名镇、自然保护区、风景名胜区的整体性保护，将村镇建设与生态保护、农牧产业、旅游发展相结合。优化提升乡村风貌水平，合理保护传统村落、民居，体现农村特点，将传统表演艺术类、技艺类、民俗类、体育类、医药类“非遗”项目纳入高原美丽乡村规划、乡村振兴工程，助力乡风乡俗文化建设。重塑石峡飞瀑、文昌仙阁、丹霞千佛等贵德新八景，构建旅游核心吸引物。在现有生态补偿机制的基础上，探索在县域公益林区、自然保护区、森林公园、地质公园和湿地公园设置公益岗位，建立动态调整机制。贵德县“十四五”人文生态保护开发工程如表 5-1 所示。

表 5-1　贵德县“十四五”人文生态保护开发工程

项目名称	项目内容
重点文物保护利用项目	黄河沿线片区：贵德黄河浮桥遗址文物保护利用、尕让阿什贡黄河渡口遗址文物保护利用项目 贵德古城片区：青海明长城贵德段（贵德古城）安防、青海明长城贵德段贵德古城文物保护展示利用、贵德文庙及玉皇阁修缮工程（三期）项目 周边片区：文昌庙二期修缮与环境整治工程、珍珠寺环境整治工程、尕让古城抢险加固工程、瓦家古城抢险加固工程、尕让白马寺消防工程、尕让亦扎石关帝庙保护工程、河阴清真寺消防安防工程、二郎庙文物本体修缮保护工程、仍果岩画文物保护展示利用工程等
文博场馆建设项目	贵德县新博物馆：利用静态展示和数字化动态展示相结合的方式，保护、展示和开发贵德历史、宗教、民俗、原生态等文物资源 黄河文化博物馆：全方位展示贵德黄河流域人文、自然生态资源与高质量发展成就，打造展示黄河文明重要窗口、黄河文明寻根胜地

续表

项目名称	项目内容
"非遗"活态传承项目	省级以上"非遗""六个一"保护计划：每个项目做到一个保护规划、一个专家指导组、一个工作班子、一个传习展示场所、一套完备档案、一册普及读本 尚尤则柔传承保护中心：组织"非遗"保护理论研究、生产性保护工作，开展"非遗"展览（演）及交流、推介、宣传保护等公益活动 "非遗"教育传承基地：遴选"非遗"传承能力、意愿良好的"非遗"生产性保护企业、经营业户与职业学校，给予相应的奖励扶持政策

2.产业生态系统构建工程

同步完善产业内部创新生态与区域协同生态系统，提高贵德文化及相关产业协同创新能力。

搭建产业内部创新生态。发挥政府、行业协会及专业第三方机构链接作用，稳步构建产学研结合、上中下游衔接、大中小企业协同创新机制。成立贵德文化产业研究中心，优先推动唐卡、藏绣、布贴画、剪纸、木雕等传统技艺类小企业、经营业户、合作社实现联盟化发展。坚持以原住民和文化能人为主体，发挥专业人才作用，配合引进大师工作室、第三方机构、公共平台，突破古城文态与业态系统搭建困局。实施产教融合专项行动，鼓励贵德职业学校、洛藏职业学校与文旅企业共建实训中心、教学工厂。加快推进产业园区转型升级，发挥洛藏数码科技有限公司引领作用，聚焦创业孵化和管理培训领域，推动相关产业园、孵化园实现强链补链，拓展园区平台建设业务。

打造产业区域协同生态。持续深入贵德、南通对口援建工作，倡导设立产业援建服务中心，着力丰富和细化文化旅游产业援建方案与援建项目。发挥援派干部的重要作用，积极搭建民间交流平台，针对贵德文化及相关产业存在的问题，扩大与东部发达地区在人才、资金、技术等方面的交流互动。主动融入环青海湖、川藏自驾游等区域性旅游线路,重点推广清清黄河经典游、七彩丹霞风情游、民族文化体验游、魅力贵德低空游等主题旅游线路。加强与省会城市及青海湖景区的联系,将当前“紧邻省会”的劣势转变为优势,布局差异化产品体系。贵德县“十四五”产业生态系统构建工程如表5-2所示。

表5-2　贵德县“十四五”产业生态系统构建工程

项目名称	项目内容
产业创新生态项目	贵德文化产业研究中心:以贵德行业组织、文化能人为主体成立民间组织,推动贵德文化资源转化为高品质文化产品 产业园区转型升级项目:以政府购买服务方式,支持洛藏数码科技有限公司发挥双语培训、创业孵化优势,为园区发展注入新动能 产教融合专项行动:引导贵德职业学校、洛藏职业学校与文旅企业共建实训中心、教学工厂
产业协同生态项目	产业援建服务中心:中心下设专家指导委员会、文旅项目合作信息平台,在前期援建工作基础上,加强与南通和江苏其他地市优质产业的资源对接

第二节　黄河经济区产业规划

一、黄河下游区域产业形态分析

黄河下游河段长786千米,流域面积占全域面积的3%。下游河段总落差不到100米,区间增加的水量占黄河水量的3.5%。由于黄河泥沙量大,下游河段长期淤积形成“地上悬河”。党的十八大以来,党中央提出了“节水优先、空间均衡、系统治理、两手发力”的治水思路，黄河流域生态环境治理成绩显著，区域内经济、文化等实现高质量发展。但黄河下游河段生态治理与文化保护方面还存在诸多问题。总的来看，下游河段生态流量较低，一些地方的河口湿地面临萎缩干涸的险境，特别是黄河三角洲地区生态系统与生物多样性受损严重，陆域侵蚀与海水入侵威胁大幅度提升。此外，工业、农业及城镇生活的污染问题也对下游地区生态保护造成了一定程度的影响。

一方面，黄河下游区域经济发展较快，水资源不足与用水刚性增长的矛盾越来越突出，竞争性用水激烈，极易成为长期制约区域经济高质量发展的关键因素。山东作为中国农产品主产区与人口聚集区，城镇化、工业化中“与河争地”现象突出，农业种植规模与用水资源条件不相匹配。黄河湿地自然保护区核心区内仍有鱼塘等尚未清退，部分区域生态环境存在高风险、高污染现象。另一方面，滩区作为黄河下游河道的重要组成部分，治理压力大，防洪减淤方面存在较大隐患；再加上河流干流人工化问题严重，高强度的水电开发对河流纵向连通性破坏严重，生态流量遭挤占，河流廊道退化，导致河道径流量发生变化，汛期河道水量下降，入海水沙减少，影响河口湿地淡水水源补给，破坏了近海区盐沼湿地的生态平衡，造成“河—海—陆”水文连接受阻，湿地植被持续退化。

基于此，为实现黄河生态系统上、中、下游产业协调、区域协同发展，需把重点放在河口生态维护方面，保持下游水量充足，并利用地方特色文化资源合理发展相关产业。

一是要强化推进黄河下游生态保护，构建以“洪水分级设防、泥沙分区落淤、三滩分区治理”为体系的生态廊道。实施流域内水资源的统一管理与调度，充分考虑下游生态取水，特别是黄河三角洲地区生态补水问题，大力开展节水农业、循环农业、有机农业、现代林业和生物肥料等技术研发，积极发展应用节水综合技术，健全生态流量管理制度。重点修复黄河三角洲湿地生态系统，优化黄河生态用水配置，优先满足河道基流及保护区湿地生态用水，修复并保护功能受损的河口湿地生态系统。

二是建立健全黄河下游生态保护与发展长效机制。一方面健全生态补偿机制与环境监督执法，组建黄河流域水权交易中心，建立跨界断面水质水量双控的流域生态补偿机制及黄河下游黄河生态环境保护联防联控机制，实现黄河下游生态补偿与环境监督的及时联动沟通，形成有效的执法合力，打通生态环境信息共享平台。另一方面要加大对黄河下游产业发展的投入力度，筹建黄河三角洲银行等轻资产金融机构，积极开发适合文化、旅游等第三产业特点的信贷产品，加大有效的信贷投放，探索适合文化产业项目的多种贷款模式。对于处于成熟期、经营模式稳定、经济效益较好的轻资产企业，要优先给予信贷支持。积极开展对上下游企业的供应链融资，开发文化消费信贷产品，支持文化类等轻资产企业开展并购融资，促进产业链整合，为文化消费提供便利的支付结算服务。①

三是探索黄河下游高质量发展路径。依托黄河流域特色生态资源优势及文化遗产，大力发展生态文化产业，打造黄河生态环境保护、产业融合、文化旅游等特色产业，加快推进新一代技术创新应用，推动新材料、新能源、高端技术装备制造业等转型升级。创新农业生产模式，发展高效特色农业、标准农田建设等项目，打造精品农产品生产基地，全面提升下游地区现代农业发展水平，提高流域内绿色农产品供给能力及市场竞争力，推进农业提质增效和可持续发展，实现农业对推动城市发展的有效供给。持续推进产业转型升级，优化城市群产业布局，加强重点城市的联系协同，提升区域中心城市的承载能力，为黄河流域生态保护与产业创新提供源源不断的支持。

黄河三角洲高效生态经济区作为2009年批复的国家经济区，具有丰富的文化底蕴和多元的文化元素。如何在区域生态保护的基础上继

---

① 参见姚吉成、姚祯奇、李新：《高效生态视阈下黄河三角洲文化产业现状分析与战略构想》，《黄河文明与可持续发展》2012年第2期。

承弘扬优秀的文化传统，整合多方资源打造区域特色文化品牌，创新“后发优势，跨越发展”的理念，是推进经济与文化相互交融和协调发展的突破口，是提高经济区综合竞争力的必经之路，也是黄河下游地区展现生态保护与产业创新发展，推动黄河下游文化产业高质量发展的重要样板。在树立“只求所在、不求所有”的观念基础上，进一步扩大开放，吸引各方投资，对属于政府资助的公益性文化要加大财税支持力度；对能够实现产业化的文化资源，要逐步从财政支持向政策扶持转变，促其走向市场，激活自身潜力。将黄河文化产业作为经济区开发建设的重要增长极，对丰富人民群众精神文化生活、提高生活质量、促进人的全面发展具有重要价值。

二、规划背景分析

（一）规划背景

2009年12月，国务院已正式批复《黄河三角洲高效生态经济区发展规划》，以此为起点，黄河三角洲地区的发展上升为国家战略，成为国家区域协调发展战略的重要组成部分。加快发展黄河三角洲高效生态经济，不仅关系到环渤海地区整体实力的提升和区域协调发展的全局，也关系到环渤海和黄河下游生态环境的保护。国务院指出，要把《规划》实施作为应对国际金融危机、贯彻区域发展总体战略、保护环渤海和黄河下游生态环境的重大举措，把生态建设和经济社会发展有机结合起来，促进发展方式的根本性转变，推动这一地区科学发展。科学编制和有效实施《黄河三角洲高效生态经济区文化产业发展规划》，对增强本区文化产业的综合实力和市场竞争力，满足人民群众日益增长的文化需求，建设低碳可持续发展特色区域，推动山东省和国家经济转型，具有重大而深远的战略意义。

规划严格按照“突出高效生态经济主题，经济社会、资源环境相协调，探索大河三角洲开发新模式”的总体发展思路和功能定位，以黄河生态文化、民间传统文化、历史经典文化等区域特色文化为核心，深入挖掘区域历史文化和自然资源，形成面向市场同时具有鲜明绿色生态特征的现代文化产业区块和产业集群，向规模化、聚集化方向发展。实施品牌提升与推广战略，通过对黄河文化、生态旅游、民俗文化、艺术表演、文化创意、动漫、职业教育、文化体育、文化用品制造等产业内容的开发、培育、包装制作、宣传、提升，形成在国内得到公认的文化产业品牌，扩大经济区文化产品影响力、吸引力。[①]

规划以国家发改委《黄河三角洲高效生态经济区发展规划》，山东省委、省政府《关于支持黄河三角洲高效生态经济区又好又快发展的意见》《文化产业振兴规划》为指导，结合《山东省文化产业发展专项规划(2007～2015)》以及相关省、市规划资料编制。本规划的范围包括山东省的东营市、滨州市，潍坊市的寒亭区、寿光市、昌邑市、滨海新区，德州的乐陵市、庆云县，淄博市的高青县，烟台市的莱州市，共 19 个县(市、区)，陆地面积 2.65 万平方千米。规划的近期目标到 2015 年，远期展望到 2020 年。本规划主要涉及未来黄河三角洲文化产业发展的现实基础、主要目标、空间布局、重点行业、重大项目和保障措施，是黄河三角洲文化产业未来一段时期发展的重要依据。

(二)规划过程

2010 年 3 月初，在山东省文化厅多方考察和选拔招标的基础上，由山东大学王育济教授担纲首席专家，昝胜锋、张凌云、唐月民等组成规划课题小组，对黄河三角洲文化产业发展进行课题攻关。3 月底，王育济教授率领研究团队进行了前期资料收集和系统整理。4～5 月课题组先后赴滨州、淄博、东营、潍坊、烟台、德州等 19 县(市、区)进行大规模系统调研，开始了课题的调研攻关工作，并在调研过程中反复讨论、形成基本规划共识。5 月中下旬，课题组专家分工合作，完成了规划初稿，其间安

① 参见昝胜锋:《文化产业规划学》，福建人民出版社 2016 年版，第 102 页。

排了3次工作会议讨论修改文稿。5月底，课题组根据山东省文化厅对课题初步审核意见重新进行了2轮修改，形成了《黄河三角洲高效生态经济区文化产业发展规划（征求意见稿）》。6月中旬，《征求意见稿》下发至各地市及相关部门。

三、规划内容解读

（一）产业现状

黄河三角洲高效生态经济区位于渤海南部黄河入海口沿岸地区，包括山东省的东营市、滨州市和潍坊、德州、淄博、烟台市的部分地区，共涉及19个县（市、区），总面积2.65万平方千米，占全省1/6；总人口约985万。区内历史悠久、文化积淀深厚。独特的黄河文化风情和深厚的历史文化共同孕育了丰富的文化资源。气势磅礴的九曲黄河、黄河口湿地公园、海岛金山寺、杨家埠、孙子文化园、陈庄西周古城遗址等，是黄河自然风光与山东古齐文化特色结合区。

本区形成了以黄河优秀文化为主体的多元文化、生态文化、海洋文化、历史遗存文化、军垦文化、红色经典文化、民间民俗文化、以改革开放为主线的现代文化的“八大文化”。这些文化资源和文化元素，以浑然天成的漫卷书画形式擦亮了黄河三角洲高效生态经济区的精神底色，集中表现了黄河三角洲高效生态经济区历史演进和改革开放过程中的文化形态和文明成果，使本区拥有得天独厚的生态优势和文化资源禀赋。

黄河三角洲高效生态经济区文化产业在山东省委、省政府的领导下，发展环境进一步优化，发展格局基本形成，产业规模和质量不断提升，民营文化产业持续发展，文化市场逐步规范繁荣。杨家埠、孙子文化园、黄河口国家湿地公园等已成为国内外知名的文化产业市场主体。区域打造了包括现代吕剧《梨花雨》、动漫片《贾思勰与齐民要术》在内的具有一定影响力的项目品牌。潍坊杨家埠民间艺术大观园、寿光市大众文化产业发展有限公司、潍坊金丝达实业有限公司、滨州北方文化有限公司、山东惠民孙子兵法城旅游开发有限责任公司、东营中齐文化用品有限责任公司、邹平范公文化创意产业基地等成为全省文化产业示范基地。本区现已初步形成以生态观光、影视娱乐业、文化旅游业、艺术教育业等为代表,面向市场的文化产业体系。

区内各级政府为推进文化产业均衡可持续发展,深入推进文化体制改革,陆续出台了一系列围绕黄河三角洲建设、文化体制改革和文化产业发展的地方性规划和政策,推动经营性文化事业单位全部转企改制。争取到国家、地方、企业的投资和扶持资金,重点加强了对魏氏庄园等国家重点保护单位的建设,同时建成若干座行业主题博物馆。鼓励成立专门投资文化产业的投融资公司,促进形成政府投入引导、社会各方广泛参与的多形式、多层次的发展格局。

从整体上看,本区文化产业尚未形成可持续内生增长的产业生态系统。黄河三角洲高效生态经济区文化产业的发展与生态优势尚不相称,与经济社会发展的现状还不协调,与群众日益增长的文化产品需求还不适应,与珠三角、长三角、京津冀地区相比还有很大差距。本区文化企业规模小、集约化低、产业链短。传统文化产业的比重过高,现代新兴文化产业发展较慢,科技含量低,竞争能力弱。文化产业融资缺乏有效的手段,资本经营尚未起步。文化产业在本区国民经济中的比重仍然很小,本区城镇居民人均文化娱乐消费支出较低。

客观上,受经济社会发展总体水平的制约,黄河三角洲高效生态经济区文化产业发展尚处于起步阶段。加快文化产业发展,更好地满足人民群众多层次、多样化的文化需求,将文化产业培育成为国民经济新的增长点,是当前本区文化领域的重要工作之一。

基于黄河三角洲高效生态经济区的产业现状,本规划以“SWOT”分析法为理论框架,对区域内文化产业发展的优势、劣势、机遇与挑战进行了翔实有序的分析思考。

1.优势分析(strengths)

文化资源丰裕。该区域土地资源优势突出，生态系统独具特色，地理区位条件优越。本区拥有未利用土地近800万亩，人均未利用土地约0.81亩，比我国东部沿海地区平均水平高45%，适宜大规模开发建设。自然资源较为丰富，既是黄河文化和齐文化的发祥地之一，又拥有河口湿地自然景观。古老的黄河文明、浓郁的天然生态，武圣故里、世界风筝之都构成了黄河三角洲高效生态经济区多姿多彩的文化旅游资源。惠民魏氏庄园、邹平丁公陶文、寿光双王城盐业遗址、陈庄西周古城遗址等文化资源和历史古迹具有较高的知名度。独具魅力的自然和人文景观，展现了黄河三角洲高效生态经济区厚重而富有灵性的文化底蕴。

生态环境优良。本区黄河沿岸农业发达，入海口生态环境优美，滨海物产丰富。黄河自济南市进入本区，向东北斜贯于平原之上，河水顺地势经东营市河口区入海。平原土层深厚，地势平坦。区域内河、湖水系众多，大小湖面如点点繁星点缀黄河两岸和黄河三角洲高效生态经济区，集中彰显了黄河文化特色的城乡宜居生态。莱州湾生态环境日益改善，海湾生物资源明显增多，生态环境的改善促使留鸟和候鸟成倍增加，把莱州湾变成了鸟类的家园。

品牌特色突出。品牌本身就是一种文化，具有身份识别的功能，是提高文化产业核心竞争力的关键所在。作为本区最有价值的宣传名片，黄河三角洲高效生态经济区拥有“八大文化”，目标定位为“突出高效生态经济主题，经济、社会、资源环境相协调，探索大河三角洲开发新模式”。黄河三角洲高效生态经济区黄河水文化独具特色，“吕剧之乡”“世界风筝之都”等文化品牌，已经成为广大群众不可或缺的精神食粮。节庆活动品牌异彩纷呈，拥有东营文化艺术旅游博览会、中国广饶孙子国际文化节、沾化冬枣节等常设节庆活动。珍贝陶瓷、黄河水城等经过规范创新、丰富和运作，已经成为本区文化产业的靓丽品牌。

后发优势卓著。把高效生态、环境保护放在突出位置的黄河三角洲,将成为我国今后高效生态经济的样板,并区别于珠三角、长三角为代表的我国工业化进程发展模式。黄河三角洲高效生态经济区长期以来经济发展缓慢,开发滞后,客观上保留了良好的生态环境,储备了比较丰富的人文资源,这正是黄三角的后发优势所在。国际上发达国家和国内沿海地区的文化产业发展历程、现代信息技术、文化体制改革的成果为本区提供了大量可供学习、借鉴的理论成果和经验教训。黄河三角洲高效生态经济区通过直接引进、学习国内外文化产业应用技术,在较高的技术层面进行文化与技术的融合,通过直接学习和吸收文化产业先进的商业模式、经营管理方法,吸纳文化产业投资,就有了后来居上的潜力和发展空间。

2.劣势分析(weaknesses)

文化消费能力低。随着我国人民生活水平的提高,人民群众对文化产品及其服务的需求和消费日益凸显。由于本区经济结构不平衡、收入的绝对水平较低、文化产品价格较高、民生消费居高不下等因素,文化产品消费尚处于较低支出比例和基本文化消费范畴,经济区文化产品与服务的潜在需求尚需进一步释放。

文化产业规模小。本区已经形成文化旅游、演出业、影视业、印刷出版业、艺术品研发销售、文化用品销售以及艺术培训等行业部门,但文化产业总体规模过小,而且基本是传统的资源依赖型文化产业。文化企业集团化、规模化、聚集化处在起步阶段,缺少在全国有较大影响的产业品牌,缺少产业领军人物和著名文化企业家。需进一步组建大型文化产业集团,扩大文化企业的市场影响力。总体上看,本区文化企业竞争实力还不够强,文化产业集聚区尚未形成。

产业联动效应差。近年来,黄河三角洲各地市陆续颁发了一系列政策文件,支持文化产业发展。受传统体制及观念的束缚,本区仍然存在事业、产业不分,重意识形态、轻产业功能,以及政府直接经营文化产业大项目的现象。文化资源效用未能得到充分利用,未能有效利用市场配置资源功能。本区有着天然的生态资源、众多历史遗迹、优美的黄河自然风光，但由于缺乏系统性规划和开发，资源整合不到位，导致文化旅游景点分散、精品线路开发不足。

3.机遇分析(opportunities)

文化体制改革纵深推进。文化体制改革的规律性认识为继续深化改革和发展文化产业提供了思想保证。党中央推进文化体制改革的态度坚定、方向明确，抓住关键环节和重点领域，已经在解决影响和制约文化产业发展的一些深层次矛盾和问题上实现重点突破。黄河三角洲各地市结合自身产业发展实际，积极推进经营性事业单位转企改制、文化市场综合执法体制改革，制定和完善改革的配套政策。文化体制改革深入推进，各县市文化管理部门进一步理顺管理职责和权限，为文化产业发展带来了新局面和新气象，这必将对本区文化产业发展产生非常重大的影响。

文化扶持政策持续推出。2009 年 9 月国务院常务会议通过《文化产业振兴规划》，重点推进文化创意、文化演艺、动漫游戏、影视制作、出版发行等行业，是中央政府出台的第一个关于文化产业发展的纲领性文件。2009 年 11 月国务院出台《黄河三角洲高效生态经济区发展规划》，强调充分发挥黄河三角洲地区文化资源优势，培育和壮大文化企业。明确提出重点发展生产性服务业，积极发展消费性服务业。东营市、滨州市等地市相继出台推进措施和具体对接政策，将发展文化产业作为加快黄河三角洲开发建设、促进经济增长的重要举措。

产业梯度转移趋势明显。伴随文化产业快速发展，生产活动开始由高到低阶梯式转移，发达地区文化企业寻求文化资源丰富、生产成本低的地域衔接。黄河三角洲地区处于产业北移的中间地带，拥有大量的国家鼓励开发的盐碱地和荒草地，面临主动接受辐射、集聚生产要素的战略机遇，对内依托半岛蓝色经济区和济南城市圈，实现城市群合作共进。实现区域可持续快速发展，就要各经济区、带形成一定的合作和互动,而产业梯度转移正是发生在不同梯度区域之间的一种由经济规律决定的自发现象。黄河三角洲地区应抓住行业与企业梯度转移的机会,谋求以市场、资源换技术、换投资,为文化企业的可持续发展提供新的动力。

4.挑战分析(threats)

基础条件的挑战。黄河三角洲地区特别是黄河沿岸各县市区,经济基础相对薄弱,文化基础设施相对贫乏,导致本区文化资源无法适度开发,影响金融资本的全面进入。文化资源和生态优势还多停留在理论的研讨和低水平建设层面。由于经济发展水平和管理理念限制,普遍存在文化阵地缺设施、缺设备等问题,以民俗民间工艺品为代表的农村文化产业发展滞后,示范性文化企业、文化产业聚集区相对较少。文化资源开发处于各自为政的状态,彼此之间尚未形成一个有机整体,缺乏系统性宏观规划。

文化人才的挑战。相当多的从业人员对文化产业的经济规律没有完全把握,经营管理理念和科学技术技能陈旧,严重阻碍了文化经济的发展。以信息技术和商业模式引领的数字文化产业可以很好地契合黄河三角洲高效生态经济区丰富的文化资源,但是熟悉黄河三角洲高效生态经济区资源禀赋又通晓现代管理运营理念的人才严重缺乏,成为阻碍本区文化行业发展的最大瓶颈。从业人员的文化创意、商业运营的综合能力弱,导致文化产品和服务质量较低,不能释放黄河文化的独特魅力。

产业链条的挑战。从横向产业链条看,文化产业传统业态发展存在同质化、低层次竞争问题,特别是黄河沿岸的农家乐、文化旅游业,尚未形成项目互补、价格互补的良性产业系统。从纵向产业链条看,黄河三角洲高效生态经济区文化产业链条过短,业务单一,并且严重依赖地方文化资源存量。区内文化资源从创意研发、衍生品生产、文化市场营销都暴露了明显的非持续、间歇性特征,存在文化产品线少、可选择性差等突出问题，无法形成产业集群从而缺乏规模效益。

黄河三角洲高效生态经济区文化产业SWOT分析如表5-3所示。

表5-3　黄河三角洲高效生态经济区文化产业SWOT分析

优势(strengths)	劣势(weaknesses)
文化资源丰富 生态环境宜人 品牌独具特色 后发优势显著	文化消费水平低 文化产业规模小 产业联动效应差
机会(opportunities)	挑战(threats)
文化体制改革深入推进 区域文化政策强力扶持 产业梯度转移趋势明显	基础条件的挑战 人才缺失的挑战 产业链条的挑战

(二)发展战略

此次规划内容高举中国特色社会主义伟大旗帜，全面贯彻《文化产业振兴规划》和《黄河三角洲高效生态经济区发展规划》，深化文化体制改革，着力推进经营性文化单位转企改制，培育具有市场竞争力的文化企业和产业园区。围绕“人与自然和谐相处，生态环境和经济发展高度融合”的开发建设理念，充分挖掘和整合、优化文化资源，以高新技术应用和商业模式推广为主线，促进经济区文化产业快速发展，基本形成适应社会主义市场经济体制和社会主义精神文明建设要求的，大河文明、海洋文明和城市文明交融发展的区域发展新格局。

本规划在分析黄河三角洲高效生态经济区产业现状的基础上，注重对文化产业发展思路的提炼和总结，将经济区建设与生态观光产业、生态旅游业、高新技术与文化产业、地域文化深度挖掘相融合，走出一条“以生态养生态，以生态促建设”的全新发展道路。按照市场化、产业化、社会化的方向，重点发展生产性服务业，积极发展消费性服务业，加快构筑结构合理、功能完备、特色鲜明的现代服务业体系。本区文化产业发展主动融入天津滨海新区和京津冀地区,主动融入山东半岛蓝色经济区和半岛城市群建设,以环境友好、合作共赢的姿态参与区域间竞争。整个规划内容以均衡发展、区域合作、协调发展、产业导向、品牌示范、技术应用为原则,具体来看:

均衡发展原则即要统筹城乡协同发展。着眼均衡的可持续发展,打破行政区划和区域经济空间割据的限制,合理进行文化产业空间布局,促进区域整体协调发展。深化文化管理体制改革,建立健全面向全区的文化产业发展机制,营造公平竞争和共同繁荣的发展环境。大力支持城乡民营文化企业的生产经营,在许可办理、评比表彰、技术成果评定、知识产权保护等方面与国办文化机构一视同仁。优化各级财政在文化领域的投入结构和投入方式,充分发挥财政资金的引导作用。

区域合作原则即要开放合作,集聚发展。坚持“引进来”与“走出去”相结合,充分利用两种资源、两个市场,加强与环渤海地区和东北亚各国的经济文化交流合作,提高本区文化产业的国际化、现代化水平。坚持网络化、优势互补、联合协作发展模式,主动谋求与京津冀、天津滨海新区、半岛城市群的合作联合,与长三角、珠三角等沿海地区对接产业的梯度转移。借鉴国内外文化产业发展的成功经验,形成若干个各具特色,以文化企业集团为核心,专业化中小企业协作配套的产业集群;充分发挥文化产业基地、文化产业园区等的辐射示范作用,促进全区文化产业的科学均衡发展。

协调发展原则即要事业和产业并举。文化产业和文化事业是构成文化生产力的两个重要支点,坚持二者协调发展,紧密连接,相互促进。要坚持用科学发展观的标准和要求统领文化产业发展,立足于改革开放和现代化建设实践,着眼世界科学文化发展的前沿,大力发展先进文化。文化事业是文化建设和文化产业发展的基础,文化产业是文化事业进一步发展的动力,为文化事业发展提供物质保障,二者相辅相成，不可偏废和替代。调动广大文化从业者的积极性和创造性，活跃和繁荣文化市场，满足群众多层次、多方面的文化消费需求，增强文化的活力和竞争力。

产业导向原则即要市场主导、政府推动。坚持以产业发展为导向，充分发挥市场在资源配置中的作用，利用市场供需机制、价格机制和竞争机制加快文化产业发展。强化政府在统筹文化产业规划、营造产业政策环境、加强知识产权保护以及在文化基础设施建设、文化产业示范基地建设等方面的宏观指导力度。各级文化主管部门切实转变职能，以符合市场经济发展的观念和思路、方法和举措，为文化产业的发展提供全面有效的服务。积极构建政府引导，企业和中介机构、服务组织参与，精简、高效的市场化服务体系。

品牌示范原则即要发挥优势，突出重点。超前谋划和塑造文化品牌，坚持有所为有所不为，选准文化产业发展突破口和关键环节，突出抓好文化产业中关联度高、带动性强、有可能成为新的经济增长点的子产业和产品，努力在重点特色文化资源领域实现产业化、规模化大发展。积极拓展文化市场空间，培育一批综合实力强的重点文化企业，对发展潜力大、市场前景和运行机制好的文化企业和文化产业项目给予重点扶持，促进其不断提升企业核心竞争力，打造文化产业品牌。

技术应用原则即要科技主导，创意先行。应用先进技术改造提升传统文化产业，促进文化产品生产技术与特色文化资源的有机结合，实现对资源的深度开发和综合利用。注重文化产品和服务的文化品质发掘，注重创意消费人群的培养，满足消费者的个性化、差异化、精致化需求，挖掘产品的文化内涵，不断提高文化产品的思想性和艺术性。通过技术创新和创意融入，不断提升区域文化产业发展的整体水平。

此次规划的编制根据《黄河三角洲高效生态经济区发展规划》，立足于地方独特的文化资源和区位优势，凸显后发优势，快速实现传统文化产业升级优化。鼓励电子信息技术应用和推动新兴文化产业业态形成，统筹经济社会和生态文化一体化发展。依托山东,对接京津冀,服务环渤海,面向东北亚,吸引和加强长三角、京津冀地区文化产业梯度转移和文化项目合作。探索建立“低碳环保、黄河特色、质量效益”的文化产业发展新模式,形成资源共享、地域互补、产业共生的文化产业发展新格局,建设一大批著名文化品牌、一大批文化企业集团和示范基地、一大批文化产业重大项目,完善具有文化竞争力的文化创意人才教育体系、文化产品研发孵化体系和文化市场营销推广体系。

(三)空间布局

此次规划在编制中注重虚实结合,突出重点和特色。根据黄河三角洲国民经济和社会发展的总体布局和加快现代服务业发展的要求,在空间布局方面基于政府主导型产业的现实情况,弱化黄河三角洲 19 县市的行政区划和区域空间分割的限制,继而确定了“点—线—面”的文化产业集群式布局模式。按照巩固点、发展线、扩大面的基本思路,逐步形成文化产业行业交错发展、区域特色鲜明、空间虚实结合的立体空间战略格局,着力打造具有黄河文化和民俗文化特色的沿黄文化产业长廊,努力把滨州、东营建成全区文化产业中心和全国重要文化产业基地,形成对本区文化产业的强劲辐射和带动作用。在此基础上,加快培育形成“一轴、双核、三带、四组团”的文化产业空间战略格局,并重点依托项目充实布局内容,从黄河三角洲文化产业重点工程、重点品牌、重要企业和若干重点项目入手,从微观层面推进黄河三角洲文化产业的可持续发展和繁荣。

从“一轴”来看,是以九曲黄河为核心,包括本区内黄河沿线各县市、覆盖邹平、惠民、高青、滨城区、博兴、利津、垦利、河口、东营区,进行产业的统筹布局。依托黄河母亲河水文化特色,保护开发沿岸历史文化遗存和非物质文化遗产;以黄河文化和民俗文化为主线,集文化餐饮、休闲娱乐、商务旅游、科技创意为一体,建设黄河三角洲高效生态经济区文化轴线,进而辐射本区的综合性文化产业功能引领区,打造“黄河入海”文化形象，使之成为黄河三角洲高效生态经济区文化产业依河发展、南北联动、区域连通的纽带。在规划发展中重视黄河文化、内涵、形象的嵌入，确定了以下重点发展的内容：

建设完善黄河及沿岸文化景观。充分利用“亲水、自然、淳朴”的黄河生态水岸，按照不同地段的特色，突出桥、水、楼、台相交融的城市立面特色，营造具有浓郁文化特色的水岸景观。完善旅游码头、大型游乐场、市民广场等配套设施，带动农业观光、文博展演、餐饮休闲等产业门类，凸显亲水、休闲、商贸线路，塑造具有现代都市气息、景观优美、配套齐全的滨水风貌产业带。

打造黄河文化特色建筑。依据沿黄各县市区的功能定位，规划建设各具特色的标志性建筑和景点，建设三河湖景区、黄河大剧院、黄河文化长廊、黄河楼等，同时加快建设科技馆、博物馆、图书馆、文化体育中心等一批地标性项目，对沿黄各县市黄河大桥两岸景点进行高水平、特色化的规划设计和建设。在沿岸城市建设“黄河儿女”等大型雕塑园、主题公园等，建设体现黄河文化及现代农业的沿街雕塑群，打造黄河沿岸各县市区文明美观的形象标志。

加快城市合作步伐，注重城乡联动并进。加强区域文化产业合作，重点依托“黄河文明”文化旅游线路和黄河国际论坛，成立本区沿黄城市文化产业促进会，加强沿线城市合作。建设黄河影视文化区，形成以中心服务区为载体，以黄河文化为依托，以黄河县市区资源为支撑的框架，将影视产业与旅游产业等有机融合。把旧街改造与文化街区的打造相结合，培育各大街区的道路、建筑、人造景观、公共设施、雕塑小品等各类载体的文化内涵、美化度及相互间的和谐，营造一个繁荣宜人的文化商贸环境。

建设沿黄生态农业走廊。依托沿岸黄河滩区开发黄河旅游和休闲观光农业，规划生态农业观光区、休闲娱乐区、农艺博览区等功能区。推行耕作体验模式，让游客自己耕种，自采自乐。推行观光采摘模式，实行时令水果、特色蔬菜观光采摘,让游客领略田园美景,体验丰收喜悦。推行休闲垂钓模式,充分发挥淡水资源丰富、天然水库池塘众多优势,挖掘渔业资源,开发休闲观光垂钓园。建设黄河口生态旅游度假区,带动农业和文化产业发展。

“双核”包括东营黄河水城文化产业核心区和魅力滨州文化产业核心区两个区域,双核内产业以黄河文化附属产业为主,以东营、滨州为核心,对黄河文化产业进行创新性、创造性发展。

1.东营黄河水城文化产业核心区

规划范围以东营市区为水城风情典范,辐射潍坊寿光,对接魅力滨州乡情文化。按照“高效、生态、湿地、水城”的规划理念,深入挖掘东营现有水城和吕剧等地方文化精粹,不断引入全国、全世界水文化经典,增强东营“黄河水城”吸引力,把东营建设成为独具水城文化特色、生态环境卓越的文化名城、石油名城、旅游胜地。发展重点以弘扬传承黄河文化,做大做强石油文化为主,包括了以下几个方面:

深入传承黄河历史文化。以黄河水城建设为依托,以广利河为轴线加快建设标志性文化设施,打造黄河水城河海风情文化旅游区。对黄河特色非物质文化遗产产品申请商标专利,贴标销售,通过产品孵化提升“非遗”产品的含金量,带动黄河民俗技艺开发与传承。加快文化设施建设,积极创办中国黄河文化研究院。建设黄河水城文化博览园、水城之旅家园,展示黄河流域器乐、民间音乐、民间婚俗等。继续保护性修缮黄河经典建筑,促进黄河历史文化特色图书的出版发行形成规模,全面打造黄河文化特色品牌。

打造水文化系列精品。推进非物质文化遗产项目的保护与产业开发,推进吕剧、民间乐器及服饰的市场普及与渗透,实施文化精品工程,继续创作排练《大河长歌》等具有地方特色的文化作品。对民间传统文化、建筑文化、商贸文化、餐饮文化等进行整合创新,打造文学、吕剧、歌舞剧等艺术精品,叫响“黄河水城”品牌。

黄河风情文化与旅游融合。黄河水城与服务业发展结合起来，一体化推进，重点加快广利河沿岸深度开发，沿广利河布局黄河水城河海风情文化旅游区、文化公园、体育公园等大型公共文化设施，建设旅游集散中心、游船码头、水上娱乐设施，发展观光旅游、休闲娱乐、文艺演出、会议展览等文化产业，全力打造水城精华区，提高黄河水城文化品位，形成旅游文化景观长廊。

锤炼打造黄河文化品牌。对现有的黄河滩涂、湿地观鸟、生态旅游等文化资源进行整合和重组，把具有黄河淳朴风格的建筑及处于街区位置的传统建筑进行维修、保护，有计划地在商业街区建造具有水文化内涵的标志性建筑等，以展现它们特有的风貌。举办黄河口文化艺术节、黄河口国际马拉松赛、中国(广饶)孙子国际文化节等大型文化旅游节庆活动，努力形成3～5个具有一定影响力的节会品牌，提高黄河口文化影响力，为黄河三角洲高效生态经济区建设凝聚人气。

重点推进示范性项目。建设黄河水城河海风情文化旅游区、儿童乐园(组合体)、"水城之窗"项目群、东营七星文化创意产业园、"水城雪莲"大剧院、揽翠湖旅游度假区。开工建设中国东营现代影视基地，建设影视产业场景区和复合联动功能区，承接国内外影视剧拍摄和旅游观光。

凸显石油文化特色。围绕石油工业文化景观，城市建设融入石油文化，体现油城特色。建设现代石油工业文化旅游区，加大对观赏性强的石油生产设施的整合力度，连接胜利科技展览中心、华八井及石油工业各生产环节现场参与点，形成"室内展览、室外参观、身临体验"的石油文化旅游线路。策划建设世界石油文化公园，在其中规划石油博物馆、世界主要油区民俗村、世界石油微缩景区、参与休闲区等，做大做强中国(东营)国际石油装备与技术展览会。

山东大学王育济教授2012年在东营黄河文化博物馆展陈工程高端研讨会上曾提议思考，在山东东营是否可以建设世界著名大河博物馆。这个建议与国家黄三角的战略、蓝色经济战略相吻合。说起来，黄三角战略在很大程度上是国内的战略,蓝色经济战略则是开放的、外向型的、与国际更多接轨的。从这种观点来看,世界著名大河博物馆在黄河入海口、在国家黄蓝交汇之地建设,与国家的政策有高度的吻合性,同时与国家现在所提倡的生态保护、环境保护、节约能源等理念也是高度吻合。为增加独特性亮点,可与卫星定位联动,用数字化模块表现实时的海岸变迁,反映河流的变化。如果从 2019 年黄河流域生态保护和高质量发展战略提出时点回望,王育济教授的这个提议也相当具有前瞻性。

2.魅力滨州文化产业核心区

规划范围以滨州市主城区为主,辐射周边高青、惠民、阳信、沾化、利津、博兴。规划以彰显古老黄河文化,提升生态绿色建设水平,建设现代化、文明和谐、民富市强的鲁北大地新滨州为总体定位,将发展重点放在实现黄河文化与城市文化协调发展、升级融合方面,包括了以下几部分内容:

确立城市历史文化建设理念。坚持“保护为主、抢救第一、合理利用、加强管理”的方针,重点做好历史文化街区文物资源、古民居等文化载体的保护与利用。启动运营杜受田故居修复工程,申报省级文物保护单位和国家 3A 级景区,二期工程建设“古城新韵”商贸开发和廉政文化博物馆,规划设计滨州古城遗址公园和明清建筑一条街,逐步恢复凤凰古城原貌。实行政府引导、市场化运作、与全国重大节庆活动联袂嫁接的举办模式,精心策划冬枣节、黄金梨采摘节、旅游文化节等活动,扩大滨州历史文化的知名度,并将节会活动作为对外合作交流、开展招商引资、抓项目促发展的良好平台。

拓展文化休闲功能。依托三河湖景区,按照“科学规划、分步实施”的原则,建设文化体验区、休闲娱乐区、餐饮服务区、观光农业区四大功能区,使之与三河湖水域形成浑然一体的生态旅游度假区。整合周边古迹遗址,依托杜受田故居、三河湖景区等,充分挖掘民间文化、历史文化、黄河文化的潜在市场，构建滨州观光休闲集散地。构筑城市环湖生态圈，对滨州市内及周边的大型湿地进行保护性开发，开发水上旅游路线，配合以古城、黄河组成的水体游览线，规划一批体现自然特色的生态公园，映射黄河文化底蕴。

整合提升老城商业核心区，增强文化消费功能。重点改造渤海六路美食、渤海七路商贸、渤海十路特色餐饮，扩充现有步行街文化标识和休憩功能，提升高杜古玩文化市场管理水平，提高特色文化商品销售的店铺质量和数量，打造核心商圈。建设本区饮食文化特色餐饮街区，集聚鲁菜各大特色风味餐饮、地方特色小吃，大力引进外地美食、连锁店，适度配置文化娱乐等服务设施。合理分布酒吧、茶楼、歌厅等休闲场所，从而将该区域发展为现代都市休闲、娱乐、购物中心。

加快现代文化专业片区建设。以生态观光休闲区、中海创意产业园区、北海生态宜居园区为中心，促进文化创意、图书音像、体育休闲等业态集聚发展；挖掘古城门、古钟楼深厚文化内涵，建设咖啡吧、酒吧、茶楼等休闲设施，使这一区域形成浓厚的文化休闲氛围。重点发展以出版发行、数字印刷、电子音像、文体娱乐、演艺、文化传媒、影视拍摄基地、动漫游戏等为主的现代文化服务业。

第三节　功能区产业规划

——以济南新旧动能转换先行区为例[①]

一、践行黄河战略的济南定位

（一）开启黄河战略新航程，认知黄河文化时代价值

随着经济社会转型进入新常态，国家对经济社会高质量发展和大流

---

① 《济南新旧动能转换先行区文化产业专项规划》由文化产业动能转换与生态系统（山东大学）山东省文化科技重点实验室昝胜锋主任带领团队编制。

域生态保护问题愈发重视。弘扬黄河文化作为国家战略的重要组成部分,具有更基础、更广泛、更深厚的价值,是保护传承与弘扬中国文化的历史担当。认知黄河文化时代价值,实现黄河流域在生态建设、区域协调、业态培育方面共生共存共育共荣的高质量发展需求,是确保黄河治理稳定与可持续的关键,也是推进流域生态文明国家治理体系和治理能力现代化建设的重要内容。

在经济社会转型的新常态下,国家对大流域生态保护和经济社会发展问题愈发重视。习近平总书记在2019年黄河流域生态保护和高质量发展座谈会上,对加强黄河治理保护、推动黄河流域高质量发展作出重大部署。2020年8月31日召开中共中央政治局会议,审议《黄河流域生态保护和高质量发展规划纲要》。鉴于黄河流域在我国经济社会发展和生态安全方面的重要地位,探索黄河流域高质量发展的意义表现在:

第一,有利于探索黄河下游地区生态保护与高质量发展的基本范式。习近平总书记要求,沿黄河各地区要从实际出发,宜水则水、宜山则山,宜粮则粮、宜农则农,宜工则工、宜商则商,积极探索富有地域特色的高质量发展新路子。黄河下游地区承前启后,沿线水文条件、地质环境、生态系统、特色资源、产业基础与上游地区存在显著区别。黄河下游地区如何联动中游、上游地区,推动黄河全线整体进入高质量发展新阶段,是贯彻落实习近平总书记在党的十九大报告中提出的区域协调发展战略的重要着力点,因此探索以济南为代表的黄河下游地区生态保护与高质量发展范式甚为必要。

第二,有利于发挥济南在黄河流域生态保护和高质量发展国家战略中的龙头示范作用。济南作为山东半岛城市群核心城市、沿黄中心城市,有条件而且应当在"黄河国家战略"中发挥龙头示范作用。济南北靠京津冀、南联长三角,地处黄河生态走廊与京沪经济动脉、黄河文化纽带与中华文化枢纽的交汇点位置,是全国第一个新旧动能转换综合试验先行区，拥有自贸试验区济南片区。近年来，济南提出携河北跨战略，在黄河北高水平建设新旧动能转换先行区，开启了从“大明湖时代”迈向“黄河时代”的历史性跨越。在生态保护、产业发展、科技教育、交通枢纽、发展平台、文化建设等方面，均具备发挥龙头示范作用的基础优势。济南理应主动融入、主动服从、主动服务、主动引领黄河流域生态保护和高质量发展，为全省新旧动能转换蹚出路子、山东半岛城市群建设当好引领、黄河流域生态保护和高质量发展作出示范。

《黄河流域生态保护和高质量发展规划纲要》的出台，为沿黄地区发展指明了方向，提供了根本遵循。济南作为黄河流域对外开放门户与“一带一路”的战略枢纽，在推动黄河流域生态保护和黄河文化高质量发展中具有重要战略地位。探索济南黄河文化产业发展，可以开启黄河战略新航程，认知黄河文化时代价值，实现黄河流域在生态建设、区域协调、业态培育方面共生共存共育共荣的高质量发展需求，是确保黄河治理稳定与可持续的关键，也是推进流域生态文明国家治理体系和治理能力现代化建设的重要内容，战略价值表现在以下几个方面：

第一，“黄河战略”是深入践行生态建设的重要抓手。习近平生态文明思想、新发展理念和新时代治水方针为黄河生态带建设提供了理论基础。贯彻实施生态保护与修复工程，不断推进黄河下游水体、河口的系统治理与水源涵养，大堤两岸湿地、自然保护区、生物栖息地等生态系统的修复，坚持以生态保护为首要任务，有利于促进黄河流域生态健康，实现有河有水、有草有鱼、人水和谐。以黄河战略为重要引领，加快沿黄生态带建设，焕发黄河生态魅力。

第二，“黄河战略”是完善协调区域发展格局的重要力量。黄河战略涵盖了京津冀、长江经济带等原有国家发展战略未覆盖的区域，既有利于实现国家区域发展战略的地理全覆盖，也使得山东在国家发展战略版图中的地位更加凸显。借助“黄河战略”的重要力量，发挥中部“强省会”济南在黄河流域生态保护和高质量发展中的积极作用，有助于推进山东半岛城市群的协同发展,使得中西部协调发展取得成效。

第三,"黄河战略"是发展新业态、培育新经济的关键举措。山东沿黄地区化工、有色金属等传统产业比重较大,同时作为农产品基地又是国家重要的棉粮油生产区,拥有良好的发展空间与发展潜力。发挥"黄河战略"顶层设计的引领指导,合理利用沿黄重要战略性资源以及滩区、河湖区等河湖资源优势,有助于培育新型功能材料的新兴产业业态,建设黄河现代化绿色高效农业长廊,打造"黄河牌"新业态,推动新经济发展。

(二)黄河文化产业高质量发展的软实力认知

当前,黄河资源文化产业发展走向良好,但黄河流域整体保护问题也较为突出。从黄河流域在经济高质量发展方面所面临的问题来看,一是黄河流域经济增长正在放缓。2008 年黄河流域经济总量为 23.24%,而 10 年之后的 2018 年则下降到了总量的 21.98%,增长幅度落后于长江流域 1.21%。二是黄河沿岸各个省市之间的内部发展不平衡,其中排名第一的山东省在生产总值、工业增加值、地方财政收入和社会固定资产投资上分别是第二名河南省的 1.63 倍、1.56 倍、1.79 倍和 1.24 倍,经济占比远超过青海、宁夏、甘肃、山西、内蒙古、陕西等省市地方的总和。三是黄河流域地区以重化工业为主要营收产业。黄河流域重工业产业主要以煤炭开采和洗选业、石油天然气开采、有色金属冶炼等内容为主,资源开采及其加工业比重高达 36.34%,比全国水平高出了 9.17 个百分点。四是黄河流域研发创新能力较低。黄河流域在创新指标方面占全国比重:规模以上工业企业研发支出为 81.83%,亿元工业增加值研发支出为 83.27%,中国专利申请为 54.23%,授权数量为 50.81%。五是黄河沿岸各省市的对外开放水平较低。黄河流域进出口总额和实际利用外资分别占全国总量的 10.32%和 9.32%,与长江流域沿岸开放程度相比,仅为长江流域的 23.70%和 22.48%,比国内生产总值分别低 11.66%和 12.48%。六是黄河流域沿岸经济带中心城区辐射带动能力弱。黄河流域的郑州和西安两大中心城市的 GDP 总量分列全国 9 个中心城市的 8、9 位，省会城市主导地位普遍较低；西宁、兰州、银川等主导地位相对较高的城市由于经济实力较弱，辐射带动能力有限。

2019 年山东省在黄河文化生态保护中作出了突出贡献，坚持新时代中央治水思路，编写《山东黄河水文化遗产名录》，评选了 10 个黄河文化示范点并组织开展各项专题活动、会展演艺等，积极推进黄河文化建设，黄河文化在山东的发展取得了长足进步。在 2020 年山东政府工作报告中，省政府作出了要“扬起黄河流域生态保护和高质量发展龙头，抢抓重大历史机遇，扛牢重大责任使命，高水平编制规划实施方案，统筹谋划、协同推进一批重大事项”的决定，为未来黄河文化的保护传承弘扬工作在顶层设计方面作出了规范。

不仅如此，山东省沿黄地市在黄河生态保护和文化传承弘扬的落地实践层面也做出了一定成绩。省会济南实施携河北跨战略，依托新旧动能转换先行区建设黄河湿地公园、沿黄文化生态展示带，打造迈向黄河时代的文化寻根地。东营着力打造黄河入海文化旅游目的地，高标准建设黄河口生态旅游区、黄河文化博物馆。滨州全力发展黄河风情文化旅游产业带，打造黄河人家乡村旅游品牌。菏泽依托黄河滩区建设黄河入鲁段优质农产品供给区。德州市打造“黄河国际生态城”等。

1.创新发展黄河文化产业是责无旁贷的历史责任

2019 年 9 月 18 日，习近平总书记在郑州黄河流域生态保护和高质量发展座谈会上，指出“要推进黄河文化遗产的系统保护，守好老祖宗留给我们的宝贵遗产，要深入挖掘黄河文化蕴含的时代价值，讲好黄河故事，延续历史文脉，坚定文化自信，为实现中华民族伟大复兴的中国梦凝聚精神力量”。黄河文化源远流长，是民族之根基所在。党的十八大以来，多次提出文化自信是更基本、更深沉、更持久的力量，要不断加强文化自信的培养。文化与旅游具备天然耦合性，发展黄河文化产业是传承中华优秀传统文化、增强文化自信的重要举措,是培育黄河区域地方特色、提升区域品牌影响力的重要途径,是推进黄河流域旅游治理体系与治理能力现代化的重要方式,是黄河流域农村地区巩固拓展脱贫攻坚成果同乡村振兴有效衔接的重要抓手。大力推进黄河文化产业创新发展,坚持系统观念,切实承担起弘扬优秀文化的历史责任,建设好社会精神文明,向文化强国的发展目标迈进。

2.创新发展黄河文化产业是惠及民生的迫切要求

近两年,国家积极推进文化融合探索实践,持续释放产业效能,扩大市场供给。在提升人民群众文化素养、满足人民群众精神需要的同时,发挥了文化产业巨大的拉动效应,带动人民群众就业创业,改善人民生活水平,促进人们增收致富。根据文化部数据显示,文化产业带动直接就业约2825万人,直接与间接合计就业人数达7987万人,占全国就业总人口的10.31%。发展文化产业,既是丰富人们精神文化生活的要求,又是人们可以赖以谋生的物质生活需要。聚焦黄河文化产业的创新发展,不断让黄河文化成果惠及民生成为当前文化产业发展的迫切要求。

3.创新发展黄河文化产业是高质量发展的有力引擎

《中共中央关于制定国民经济和社会发展第十四个五年规划和二〇三五年远景目标的建议》中明确提出,建设长城、大运河、长征、黄河等国家文化公园。明确新时代黄河文化保护传承弘扬的价值导向,以中华优秀传统文化传承创新体系为指引,以黄河国家文化公园为核心承载物,有利于深入挖掘黄河文化蕴含的时代价值,从中华民族精神正统的高度,筑牢中华民族的根和魂。

随着我国“双循环”新发展格局的加快构建,文化产业成为扩大内需、拉动消费的重要领域。立足当前新发展态势、国家重大发展战略,文化产业正在从“生力军”逐渐成长为“主力军”,以其独特的包容性与创造性不断成为经济增长的重要支撑,引领消费市场的提振。

4.创新发展黄河文化产业是生态保护的重要举措

随着新发展理念的深入人心，文化产业作为典型的生态友好型绿色产业经济，被誉为“美丽产业”。黄河文化产业在不断地转型升级过程中，培育新兴业态，开拓生态文化、休闲康养等领域，将国家提出的“两山理论”融入其中，发挥绿水青山与金山银山之间的纽带桥梁作用，实现黄河文化与生态、经济的多元互通。通过合理发展黄河流域文化产业，为生态赋能，促进生态旅游，进一步宣传生态环保意识。创新发展文化产业，将生态资源优势转化为物质财富的同时，践行生态保护理念，让黄河文化产业的发展契合生态文明的时代要求，成为生态保护的重要举措。

（三）建设济南强省会的站位思考

全面贯彻落实习近平总书记的重要讲话精神，立足济南区位、产业等各方优势，分析制约文化融合的各项因素，从大局思考谋划各项工作，以更高的站位、更宽的视野，主动融入、服从服务黄河国家战略，锚定建设黄河流城中心城市和新时代现代化强省会目标，实现济南文化产业跨越式发展。

1.济南区位政策优势

济南作为山东半岛城市群核心城市、沿黄中心城市、黄河流域唯一沿海省份的省会，有条件而且应当在“黄河国家战略”中发挥龙头示范作用，在推动黄河文化产业创造性转化、创新性发展中扮演了重要角色。济南北靠京津冀、南联长三角，地处黄河生态走廊与京沪经济动脉、黄河文化纽带与中华文化枢纽的交汇点位置，是全国第一个新旧动能转换综合试验起步区，拥有自贸试验区济南片区。不断提升济南文化产业发展的软实力既是责无旁贷的历史责任，也是惠及民生、健全生态保护机制，促进济南文化产业高质量发展的重要抓手。

近年来，济南提出携河北跨战略，在黄河北高水平建设新旧动能转换起步区，开启了从“大明湖时代”迈向“黄河时代”的历史性跨越。在生态保护、产业发展、科技教育、交通枢纽、发展平台、文化建设等方面享受政策支持,具备发挥龙头示范作用的基础优势。2020年济南成为文化和旅游部成立后第一批国家文化和旅游消费示范城市。基于此,济南理应主动融入、主动服从、主动服务、主动引领黄河流域生态保护和高质量发展,借助政策优势,围绕特色发展、创新融合、改革突破,形成济南文化产业发展的经验模式,健全济南文化消费的长效机制,为全省新旧动能转换蹚出路子,为山东半岛城市群建设当好引领,为黄河流域生态保护和高质量发展作出示范。

2.济南文化产业发展优势

其一,文化旅游资源丰富。济南市作为国家历史名城——泉城,入选第一批国家文化和旅游消费示范城市,集史前龙山文化、大舜文化、黄河文化、泉城文化、仰韶文化、名士文化等历史文化于一体,集聚非物质文化遗产,并且存有冷水泉居历史街区、百年商埠区、芙蓉街、曲水亭街、宽厚里等历史文化街群,大明湖、千佛山、灵岩寺、南部山区、百里黄河等自然风景区,趵突泉、百脉泉、黑虎泉等七十二名泉。文化底蕴浓厚,旅游产品多样,为济南文化产业的高质量发展积蓄了良好的资源优势,创造了更大的发展空间。

其二,文化旅游产业快速发展。值此山东省保护历史文化资源、新旧动能转换以及中部"强省会"战略的历史机遇期,济南以泉水资源优势、天下第一泉风景区为龙头,提升文化品牌影响力。目前,济南共有77家A级旅游景区、45家公共文化场馆以及26家"泉城书房",不断推动文化旅游事业高质量发展。据最新数据统计,2020年济南市举办"非遗购物节""文化云端好物节""好客山东"等多场文化活动,成功签约百花洲等重要文化项目15个,德云社、明水古城等项目有序开展,济南文化产业总投资数额达到313亿元;同时,年接待游客约5000万人次,实现旅游收入总体达到640亿元。在疫情冲击影响与常态化防控下,文化产业总体不断回温,逐渐得到快速发展。

(四)聚焦济南文化，推进黄河战略的科学宏观思路

1.统筹黄河两岸生态恢复，打造黄河流域文化生态先行示范区

黄河流域所属的山林水田湖草构成其特有的生态系统。要坚持系统工程的思维，秉持“重在保护，要在治理”的价值理念，开展系统一体化的黄河两岸生态恢复。大力恢复退化湿地，开展济西湿地等湿地资源的保护研究与旅游开发，完善以黄河入海口、国家地质公园、重要湿地为核心的生态圈的保护与搭建，着力建设济南黄河文化旅游生态带，打造黄河文化生态先行示范区。

2.加快推进动能转换，打造沿黄现代文化产业走廊

济南拥有黄河流域的重要区位资源优势以及良好的产业基础，培育新动能、壮大新兴战略性产业成为必然趋势。遵循黄河战略“分类指导，分区施策”的科学思路，聚焦文化产业，积极培育工业旅游、乡村旅游、体育旅游、研学旅游等文化旅游形式，拓展文化新市场，找准发力点，加快动能转换。同时，发挥济南新旧动能转换先行区、济南信息技术产业等国家级新兴产业集群的重要作用，着力打造沿黄现代文化产业走廊。

3.深化制度体系改革创新，开拓黄河流域对外开放新通道

贯彻“陆海内外联动，东西双向互济”的国家开放格局，统筹推进济南“东强、西兴、南美、北起、中优”城市发展新格局的建设。优化贸易投资制度，加强黄河流域区域的对外开放通道畅通与对内区域协同联动，扩展中国(山东)自由贸易试验区、中国—上海合作组织地方经贸合作示范区等开放载体的发展空间。发挥济南作为国家三大战略轴心的战略优势，深化制度体制改革创新，提升城市服务能级，加快建设黄河流域中心城市。

4.突出讲好“黄河故事”，建设文明互鉴交流共享新高地

黄河流域孕育了华夏文明，黄河文化、儒家文化、运河文化、海洋文化等源远流长。传承讲好“黄河故事”，做好文化遗产的保护，提升山东

文化品牌影响力,以助推黄河战略的践行,打造文明互学互鉴交流共享的新高地。积极开展黄河文化旅游交流合作,深挖时代价值,融入数字元素,举办“千里走黄河”等黄河实景主题系列活动,发挥黄河流域的叠加效应。

二、规划背景分析

(一)规划背景

党的十九大作出了中国特色社会主义进入新时代的重大判断,在这样一个新时代背景下,2018 年年初国务院批复了山东新旧动能转换综合试验区建设总体方案。作为党的十九大以后国务院批复的首个区域性全国战略,这一方案为山东高质量发展带来了重大历史机遇,开展新旧动能转换重大工程已经成为山东省“第一工程”。建设新旧动能转换综合试验区,是在改革开放 40 周年的关键节点上,党中央交给山东省的重大政治责任和必须完成的重大政治任务,也是山东省会济南发展的重大历史机遇。2018~2022 年是济南市全面贯彻党中央“四个全面”战略布局、强力推进新旧动能转换、加快推进省会现代化建设的重要时期。近年来,蓬勃发展的文化产业也成为推动济南经济发展、新旧动能转换的重要领域。如何结合济南经济社会发展实际需要,进行先行区文化产业的顶层设计,推动未来济南文化产业的转型升级和跨越发展,是我们亟待破解的重大命题。

本规划覆盖济南新旧动能转换先行区全境,以规划控制区为规划重点,即先行区辖区的黄河以北区域,涉及济南市天桥区和济阳县,包括先行区直管区及济阳县的济北、济阳、回河街道及天桥区的桑梓店街道,总面积约 733 平方千米。依托外围规划研究区,推动文化与相关产业的区域协同发展。规划背景涵盖了以下几个层面:

文化需求。习近平总书记在十九大报告中指出,要坚定文化自信,推动社会主义文化繁荣兴盛。文化建设将为先行区提供精神动力和智力支持，满足人民美好生活新需要，提升文化自信和软实力。

时代使命。在国内外经济形势持续发生深刻变化的背景下，新旧动能转换成为构建现代化经济体系的战略选择。山东应以更大力度推动新旧动能转换，为巩固全国经济稳中向好势头提供重要支撑。

国家战略。2018 年，国务院国函〔2018〕1 号批复《山东新旧动能转换综合试验区建设总体方案》，要求作为山东新旧动能转换主引擎之一的济南市，高水平规划建设新旧动能转换先行区。

产业契机。我国已进入推动文化产业成为国民经济重要支柱性产业的决定性阶段。文化产业亟待通过新旧动能转换，实现传统文化的传承创新、产业结构的迭代升级、文化供给的改革优化。

（二）规划过程

2018 年 9 月上旬，课题组针对《济南新旧动能转换先行区文化产业专项规划》开始拟订工作计划，收集相关资料，制定调研方案；9 月中旬，课题组赴先行区现场勘察，走访调研，了解区情；赴管委会座谈，听取主要领导对规划任务的基本要求，并进行初步沟通；召开济南市新旧动能转换文化产业发展座谈会，研讨先行区文化产业发展思路及具体规划框架。9 月至 10 月中旬，编制规划初稿，邀请高校学者、政府部门领导、文化企业家等进行内部论证；10 月下旬，进行初稿汇报，听取管委会领导及瑞典专家意见，对接清华同衡历史文化专项规划；10 月底，进行第二轮汇报，听取管委会领导意见和建议。

11 月上旬，课题组邀请省市相关部门主管领导、专家学者、文化企业家召开规划中期成果内审会，此次内审会在山东大学中心校区体育馆新闻中心会议室顺利举行。内审会由山东大学文化产业研究院主办，文化产业动能转换与生态系统（山东大学）山东省文化科技重点实验室具体承办。参加内审会的专家有中国社科院历史所教授于化民、农工党山东省委会秘书长付军、山东省委宣传部文改办主任刘皓、山东省文化和旅游厅文化产业处处长王涛、济南文化集团副总经理张广宇、济南明府城管理中心副主任王虎、济南新旧动能转换先行区管委会建设局工程师吕明娟等。参加内审会的规划课题组成员有山东大学文化产业研究院院长王育济，山东大学体育学院副院长石振国，山东艺术学院艺术管理系主任唐月民，山东大学文化产业研究院规划团队项目负责人、文化产业山东省文化科技重点实验室（山东大学）主任昝胜锋，文化产业山东省文化科技重点实验室（山东大学）副主任张宪亮，规划主管周朋飞，以及规划团队李军、刘冠鹏、章军杰、王斐、李娇等。

内审会由山东大学文化产业研究院院长王育济教授主持。昝胜锋主任代表规划课题组，结合 PPT 及规划文本详细汇报了《济南新旧动能转换先行区文化产业专项规划》的编制理念思路及具体内容。评审咨询专家听取了规划编制单位关于规划成果的汇报；经认真审阅并深入讨论，评审专家一致认为该《规划》基础资料翔实、框架结构合理、内容要素齐全，是一项具有较高水平的规划成果，并建议规划编制组充分吸收专家意见，立足济南和先行区资源禀赋、产业基础，充分借鉴外地先进经验，在业态优势培育、核心竞争力打造、企业扶持引导、政策体系构建等方面进一步修改完善。

11 月中旬，进行课题组中期稿汇报，听取管委会及市区相关主管部门、瑞典专家意见，协同对接文化设施等其他专项规划；12 月上旬，进行修改稿汇报，听取管委会领导意见和建议，深化与其他专项规划对接。2019 年 1 月上旬，参加专家评审会，汇报并听取专家意见，根据专家意见进一步修改完善，提交终稿。

针对此次就济南新旧动能转换先行区文化产业展开的一系列调研论证，昝胜锋博士带领的山东大学文化产业规划研究团队对山东新旧动能转换重大工程工作进行了高起点谋划，坚持“顶天”“立地”相结合，坚持交叉融合，强化资源整合，开展协同攻关，力求做好服务山东新旧动能转换重大工程的大文章。

三、规划内容解读

(一)产业定位

《济南新旧动能转换先行区文化产业专项规划》[①]深度聚焦济南文化推进黄河战略的科学宏观思路，在充分理解济南作为黄河流域中心城市这一发展定位的基础上，提出打造“济南迈向黄河时代的文化寻根地”，即深入阐发黄河（济南段）治河文化、渡口文化、红色文化、民俗文化、工程文化渊源，建设黄河文化生态保护试验区、黄河国家湿地公园，打造国际知名的黄河文化遗产精品廊道、流动的城市文化公园，构建黄河优秀传统文化传承发展体系，助力济南实现从“大明湖时代”向“黄河时代”的历史性跨越。打造“国家级黄河文化生态保护试验区”，即以“见人见物见生活”为创建宗旨，对黄河沿岸（济南段）历史文化积淀丰厚、存续状态良好，具有重要价值和鲜明特色的以“非遗”为核心的文化生态实施整体性保护。划定保护范围与重点区域，明确保护对象与保护内容，制定保护方式与保护措施，出台创建周期与实施计划，维持黄河文化生态平衡，全面阐发黄河文化精神内涵，彰显黄河文化独特魅力。

以文化定位为基础，对济南黄河流域文化产业定位为以下五个方面：

1.省会城市群创意经济潜力增长极

在核心带动、圈层推进、效应扩散的省会城市群发展格局中，围绕增强省会综合实力、服务功能和辐射带动能力的首要任务，通过创新先行、绿色先行、智慧先行、改革先行，培育以创新、创意、创作、创造为动力的创意经济新生态，树立并强化先行区创意经济“核中之核”的重要地位和功能属性。

---

① 参见昝胜锋主编：《泺尚：创意中国调研报告（2019）》，山东大学出版社2019年版，第193页。

2.环渤海开放型文化经济新高地

按照形成全方位、宽领域、高层次的开放要求,优先融入山东半岛、京津冀、辽东半岛的环渤海地区发展格局,在开放型文化经济发展上率先发力,聚焦文化内容原创、生产方式、供给渠道、传播手段等核心领域,引进新技术、做大新产业、发展新业态、拓展新模式,实现高层对接、高效融合、高端发展。

3.国家文化产业动能转换样板示范区

围绕文化产业生态、金融服务、市场体系、保障体系、体制机制等五大重点领域,探索具有示范意义和推广价值的组织架构、政策体系、平台系统、引导机制的改革创新路径,带动和促进各种资源优化组合、高效配置、动能转换,打造全国文化产业新旧动能转换的改革探索区、政策先行区、融合示范区。

4.国家级文化科技融合示范基地

聚焦文化资源数字化、数字内容生产、数字技术服务、新媒体融合等文化科技新兴价值链,依托先行区集聚类、单体类优质文化产业载体,引导其融入技术研发与集成应用、标准制定、技术转移、产业联盟等领域,创新性解决文化和科技融合"最后一公里"问题,在国内形成示范性的标杆效应。

5.国家文化融合发展创新示范区

围绕先行区"新智造、新科技、新服务、新消费"产业发展方向,依托文化创新创意力量,引导资源端、产品端、技术端、市场端的产业融合,提高文化资源的创新开发水平,丰富新兴产品(服务)的文化内涵和产品市场营销环节的创意手段,提升先行区现代产业体系的文化附加值。

(二)发展战略

整体的规划内容以济南新旧动能转换先行区发展基础、文化定位、产业定位为契机,确定了文创赋能、标准引领、载体带动的发展战略。

1.文创赋能战略

在先行区产、城、河融合发展格局中，以文创资源、文创要素为基底，以文创企业、文创组织为主导，以文创空间、文创平台为载体，以文创产品、文创品牌为纽带，实施文创赋能行动计划，推动文化资源的创造性转化利用，加快相关产品与服务迭代升级，优化配置居住、产业、服务等各类功能空间，塑造并优化城市精神风貌。

2.标准引领战略

依托先行先试的政策优势，围绕创意设计、服务外包、新媒体、数字内容、网络文化、产权交易、文化运营、文化制造、文化贸易等重点领域，制定一批以文化创新技术为核心且具有标杆效应的技术标准与服务标准。鼓励区内企业参与国际国内的文化产业标准制定和推广，形成一批有技术主导权的国际、国家行业标准。

3.载体带动战略

在科学合理的业态体系和空间布局基础上，搭建文化产业发展的公共平台、政策支撑体系，建设引进示范型、引领型产业项目、文化企业，统筹实施黄河文化生态保护、城市启动区域建设和乡村文化振兴等重点任务，实现各区域产业载体的特色化、错位化，构建优势突出、协同发展的产业生态系统。

（三）空间布局

《规划》按照组团发展、错位协同、有序集聚、三态共生的布局原则，充分衔接先行区国土空间、生态空间、城乡空间及三次产业空间布局体系，结合文化产业空间布局原则和发展规律，确定先行区文化产业空间布局为：培育“文创＋科创”新动能引领核，构建“一轴＋一带”线状要素串联格局，统筹“两团＋两翼”动能转换梯度协同，强化“小镇＋田园”动能转换外围支撑，开拓科学合理、分工明确、特色突出、集聚效应凸显、产城高度协同的文化产业空间格局（见图 5-2）。

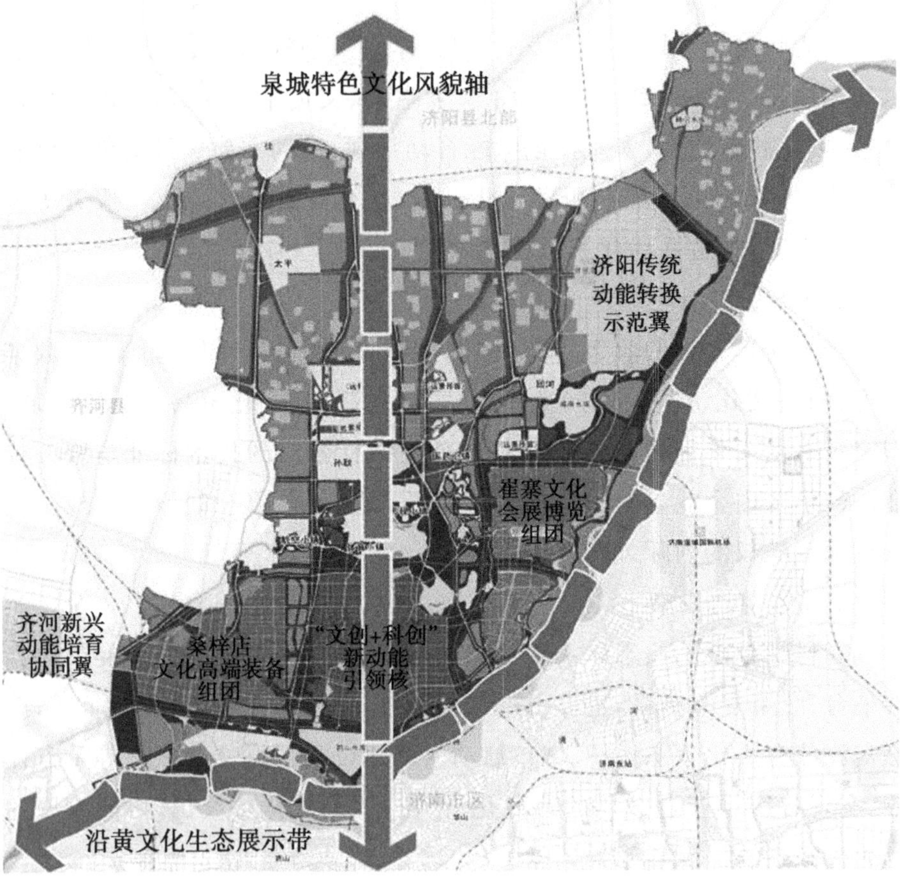

图 5-2 济南新旧动能转换先行区空间布局

1.培育“文创＋科创”新动能引领核

依托先行区中心区和引爆区所在地的大桥组团，打造文创文博中心、文化科创中心，构建文化地标、文化总部、创意设计、智慧文博、数字内容、新媒体、网络信息服务七大功能板块，结合文化产业公共服务平台与文化科技创新平台，培育先行区文化产业新动能引领核，打造文化产业中枢功能区、高端产业资源与优质市场要素集聚高地(见表 5-4)。

表 5-4　“文创+科创”载体内容

载体名称	功能作用	业态板块
文创文博中心	依托中心区创新资源，在文化地标、文化总部、创意设计及智慧文博等领域，集聚一批品牌辨识度高、行业领导力强的文化企业集团，建立先行区城市核心吸引物和文化地标群	——文化地标板块。集聚省市级公共文化服务设施，加快省图书馆、省青少年宫、省方志馆、市博物馆、市规划展览馆、市档案馆、市史志馆、市电视台等重大设施建设进程，结合南北两侧区级公共文化设施，共同打造先行区文化地标群落 ——文化总部板块。依托引爆区总部与商务中心，出台文化总部经济扶持引导办法，保留“一事一议”政策空间，积极鼓励国内外龙头文创企业、重大文化项目将全国总部、区域总部设在此地，打造国内知名的文化企业总部经济区 ——创意设计板块。依托创业大街、创客空间、孵化器、加速器等载体，引进国内外知名建筑设计、工业设计、时装设计、动漫设计、广告创意、品牌策划与营销类企业。建设“全球创意城市网络”联合文创学院，常态化开展国际文创人才合作与交流
文创文博中心		——智慧文博板块。提高省市公共文化设施的展览展示、公共服务的数字化水平，打造齐鲁文化艺术基础资源信息数据库。配套建设艺术、工艺、文化界大师工作室，辅助开展文化艺术资源数字化应用的前瞻性研究

续表

载体名称	功能作用	业态板块
文化科创中心	依托引爆区科技研发中心,围绕数字内容、新媒体、网络信息服务等重点领域,努力突破一批具有较强技术关联性和产业带动性的文化关键技术,形成一批具有自主知识产权的文化科技专利成果	——数字内容板块。引进国内外知名数字技术服务提供商,打造数字内容研发实验室,开展数字影音、动漫游戏、网络文学等数字文化内容生产。建设数字经济港,拓展文化资源数字化转换及开发利用、知识分享与众包中介平台等热点领域。打造数字服务外包基地,开拓文化艺术、专业设计、影视领域的数字化服务贸易市场 ——新媒体板块。积极融入济南加快媒体融合及创建新媒体之都筹备格局中,大力引进国内外知名媒体运营商、新媒体标杆企业,引导社会资本参与新媒体产业开发。创建国家级新媒体产业基地,构建"数字技术+网络技术+通信技术"集成化技术平台,争取成为中国新媒体发展年会永久举办地 ——网络信息服务板块。围绕信息技术、网络技术的文化应用领域,引进第三方专业机构,聚焦互联网演出、娱乐应用、音视频服务市场,打造集成化的行业信息服务联盟。大力开展区块链技术下的文化内容生产及消费的创新应用,拓展基于开源代码的个性化软件服务开发、5G+增值电信文化服务、公共"文化云"服务市场

2.构建"一轴+一带"线状要素串联格局

以先行区线状分布的文化、生态资源为逻辑基础,以互联互通的城市工程和产业载体设施为支撑,严格保护遗址遗迹、合理控制建筑风貌、统筹引导产业形态，构建泉城特色文化风貌轴。分段优化空间功能、布局文化展示节点，打造沿黄文化生态展示带，开拓纵横交错的文态、生态、业态线状串联格局（见表 5-5）。

表 5-5　“一轴十一带”载体内容

载体名称	功能作用	业态板块
泉城特色文化风貌轴	继承并延续泰山—千佛山—明府城—大明湖的城市轴线，基于文化遗产、建筑风貌、产业形态三大维度，加强黄河南北两岸、新老城市的空间呼应，确保轴线落位的先行区展现出源远流长、薪火相传、继往开来的城市文化脉络	——严格保护遗址遗迹。加快推进轴线周边扁鹊墓、玉皇冢、红岭寺等文物保护单位“四有”工作，实施鹊华博物馆等一批有示范引领作用的重大文物保护利用项目。以重要文化遗产地、重大保护工程和重点文化遗产活动为依托，精心打造文物活化利用品牌，拓展文物旅游、文博展览、文创产品研发市场，强化区域内文化遗产之间的相互联系 ——合理控制建筑风貌。优化城市与鹊山、华山的景观廊道，确保轴线南北形成良好的衬景和通视。文化中心、科创中心、济南北站以及行政中心等地标建筑应以传承创新型风貌为主；临近自然生态的建筑选择传统本土风貌，与周边生态形成景观呼应；特色产业建筑则视功能属性选择中西合璧、创新未来型风貌，保持黄河南北两岸、新老城市的空间呼应 ——统筹引导产业形态。轴线区域以文化、科技、旅游为核心产业，依托城、园、镇三类六种产业载体，构建多级共享的服务新体系，打造国际文化合作交流基地、高端科技创新展示窗口、精品休闲旅游目的地，开拓生产空间集约高效、生活空间宜居适度、生态空间山清水秀的空间新格局，打造身心体验、思想升华、心灵净化、境界提升的精神文化走廊

续表

载体名称	功能作用	业态板块
沿黄文化生态展示带	加强黄河两岸城区及上下游城市的合作,在黄河文化生态保护试验区创建框架内,通过分段优化空间功能、布局文化展示节点,构建中央文化生态开放空间和流动着的历史文化展示廊道	——分段优化空间功能。创建黄河国家湿地公园,充分利用该区域丰富的植物及生态资源、黄河流域的文化遗产及两岸的农田和村落,打造黄河文化生态保护核心区。结合黄河示范段建设,在黄河十九弯处建设黄河体育公园、鹊华博物馆、华山体育休闲园,打造省会济南面向全国乃至全世界的"齐鲁客厅"。结合崔寨组团建设,规划落地黄河文化博物馆、黄河学院、黄河创意街、会展中心等创意和展示空间 ——布局文化展示节点。保护并合理利用黄河大桥群文化资源,改造黄河大桥,调整部分浮桥功能,完善旅游服务、文化展示设施,将历史文化工程与休闲、旅游等活动有机结合。将泺口和邢家渡打造为黄河渡口文化展示节点,恢复通航能力,通过慢行系统与沿河文化旅游节点相连通。结合生态修复工程,有序布局冯唐创意村、亲水乐园、生态农业园、草药园、体育公园、房车营地等文化体验项目

3.引导"两团+两翼"动能转换梯度协同(见表5-6)

表5-6 "两团+两翼"载体内容

载体名称	内容建设
崔寨文化会展博览组团	——高标准建设运营国际博览城。充分发挥崔寨组团的区位交通优势,加强与空港、高铁联动,高标准建设国际博览城。以国际会展中心和国际会议中心为核心载体,引进国际国内知名会展机构及合作伙伴,打造"世界一流、中国第一"的全球首座"会展+产业"融合发展的经济园区,加快形成APEC、G20国际峰会同等级会务承接能力。联动大桥中心区,积极协办世界园艺博览会、黄河高峰论坛

续表

载体名称	内容建设
崔寨文化会展博览组团	——强化相关产业配套支撑。依托引爆区科创中心，打造智慧会展平台，实现会展智能应用、智慧管理、智慧营销、智慧布展和智慧服务。依托国际博览城建设，配套建设科创先行谷，加快落地绿地科创总部、中科科技园、云谷产业园、跨境贸易中心、齐鲁国宾馆。引导创新产业园区、“中国氢谷”导入创业孵化、产学研创新项目。围绕滨河沿岸打造体育公园、生态农业园，联合园博园开发文化休闲项目
桑梓店文化高端装备组团	——建设文化装备制造成果转化基地，构建文化装备制造科研载体群。以推进文化创意与装备制造深度融合为主线，积极引进高校、科研院所、国家实验室、企业研发总部等高端创新资源，聚焦演艺装备、娱乐装备、展览装备、数字技术、机器人、3D 打印装备等领域，打造国家重点文化装备实验室，落地文化装备制造云服务平台 ——制定服务“中国制造 2025”战略的文化装备技术标准及应用规范。引进大数据、物联网、AI 及智能终端提供商，研发面向消费升级的中高端移动通信终端、可穿戴设备、智能影音及虚拟现实、增强现实等前沿文化科技装备设备，鼓励企业开展基于应用场景的“装备＋服务”定制化模式，开展前沿性技术标准与应用规范研究，打造国内领先的文化装备制造高地
济阳传统动能转换示范翼	——推动传统文化业态链实现整体跃升。充分利用济阳撤县设区的综合发展机遇，全面融入全市文化产业空间、行业、政策体系。依托先行区“四新”产业、“四先”平台，带动济阳印刷包装、工艺加工、文化设备生产等传统业态链实现整体跃升，优先扶持雕塑设计、黑陶制作、柳编工艺、家具制作、老粗布加工等文化企业转型升级 ——依托临空优势引聚高端要素资源。积极对接临空经济，集聚优质市场要素，大力发展总部经济、文化商务等现代都市业态。整合温泉、农业、文化遗址等资源，在精品旅游项目、精品线路打造上实现新突破。依托济北智造小镇、少海汇智慧住居等重点项目，实施食品饮料加工、智能制造“文创提质”工程，积极融入先行区智能制造产业链

续表

载体名称	内容建设
齐河新兴动能培育协同翼	——探索建立文化及相关产业生态共建机制。加强先行区与齐河的规划对接,促进区域产业联动,引导齐河齐鲁科技小镇、中谷创新产业园、绿色包装印刷产业园、高端装备制造产业园等新动能产业载体与先行区探索建立产业生态共建机制,在产业分工、市场定位环节实现功能互补,实现区域文化产业一体化发展 ——联合推进文化生态保护及精品旅游发展。加快推动全国旅游标准化示范县和全省全域旅游示范县创建进程,实施泉城海洋极地世界、泉城欧乐堡梦幻世界等重大项目提升工程,全力打造具有核心吸引力的全域旅游目的地。联动黄河国家湿地公园与齐河黄河国际生态城,统筹推进黄河资源的联动保护利用,联合打造区域性黄河文化生态保护、生态旅游示范区

4.强化“小镇+田园”动能转换外围支撑(见表5-7)

表5-7 “小镇+田园”载体内容

载体名称	内容建设
文化特色小镇	——影视主题小镇。积极融入济南特色影视产业发展格局中,按照在省内与青岛错位发展原则,以电视剧产业孵化、创新为特色,引入山东影视集团等合作伙伴及产业链上优秀企业、团队,构建影视制作、影视科技、影视教育、影视服务和影视娱乐等“1+N”产业生态。引领构建济南影视IP资源库、IP孵化平台,通过生产拍摄、后期制作、设备供应租赁、发行交易等各市场主体的有序集聚,逐步打造国内知名的电视剧产业资源聚合平台。加大税收、财政补贴、投融资、精品创作扶持力度,为入驻的影视企业、组织、第三方机构提供全方位服务

续表

载体名称	内容建设
文化特色小镇	——运动休闲小镇。聚焦运动休闲、体育健康核心主题，根据先行区产业规划格局，协同济南国际医学中心，构建具有滨水特色的体育竞赛表演、体育健身休闲、体育培训与教育、中医药养生等特色产业体系，拓展露营自驾、旅游度假、徒步骑行、康体养生市场。依托沿黄生态资源优势，策划承办黄河国际马拉松赛事，大力培育黄河公路自行车赛、黄河生态五项挑战赛、全地形车赛事、场地汽车越野赛等专业赛事。联动航空小镇建设，开发航空表演、飞行体验、热气球观光项目。推进自驾车房车营地、运动船艇码头、航空飞行营地等特色载体设施建设，适时创建国家级体育旅游示范基地
田园综合体	——以三三为原则，明确创建要求。以大寺河生态廊道以北为重点区域，以农村生产生活生态“三生同步”、一二三产业“三产融合”、农业文化旅游“三位一体”为目标，打造若干集循环农业、创意农业、农事体验于一体的田园综合体 ——以资源为导向，实施分类打造。选择基础条件较优、生态环境友好的整村片区，依托省农科院实验基地等科研平台，分类整合瓜果、蔬菜、新型水稻、食用菌等特色农产品资源，都市农庄等创意载体资源及外围卢氏旧居等文化资源 ——以平台为架构，提高创建成效。加强田园综合体区域内“田园＋农村”基础设施建设；打造涉农产业体系发展平台，构建农事体验、休闲度假、科普教育、文化观光、民俗体验等多元产品体系

(四)重点突破

济南新旧动能转换先行区辖区范围横跨黄河两岸，基于这一特殊地理位置，《规划》中对未来产业走向提出了重点突破，其中“创建国家级黄河文化生态保护试验区”涵盖了保护创新该区域黄河文化产业的整体方向，并拟制定《国家级黄河文化生态保护试验区创建总体规划》。“国家级黄河文化生态保护试验区”这一部分的内容是在国家对文化生态保护试验区创建规则的基础上,针对济南地方"非遗"文化发展现状及整体产业方向,对济南创建国家级黄河文化生态保护试验区的保护对象、内容、方式、措施等进行了具体阐述。

1.明确保护对象与保护内容

区域内各级"非遗"代表性项目。对高跷、舞龙等传统表演艺术类项目,注重对其剧(节)目及其资料的挖掘和整理,优化艺术创作模式,鼓励剧目创新。对龙山黑陶、柳编、钩绣等传统技艺类项目,注重对其技艺传承及原材料、作品的保护,鼓励探索生产性保护方式。对"张尔岐的传说"等民间文学类项目,注重对其故事、文化的考据与创新,依托影视、动漫等现代演绎形式引导其实现产品化、产业化。对潜在的民俗类项目,注重在新建社区及保留村落的宣传、教育和活动组织,促进群体传承。新旧动能转换先行区"非遗"项目如表 5-8 所示。

表 5-8　新旧动能转换先行区"非遗"项目

类别	非遗项目	所在地
民间文学	张尔岐的传说	济阳区
民间舞蹈	高跷(乔家、胡家、饮马)	济阳区
	舞龙(兴隆、前街)	济阳区
传统手工技艺	龙山黑陶制作技艺	济阳区
	泺口醋酿造技艺	天桥区
	德兰柳编技艺	济阳区
	鲁嫂钩绣	济阳区

区域内各级"非遗"代表性传承人。持续推动各级"非遗"名录项目代表性传承人的认定和命名。对区域内"非遗"传承人的级别、现存数量及传承状况进行数据统计,建立完善的"非遗"传承人名录。统筹资金、政策、场所等资源,严格按照国家、省、市标准落实各类补贴、奖励扶持政策,支持传承人开展授徒传承、教学、交流等活动。进一步加大对高龄及

无固定经济来源的代表性传承人的生活补贴力度，支持通过文字、影像手段，及时记录高龄传承人的从艺经历、技艺水平。“非遗”保护资金支持范围及内容如表5-9所示。

表5-9　“非遗”保护资金支持范围及内容

“非遗”保护资金支持范围	“非遗”保护资金支出内容
对列入国家或省级非物质文化遗产代表性名录的重点项目保护给予补助。其中，对非物质文化遗产具备传统工艺振兴条件的保护性项目优先给予支持	组织管理支出。包括调查研究、规划编制、资源普查、数据库建设、专家咨询、绩效评价、评估论证等
对国家级和省级非物质文化遗产代表性传承人给予补助	项目保护支出。包括传承设备和工具购置、租借、修缮，材料购置以及开展传承保护工作所必需的直接人工经费等
对国家级或省级文化生态保护区给予补助	记录传承支出。包括抢救性记录和保护、传承活动，技艺研究、资料整理，传承人带徒授艺补助等
对全省性非物质文化遗产保护传承工作发生的相关费用给予支持	宣传培训支出。包括传承人培训，保护成果出版、传播交流、宣传推介，组织文化和自然遗产日、非物质文化遗产月等宣传展示活动等
	与非物质文化遗产保护有关的其他费用支出

区域内文化遗产及人文生态环境。严格保护黄河文化生态保护试验区内济南泺口黄河铁路大桥的全国文保项目，保护以扁鹊墓、玉皇冢遗址、洪岭寺遗址、汉画像石墓、张沟遗址、邝家遗址、张尔岐墓为代表的历史遗址遗迹，保护以卢氏旧居、清真寺、刘恩生故宅为代表的建筑群。

贯彻乡村振兴战略与山东省文化遗产片区保护战略,深化对历史文化名城、名镇、名村保护力度,协同推进对区域内生态系统、自然景观、地质遗迹的保护工作。具体如表 5-10 所示。

表 5-10　新旧动能转换先行区物质文化遗产项目

年代	文物点
大汶口文化	玉皇冢遗址
龙山文化	邝家遗址
商周	张沟遗址、平陵冢遗址、洪岑寺遗址、双柳遗址、大鳖盖遗址、冉家遗址、于家遗址
战国	荀王遗址、西坡遗址、扁鹊墓
秦汉	秦家遗址、杨栏口画像石墓、杨栏口遗址
唐宋	半釉罐、黄釉假圈足碗、刻花双耳莲花壶
元明清	艾氏祖茔、张尔岐墓、艾元徽墓、大路村清真寺东屋、堤口清真寺、处士杨公墓、殷氏墓地、李氏家族墓地、孙氏家祠、路氏家族墓、泺口黄河铁路大桥、刘恩生故宅、小寨村清真寺
民国及中华人民共和国成立以后	卢氏旧居、卢永祥墓、于家战役纪念地、周总理视察泺口黄河铁桥纪念地、王世栋烈士纪念地

2.制定保护方式与保护措施

加大"非遗"项目抢救性保护力度。建立完善的"非遗"常态化普查制度,对试验区内的各项文化资源及"非遗"项目的种类、数量、现状、传承人等展开全面调查记录。完善"非遗"名录体系与管理制度,在现有名录基础上扩大国家级、省级项目及代表性传承人的数量,争取将更多项目纳入国家"非遗"保护利用建设项目库。完善充实"非遗"保护数据库。基于"非遗"数字资源录入、数字资源加工,启动"非遗"知识产权的保护登记工作。打造数字虚拟展示平台。建设综合性非物质文化遗产展示场所，根据先行区实际打造非物质文化遗产专题馆，根据传习需要设立各级“非遗”传习所或传习点。

拓宽“非遗”项目生产性保护渠道。挖掘区域内传统工艺项目资源，持续弘扬传承工匠精神，培养一批能工巧匠，培育一批知名品牌，推动传统工艺振兴。依托传统工艺、传统美术项目的生产性保护，组织相关人员参加传统工艺相关技能培训，带动就业。创建一批国家级、省级“非遗”生产性示范基地，鼓励高校、设计企业等设立“非遗”保护开发工作室，开发现代空间软装产品、休闲娱乐产品和创意文具产品，拓展“非遗”产品在现代生活中的应用范围。依托区域内独具特色的文化生态资源，开展文化观光游、文化体验游、文化休闲游等多种形式的旅游活动。

完善“非遗”项目活态化传承机制。实施“非遗”“五进工程”，将非物质文化遗产保护知识纳入区内高校、职业院校、中小学教育体系，构建“平台＋课程＋活动＋实践”的“非遗”课程体系。以政府购买公共文化服务方式，加大“非遗”研究成果、创新成果宣传力度，依托新媒体渠道及文创产品等载体，解决“非遗”仅在小众群体传播和认知的问题。鼓励将具有地域、民族特色的传统文化元素或符号运用在当地城乡规划和设施建设中。围绕主干道路、重要节点，策划落地集科普性、体验性、参与性、互动性为一体的系列景观小品、展示廊道。深入挖掘、阐释非物质文化遗产蕴含的优秀思想观念、人文精神、道德规范，培育文明乡风、良好家风、淳朴民风，提升乡村文明水平，助力乡村振兴。

3.明确创建周期与实施计划

夯实基础阶段（2019～2021年）。制定出台《黄河文化生态保护试验区总体规划实施方案》，确定试验区传统工艺振兴目录。推动文化资源普查常态化与数字化技术手段的合理利用，依托“非遗”普查工作，形成调研报告、传承人口述史等一批成果内容。落地一批“非遗”展示、传习场所，合作共建一批生产性保护基地、研修研习培训基地，持续完善代表性传承人认定管理机制,实施“非遗”研修研习培训计划。持续培育多元化“非遗”展演展示平台和民俗节庆活动品牌。

总结提升阶段(2022～2025年)。深化文化生态保护制度体系建设,提高黄河文化生态保护的规范化、科学化、法治化。以文化生态保护驱动文化、旅游产业实现品牌化、集聚化和规模化发展。系统修复以黄河为中心的非物质文化传承链,不断开拓“非遗”项目内涵阐发、展演展示新模式。着力提升“非遗”创新发展和自我造血等薄弱环节,提升从业者的文化艺术修养、审美能力与创新能力,打造一批符合现代生活要求,具有黄河文化气质的优秀文创产品。

巩固发展阶段(2026～2030年)。健全完善黄河南北两岸的自然生态保护机制和人文生态保护传承机制,统筹推进文脉、山脉、水脉开发利用,高标准实现生产空间的集约高效、生活空间的宜居适度、生态空间的山清水秀。深入贯彻“见人见物见生活”的理念,完善人文生态保护传承机制,推动“非遗”从抢救性、单体性保护转化为生态性、系统性、生产性、兼容性保护。提升黄河文化品牌影响力、辐射力,助推黄河文化品牌“走出去”,进一步强化国际影响力。

第六章　基于新发展，探索沿黄企业实践道路

第一节　黄河“非遗”文化生态保护

——以景阳冈传统酿造技艺为例

一、黄河“非遗”文化生态的保护与传承

(一)黄河“非遗”文化生态保护思路

长期以来，党和国家高度重视“非遗”保护工作，“非遗”保护理念已从对单一遗产类别的保护转向对地域文化生态的系统保护。“非遗”保护传承工作对社会经济发展大局影响深远、意义重大。在山东省实施新旧动能转换重大工程的背景下，文化创意产业是构建新动能的十大产业之一，而传统“非遗”是文化产业的重要资源和创意支点。在推动中华优秀传统文化创造性转化、创新性发展的时代主题下，要树立保护“非遗”与发展经济同等重要的观念：注重整体性保护，坚持创造性转化、创新性发展，守护文化生态，擦亮文化瑰宝，让“非遗”在赓续传统的基础上，在新时代展现出更强更大的活力。要广泛动员社会力量参与，大力推动“非遗”保护，更加深入融入人民群众的生产生活中，充分发挥“非遗”在交流传播文化，满足人们精神文化需要，增进民生福祉，助力脱贫攻坚，

推动乡村振兴方面的重要作用。

针对当前"非遗"工作的新形势和新要求,"非遗"工作思路也要有所调整。当前,"非遗"工作面临新形势、出现新变化、肩负新使命、承担新任务,理应审时度势、勇于担当,为推动文化融合,推动经济社会高质量发展作出新的贡献。新时代,"非遗"工作改革出现的最大变化是从高速发展转化为高质量发展,与经济社会发展规律相吻合,在工作思路上主要有以下转变:

第一,从重数量向重质量转化,在注重存量的同时更加注重质量,实现数量与质量相统一。第二,从重视外延式发展向重视内涵式提升转变,推动传承项目和传承人由外向内提升素养,深挖内涵,真正做到外强形象、内强素质,实现形象与素质的统一。目前文化部门一改往常惯例,限定申报数量,对申报数量的管控也反映了新时代"非遗"工作政策的导向。第三,从单向保护向生态保护转化,更加重视文化生态、展现文化活力。同时进一步加强对文化生态保护试验区的指导,加强对保护区内"非遗"文化的整体性保护,发挥好试验区的引导示范作用。第四,从单纯"非遗"保护向跨界融合发展,实现"非遗"保护传承的创造性转化、创新性发展,推动"非遗"工作与社会各界更深度、更强度的融合,并在"非遗"政策、工作思路上应有所调整。

从区域文化研究角度看,黄河滋养孕育了丰富多彩的黄河文化,黄河文化是中华文明的重要组成部分,是中华民族的根和魂。黄河的环境条件、制度理念、物质形象对黄河"非遗"特色的生活方式、思维方式、行为规范、民俗活动、手工技艺等,特别是传统手工技艺体系构建起到了潜移默化的作用。不仅如此,黄河"非遗"文化生态具有无形性、可传承性等特点,凝聚了黄河文化的精神内核与文化基因,既展现了历史性与活态性的一面,又反映出一种时代记忆以及文化流变。随着社会变迁,经济发展,传统手工技艺随着老一代传承人的离世正在失传和面临失传,甚至濒临灭绝。加强黄河"非遗"文化生态保护与传承,梳理黄河文化传统手工技艺传承和发展的历史脉络，有助于传承和弘扬黄河文化，焕发黄河文化新的生机与活力。

从传承创新角度来看，黄河“非遗”生态保护的创新发展具有极其重要的作用。一方面，自黄河流域生态保护和高质量发展上升为国家战略以来，推动黄河流域传统手工技艺得到更加系统完备的传承发展成为黄河文化保护传承的重要载体形式；从审美趣味、社会结构、文化环境角度总结黄河流域文化流变动因，对探索黄河流域传统手工技艺文化发展新理念及新规律具有重要价值。另一方面，绘制黄河流域传统手工技艺项目“分布图谱”，整理黄河流域传统技艺传承人的“人物年谱”，编辑黄河流域传统技艺“发展谱系”，基于不同谱系设计符合传承体系演进规律的多维路径和创新模式，构建形成要素集合、环境契合、功能整合的黄河流域传统手工技艺文化的保护方式，开拓黄河流域传统手工技艺传承保护的新模式和新路径，构建当下抢救、保护和传承区域传统手工技艺文化遗产的新模式。

（二）黄河“非遗”文化生态未来保护方向

未来黄河沿线“非遗”生态保护与传承的重点主要聚焦于以下四个领域：第一，“非遗”“见人见物见生活”的场景化应用。聚焦反映黄河沿岸人民生产传统、生活习俗的“非遗”传统技艺，探索其真正融入现代生产生活的生态模式和充满活力的应用场景。第二，黄河主题“非遗＋”产品创新和服务谱系构建。探索在新的环境及不断变换的形势下，如何通过产业融合、模式创新等横向化、并行化发展，保持“非遗”生命力，激发“非遗”发展活力。第三，构建“非遗”保护链、传承链、价值链协同模式。围绕黄河中下游区域探索生产性保护视角下的“非遗”传承的基本逻辑和产业链条。第四，开展文化生态整体性保护与绩效评估，探索“非遗”生态系统构建模式、测评节点。

二、景阳冈酒业发展现状及传统酿造工艺导向

(一)中国白酒行业发展现状

近30年来,我国白酒行业总体呈现“螺旋式上升”的发展态势。但因近年来的综合环境变化,白酒行业已进入深度调整期。

一方面,白酒行业供给端情况显示,在2003～2012年宏观经济快速增长的带动下,行业实现了10年的“黄金”发展期,白酒企业销售收入及利润总额获得快速增长。受2013年前后商务消费和政务消费萎缩影响,白酒行业产能过剩矛盾凸显。从需求端情况看,随着消费者对于品牌和品质要求的逐步升级,白酒消费总体出现品质升、消费群变化的趋势,消费者从重视酒香转向关注口感和健康,个性化、功能性产品需求加大,产品健康化、品牌化趋势显著。总体而言,我国白酒行业当前处于稳步增长阶段,品类细分化、产业链条化趋势明显。

另一方面,我国的酿酒工业是以农业资源开发为主,在消耗有限粮食资源的同时,大量废弃物的排放也给环境造成了很大的压力。通过物质的再循环、再利用,实现资源对经济发展的可持续支撑,已经成为我国酒类企业发展循环经济的共识和行动。同时,酿酒工业天然具备文化承载和体验的功能,有利于在创意农业和工业文创链条中,实现资源的多向整合和设施的一体利用。

在我省加快实施新旧动能转换重大工程、深入推进供给侧结构性改革和“鲁酒振兴计划”的背景下,山东白酒行业担负着重要的转型升级压力和动能转换使命。大力发展白酒产业循环经济,加快三产融合进程,已成为行业提品质、增品种、优链条的重要抓手。山东景阳冈酒厂有限公司作为中国白酒工业百强企业和中国白酒行业明星企业,始终坚持传统纯粮精酿,坚守自主创新,经过多年发展与积淀,在行业内树立了极好的口碑。当前,景阳冈酒厂有限公司已步入重要的战略机遇期和发展提升期,“以品牌文化为支撑、以提升产品质量为保证、以新技术新产品为

发展动能”被确立为企业未来发展的目标和要求。

（二）阳谷黄河文化与景阳冈酿酒文化

阳谷县处黄河冲积平原，属于以农业文化为主导的黄河下游文化区。阳谷境内的“山东黄河左岸堤防起点”石刻，作为河南黄河左岸堤防与山东黄河左岸堤防连接处，代表了山东黄河左岸堤防起点位置。地势平坦、土壤肥沃的优势让阳谷成为黄河下游率先进入平原定居和农耕阶段的区域之一，成为中国农耕文明的主要发源地。同时，作为黄河文化、运河文化与水浒文化交汇地，阳谷人文底蕴深厚，先后积淀形成景阳冈陈酿酒传统酿造技艺、张秋木版年画、寿张黄河夯号等一批与黄河息息相关的非物质文化遗产。其中景阳冈陈酿酒传统酿造技艺作为省级非物质文化遗产，是黄河下游反映黄河人文传统和历史传承的集大成者。

阳谷景阳冈酿酒历史悠久。据《世本》《吕氏春秋》《战国策》等先秦典籍记载，我国最早酿酒技师为仪狄、杜康二人，而仪狄为舜帝之女。据考古专家考证，在景阳冈附近发现的龙山文化古城遗址便是舜都，而且在古城遗址发掘了大量的酒器酒具，可见仪狄曾在阳谷景阳冈一带酿酒。早在公元前 2100 年，阳谷景阳冈酿酒技艺已在民间广为流传，历经春秋、秦、汉，到唐代已负盛名。据历史考证，公元 736 年（唐玄宗年间）在景阳冈周边村镇出现数家酿酒作坊。在宋代，阳谷景阳冈周边小酒坊已达 77 家，各地造酒名师争献技艺，景阳冈酒时称“透瓶香”“三碗不过冈”和“出门倒”，随着《水浒传》《金瓶梅》的问世和流传而远播中外。元朝会通河的开通，使得景阳冈张秋成为鲁西商业中心，即有“南有苏杭、北有临张（即聊城临清、阳谷张秋）”之说，可见当时经济之发达，酒业之兴盛。清末漕运停业，运河淤废，景阳冈一带酒业随之衰落。

中华人民共和国成立后，由于党和政府高度重视，景阳冈酒传统工艺这枝古老瑰异之花重得新生，焕发出绝丽的光彩。20 世纪 90 年代起，景阳冈人在充分发挥历史名酒景阳冈酒传统工艺的基础上，结合现代酿制技术，又开发了酱香、浓香白酒，使景阳冈酒形成系列化。近年来，景阳冈人努力挖掘民间传统的酿酒技术,同时积极借鉴外地名酒名厂的先进经验,怀当地之绝技,汇古今之精华,使景阳冈酒成为名副其实的中国英雄酒。

(三)弘扬传统酿造技艺的价值意义

酿酒工业以农业资源开发为主,在消耗有限粮食资源的同时,大量废弃物的排放也给环境造成了很大的压力。因此,通过物质的再循环、再利用,实现资源对经济发展的可持续支撑,已经成为我国酒类企业发展循环经济的共识和行动。

同时,由于酿造过程天然具备文化承载和体验的功能,因此以文化创意、科技创新为串联主线,攻关白酒产业循环生态与创意农业、工业文创设施的复合化利用技术,有利于在创意农业和工业文创链条中,实现资源的多向整合和设施的一体利用。

一方面,这将进一步丰富传统酿造技艺保护传承模式。按照"立足非遗技艺传承、保留经典工业遗迹、展示传统生产场景"的理念,通过设施复合化利用模式,在农业节庆、农业科普、农业电子商务、农业总部经济、农业审美、农业旅游、农业创新创业和农事体验活动中,进行生产创意、生活创意、功能创意、科技创意、产业创意、品牌创意和景观创意;通过营造优美意境和养心养眼场境,构建与传统酿造技艺理念、精神、内涵相契合的新型农业生产方式、生活方式、消费方式与发展方式,大力开展"非遗"研学游、亲子体验游、工业观光休闲游等主题特色旅游,创新开发新型体验项目。具体实施中,可基于循环经济理论、冗余系统理论、弹性空间理论,运用定性定量方法分析设施复合化利用的动力机制、利用效能和功能转化等,明确提出相关设备设施的复合化技术路径,实现机制创新及路径优化。

另一方面,这有利于指导生态种植、环境保护和治理、节能节水改造、资源综合利用等环节与创意农业、工业文创开发的无缝衔接。在研究白酒产业循环生态指标体系、组织体系与技术支撑体系的基础上,围绕原辅材料、工艺流程、能源转化、废弃物利用、环境治理等环节，结合创意农业、工业文创项目开发需求，提升与用地集约化、生产洁净化、废物资源化、能源低碳化相匹配的设施系统复合化利用效能。

(四)传统酿造技艺保护传承的总体思路与范式

第一，推动传统酿造技艺与文化集聚区相融合。积极发挥集聚效应与生态效应是未来非物质文化遗产要面对的重点任务之一，需要政府与社会的共同努力，来推动整体“非遗”文化生态集聚区的构建。依靠动漫、设计、多媒体技术等释放产业集聚效应，形成产业集聚，延伸上下游产业链，进而形成“非遗”文化生态的建构。积极推动单体“非遗”产业发展壮大，跳出单纯“为了园区而打造园区”的桎梏，做到“创意园区、创意社区、创意街区、创意景区、创意生态区”的五区融合，真正做到文化和旅游部所倡导的“宜融则融、能融尽融”的理念，把专业问题交给专业人士来解决，弥补单体企业、个人等在发展中的短板和不足。从打造旅游目的地、产业集聚区的角度，将目光转向“非遗”传承的资本地块，将“非遗”资源集聚到一个区域内进行发展，构筑“非遗”产业根基；不断增加企业集群之间的体量，吸引消费人群的停留时间，并逐步完善住宿、消费等一系列的设施建设，拉动周围经济的增长，推动非物质文化遗产的跨界融合。

第二，推动传统酿造技艺与文化消费的新阶层市场相融合。目前，消费人群主要集中在具有较高消费能力的中年群体和部分年轻化的新阶层，这类群体的消费已经随着互联网的普及以及各类新媒体、新技术的出现而不断产生变化。在这个过程中，各类文化遗产的传承人应该及时认识到这一变化，积极挖掘传统酿造技艺背后的各种故事，通过数字化、新媒体等技术手段赋能品牌传播，让传统酿造工艺技艺焕发新的生机，吸引新消费阶层的消费目光。

第三，推动传统酿造技艺与金融服务体系相融合。“非遗”的保护传承离不开金融的助力。如果“非遗”的发展仅仅依靠国家政策的扶持，那么“非遗”文化的作用效力并不能完全被释放出来，还需要资本金融的注入才能推动“非遗”产业的进一步发展。资本金融的注入不能仅停留在对“非遗”文化的宣传方面，要把“非遗”的技艺制作、文化故事等内容打造成完整的IP系统或者对“非遗”技艺进行评估、认定以及创新型展示，形成二次包装，打造具有市场竞争力的核心品牌。

保护传承景阳冈传统酿造技艺遵循五大范式：

一是提高传统酿造技艺的可见度。建立公共空间及通过新技术、新媒体的使用，使大众真正在日常生活中“看见非遗”“走进非遗”。提高“非遗”在地方政府相关举措中的可见度，使“非遗”与乡村振兴等战略相结合，释放更大的社会效应。提高“非遗”在历史长河中的可见度，让人民群众认同感更强，参与度更高，真正做到“见人见物见生活”。

二是引导传统酿造技艺助力乡村振兴。能否在文化、创意、技术、商业和资本等更多层面打开“非遗”服务乡村振兴的黑匣子，是推动“非遗”保护、传承和产业发展的关键。以乡村振兴为切入点，不断破解“非遗”发展痛点，使推动乡村振兴的“非遗”力量更加强大。

三是深度实施“非遗”资源的开发。引导建立平台联盟，将企业、设计师、“非遗”人、学界精英等联结起来，推动文化资源转化为产业发展优势，放宽视野、放大格局，要在最前沿的技术领域中建立融合。“非遗”涉及的技术和表达方式也亟须更新，打造有文化、有品位、有特色的旅游产品，加快旅游产业转型升级，为高质量发展注入强大的“非遗”动能，实现文化与经济的真正融合。

四是创新“非遗”表达方式。推动传统酿造技艺跨界合作。原生态保护与跨界融合发展存在争议，这也是目前面临的课题之一。总书记强调，传承中国文化不是简单复古，也不是盲目排外，而是古为今用、洋为中用，辩证取舍、推陈出新，摒弃消极因素，继承积极思想，“以古人之规矩，开自己之生面”，实现中华文化的创造性转化和创新性发展。“非遗”传承不能是“死传承、硬传承”，“非遗”保护也不是为保护而保护，需要解放思想、大胆创新，推动“非遗”IP跨界合作，焕发活力。

五是突出国际交流互鉴。文化是比产品更为重要的传播对象。景阳冈酿造技艺有着“和而不同、求同存异”等丰富的文化蕴意，企业应以“非遗”为载体重点宣传优秀的传统技艺文化，让人民群众更加了解中国的传统文化。在总结工作经验教训的基础上，让“非遗”充当文化使者、文明使者，不断走向国际舞台，通过“非遗”的载体形式传播思想和文化，用传统酿造技艺讲述阳谷故事、山东故事、中国故事。

三、搭建“文旅农工商”融合生态

（一）国内外“文旅农工商”融合创新经验借鉴

1.国际“文旅农工商”融合创新经验

第一，日本的农工融合模式主要在科技引领下促进农业与工业的融合，以激发传统农业的活力。在利用政策保障农业生产，确保农民主体地位的基础上，通过产学研企合作及农业培训，为农业发展注入活力。一是构建“产学研企”合作模式。全方位整合产业界、学术界、研究界、企业界的力量，形成了从原材料品质保证、科研成果创新、新品研发到产品销售的完整链条，有效促进了科研与产业的结合。二是注重农业培训。日本注重对农业从业者各方面素质的综合培训，通过出台相关法律，兴办农业职业教育，在农业生产技术、产品营销、品牌推广等方面，全方位提高农民素质。

第二，美国的农商融合模式注重借助信息化手段拓展农产品销售市场，完善农产品生产、加工、营销产业链。一是完善农业信息化系统。利用农业数据库、3S技术，美国发展了较为成熟的“精准农业”，通过搭建农业信息网络，构建农村电商经营网络，连接政府、地区、科研院校、企业，有效提升了农业生产效率。二是强化农业政策扶持。美国注重对农业发展的政策引导、扶持，出台财政补贴、税收减免优惠政策，发展农业信贷、保险业务，完善农业立法，为农业生产提供多重保障。

第三,法国的农旅融合模式主要在农业与旅游业、文化创意产业结合的基础上,形成了较为成熟的乡村旅游模式。一是创意引领打造乡村旅游特色名片。法国的乡村旅游注重挖掘当地地域特色,打造了特色各异的乡村旅游项目;并在结合文化创意的基础上,开发了波尔多葡萄酒、普罗旺斯薰衣草等系列品牌产品。二是充分发挥行业协会作用。法国的农会及各地区的旅游协会都制定有较完善的行业规范、标准,在技术培训、科技推广、品牌宣传等方面发挥着重要职能。

2.国内有关“文旅农工商”融合案例分析

以贵州茅台酒业为例。贵州茅台为国内领先的白酒企业,其酒类产品涉及白酒、葡萄酒、鸡尾酒、保健酒等不同品类,同时以酒业为核心,发展生态农业、工业旅游、文化创意产业等,走出了一条较为成熟的产业融合之路。企业由此成为国内知名的以酒业为中心、不同产业融合发展的经济实体。

第一,“酒+N”模式探索旅游多业态发展。贵州茅台凭借其较为发达的白酒产业、极具吸引力的特色资源及较高的市场知名度,在探索与旅游业结合的基础上形成了较为成熟的工业旅游模式。2016年茅台入选首批国家工业旅游创新单位,2017年“茅酒之源”景区入选国家工业遗产旅游基地。茅台工业旅游主要以茅台酒厂工业旅游区、中国酒文化城景区为载体,主打体验性、个性化、艺术性与观赏性,全方位展现茅台工业文明。同时,积极融入仁怀市、贵州省地域旅游发展格局。紧抓省市旅游发展机遇,茅台一方面充分借鉴当地民俗文化、长征文化等旅游资源,发展酒+农旅、文化、商旅、城旅等多业态;另一方面,与政府联合举办酒旅特色活动,构建政企合作机制,助力地方全域旅游发展格局构建;通过借酒兴旅、借旅促酒,形成了酒业与旅游业之间的良性互动。

第二,推动传统产业与信息化深度融合。以“智慧茅台”建设为重点,推广智能化设备在产品生产、研发与供应链管理、企业运营等各领域的应用,充分利用信息化手段创新生产方式,建设智能工厂、智慧园区。

发展数字经济，与浪潮、阿里巴巴等国内顶尖科技企业达成合作，建设集生产制造、供应链、质量管控等为一体的全产业链大数据平台，探索云计算、大数据、人工智能、区块链技术的创新应用，助力企业科学决策。建设茅台云商平台，推进智慧营销，应用B2B(厂商到厂商)、B2C(厂商到消费者)、O2O(线上+线下)、社会化营销等交易模式，促进经销商与消费者信息互动，实现传统营销与线上营销相结合。

第三，文化为魂，建设文化茅台。立足国酒文化，茅台推出一系列以茅台酒精神、茅台工艺、茅台发展历史为主题的研究作品，搜集、挖掘、整理、提炼相关资料，全方面论述国酒文化内涵，并以社会主义核心价值观为引领积极赋予其时代精神。在产品上，茅台推出“绿色茅台、人文茅台、科技茅台”等的系列产品，通过推广高端健康饮酒文化不断提升产品文化内涵。在文化传播上，茅台重视针对员工、经销商、“茅粉”的文化宣传，以人性化管理、优质消费体验凝聚推动茅台文化传播的合力。

（二）景阳冈“文旅农工商”产业生态融合创新目标

景阳冈酒业目前主导产业为工业，且发展了较为成熟的工业旅游模式，结合其所在地山东省阳谷县的突出产业为农业，景阳冈“文旅农工商”融合模式将在目前较为成熟的农业、工业、旅游业的基础上，以酒业多功能综合开发为核心，以满足多样化消费需求为前提，利用技术创新、制度创新，通过纵向的产业链深化与横向的产业功能拓展，着力探索“文旅农工商”融合，促进新业态、新模式的产生，延伸产业价值链。“文旅农工商”融合创新将实现降低产业链市场交易费用、拓展产业空间、提升企业品牌影响力与促进区域经济发展的目标效应。

第一，降低产业交易费用，形成技术市场基础。产业融合的本质是企业交易成本的内部化，其过程为产品供给由多个企业主体分别完成转变为同一企业主体单独完成。探索实施“文旅农工商”模式，将有效整合多生产要素，提高资源配置效率，增强工业、农业与其他相关产业的关联性，拓宽产业价值链，促进规模经济效益的发挥。融合后的产业价值链不但能够推动具备不同要素资源优势的关联主体间的技术融合、产品融合、市场融合,还将实现产业链中各市场主体的整体最优,降低单一产业链内部各环节间以及跨产业链间的市场交易费用。

第二,拓展企业组织形态,建立集聚产业网络。"文旅农工商"融合的过程是文化、旅游、农业、工业、商业等不同产业要素资源集聚的过程,该过程不仅将实现不同产业间的资源整合,而且促进跨行业间的企业合作以及新业态、新模式的产生、复合型企业的出现,进而带动区域产业发展,形成空间集聚的产业网络,产生产业集聚效应。

第三,强化企业品牌影响,带动区域经济发展。探索"文旅农工商"融合模式,促进一、二、三产业融合的深度发展。一方面,将助力景阳冈酒业整合高端要素资源,加强与上下游企业的合作,促进关联企业的信息共享和相互协作,为增强企业实力、提高品牌知名度提供了坚实的产业基础,进而形成产业融合与产业品牌塑造的良性互动。另一方面,在产业融合的推动下,地域特色日益明显,将带动当地其他产业发展,由此形成较为稳定的消费群体,进而发挥龙头企业引领作用,带动区域经济发展。

总的来看,作为中国传统酒企的代表,景阳冈拥有底蕴深厚的文化内涵,并已形成较为成熟的产业发展模式,但同时面临动能转换、转型升级的问题,亟须寻求产业发展破局之道。在全省鲁酒品牌提升、新旧动能转换重大工程引导下,以酿造技艺为核心资源,整合高端要素资源,搭建"文旅农工商"融合发展模式,将是助力景阳冈新旧动能转换,实现转型升级的新动力所在。

第一,实施文化赋能战略,搭建五位一体融合型生态。根据《文化及相关产业分类(2018)》中所作的界定,文化及相关产业指为社会公众提供文化产品和文化相关产品的生产活动的集合。"文旅农工商"融合模式的形成,是基于不同产业在产业结构和产业内容方面的内在联系与外在关联。不同产业所具有的特色资源是产业融合发展的基础;文化作为一种软实力,则具延伸产业价值链、推动产业融合向纵深发展的重要作用。

实施文化赋能，推动文化与相关产业“越界、渗透、提升、融合”，是企业立足现状、谋求跨越式发展、打造特色品牌形象与文化特质的现实之需。

一方面，推动酿造技艺与其他产业的横向服务链融合与纵向产业链延伸。以文化创意为元素，发挥酿造技艺在为工业、旅游业、农业等产业提供文化符号、创意要素方面的作用，加强酿造产品外观、结构、功能设计，研发高质量文创产品，以文化提升产品增加值率。以文化产业推动其他产业的纵向产业链延伸，利用文化创意设计带动酿造产业链后端的产品制造、配套服务、衍生产品、节庆活动、品牌服务、专卖商店等环节联动，推动传统酿造产业与旅游、农业、工业、商业的双向投入产出拉动，全面构建“农区＋体验游、车间＋科普游、厂区＋全景游、酒庄＋品鉴游”融合型新动能产业体系。另一方面，培育基于文化创新的新业态、新模式。文化与其他产业的融合发展是一个以文化为核心推动跨产业融合渗透的开放系统。以酿造技艺与优质品牌为核心，联结一批原材料供应商、服务商、中间商，完善文化与其他产业融合的价值链、服务链和供应链，优化文化和旅游、工业、农业项目的空间布局，带动当地相关产业发展。积极争取政府资金扶持，搭建文化创意产业服务平台，发挥投资融资、引领创新、降低成本、扩大影响等多重作用，推动扩大产业资源的货币化、资本化、证券化，加快要素资源在各级市场上的快速流通。

第二，加快产业动能转换，跨越提升全要素生产效率。加强技术创新、建设创新平台、促进产业集聚，为产业融合及“文旅农工商”模式的形成提供技术、平台支撑，加快企业动能转换，跨越提升全要素生产率。

一方面，加强酿造技术创新。推动产品技术创新，加强技术创新方面的人才、基础设施、资金投入，围绕生产技术创新、“文旅农工商”融合技术创新，加强基础工艺改革与核心技术攻关，不断采用新技术、新工艺提升白酒原料、工艺、口感，研发高科技跨界融合产品；加强大数据、物联网、人工智能、微生物技术在白酒研发中的应用，促进现代科技与传统工艺的结合；加强智能化设备应用，提升生产研发、存储包装的信息化、智能化水平。创新技术创新模式，以绿色发展理念为核心，推广清洁生产；改变原有“干中学”模式，加快培育与企业制度创新相符合的自主创新模式。另一方面，建设产业融合创新平台。坚持创新引领，搭建集研发、营销、产学研合作为一体的全产业链创新服务平台，为推动“文旅农工商”融合发展提供平台支撑。成立景阳冈技术中心，开展白酒核心技术、产业融合与企业创新研发，促进技术研究与工程应用、实验室研究与生产实践相结合，发挥技术中心在改进技术工艺、提升产品质量与推动科研成果转化中的作用。构建产业融合电商平台，应用大数据技术推进智慧营销，完善线上线下融合销售网络，实现消费者、厂家与经销商的互利共赢。深化产学研合作，加强与高校、科研机构的合作，促进科研成果转化应用。建设国家级和省级创新设计平台，申请国家级企业技术中心、国家级和省级工业设计中心。

同时，领衔制定“文旅农工商”融合创新评估体系。依据产业融合相关理论，结合景阳冈产业发展基础，分析景阳冈“文旅农工商”融合模式的发展潜力、预期效益，尝试建立景阳冈“文旅农工商”融合创新层次评估1～3级指标体系，用以指导和测评产业融合综合成效。景阳冈“文旅农工商”评估指标体系如表6-1所示。

表6-1　景阳冈“文旅农工商”评估指标体系

一级指标	二级指标	三级指标
产业融合基础	发展基础	企业年产值、工业旅游收入、现有产业融合平台数量
	平台建设	“文旅农工商”融合项目数量、“文旅农工商”载体平台数量
产业融合发展潜力	创新投入	企业研发经费内部支出、企业新产品开发经费支出、企业技术再研发经费支出、研发人员数量
	市场需求	产业市场占有率、产业外向度
	环境支撑	出台的产业融合政策支持情况、相关服务机构数

续表

一级指标	二级指标	三级指标
产业融合程度	产业绩效	产业规模、总收入
	新业态	新业态类型、新业态数量、新业态总收入、新业态占旅游收入比重
	产业依存度	产业链延伸、不同产业产值占比
产业融合经济社会效益	企业竞争力	利润总额、销售利润率、产值利润率、产业增加值率、企业新产品收入占比
	区域经济发展	产业产值占 GDP 比重、相关产业从业人员占总就业人员比重

第三，践行人淳酒纯理念，构建生态原产地标准体系。在长期的历史发展过程中，景阳冈酒业培育形成了“人淳酒纯”的企业核心价值理念，以精细管理、生态理念保证产品质量。产品荣获国家生态原产地产品保护认证。构建产业生态，促进产业与生态的协调发展，是推动“文旅农工商”融合发展的必然要求。

一方面构建生态原产地标准体系。加快生态酿酒基地建设，大力发展生态种植，推广“公司＋基地＋合作社＋农户”的订单农业模式和“统一标准、统一包装、统一品牌”的规模经营，发挥景阳冈在业内的引领、带动作用，与行业协会合作，率先制定生态原产地标准。与科技企业达成合作，构建完善的产品可追溯体系、质量安全诚信体系，以加强产品质量监控，打造“生态”品牌，不断增强品牌竞争优势。另一方面构建生态化产业体系。围绕生态化产业链，以产业为主体，构建生态化农业、生态化工业、生态化旅游相互融合的景阳冈生态化产业体系，促进企业绿色、循环、低碳发展。建立生态化产品生产体系，通过建设白酒生态产业园，应用生态化设备，研发若干具有影响力的生态化技术，发展白酒产业循环经济，培育生态化主导型企业。重点促进生态设计与工业设计融合，推进生态设计领域的产学研合作，应用生态环保材料，注重产品开发设计阶段的节能治污，开展节能标准化建设。

第四，讲好英雄文化故事，打造鲁酒文化振兴的样板。借英雄故事而成名的景阳冈酒，在千年的历史发展过程中，逐步形成了以英雄文化为核心的文化内核。英雄文化蕴含景阳冈酒千年历史文化传统，也是新时代支撑景阳冈步入新战略发展阶段的根基所在。景阳冈文化振兴、"文旅农工商"模式的形成应立足英雄文化，讲好英雄故事，打造鲁酒文化振兴的样板。

一是深入阐发英雄文化内涵。深度研究景阳冈英雄文化内核，对景阳冈酒的发展历史加以全面梳理、总结。在此基础上，开展景阳冈英雄文化专题研究，挖掘景阳冈酒在工艺、品质、品牌、管理方面蕴含的文化精神，阐释景阳冈酒的文化价值，提炼英雄文化关键词，加以宣传推广。丰富英雄文化外延，推动英雄文化与地域农耕文化、民俗文化、旅游文化相结合，彰显地域特色。以创意文化为引领，赋予英雄文化以新的时代内涵。推出一批英雄文化研究成果。二是要促进英雄文化传播。搭建英雄文化传播平台，在整合景阳冈酒道馆、千秋阳谷文化园、水浒文化长廊的基础上打造英雄文化传播、展示基地和文化产业园。改造提升景阳冈酒专卖店，统一文化标识，发挥其在消费体验、品牌展示、文化宣传、产品宣传等方面的作用。开发英雄主题的文学、影视、动漫、游戏等文化创意内容产品及实用价值、文化价值较高的文创产品。重点针对消费者、经销商、员工三类人群做好企业文化建设工作。

第五，强化利益联结，建设资源共享的产业公地。产业融合的推进有赖于产业主体间的协同合作，在推进"文旅农工商"模式的形成过程中需打造基于产业融合的利益联结共同体，拓展形成产业公地，促进区域产业集聚发展。

一方面要打造基于产业融合的利益联结共同体。推动景阳冈与农业、旅游业、文化产业领域相关企业在技术创新、市场拓展等领域达成合作，探索订单合同型、股份合作型、技术资本服务型等不同合作模式，为实现跨界融合、提高跨界合作效率奠定基础。推动建立集企业、农户、行业协会、政府、研发机构等不同利益主体于一体的利益联结机制，探索"优势互补、利益共享，全链协作、共同投入，风险共担、持久运营"的互利共赢关系。另一方面则是应形成产业公地，促进区域产业集聚发展。以技术创新为引导，搭建产业共用平台，加强白酒领域产业融合技术研发，促进技术要素的创新、扩散、发展与融合；借鉴工业产业的先进技术及旅游、文化产业的先进理念，打造互联互通的产业公地。整合区域在农业、加工业、旅游业等领域的核心资源，发挥景阳冈作为产业链核心企业的资源、技术、资金等优势，促进区域上下游企业集群发展，实现不同企业在技术、管理、组织等方面的创新和共享，打造融合生产加工、科技研发、工业旅游、文化创意、生态农业等于一体的经济综合体。

白酒产业作为典型传统产业，在当下面临动能转换的突出问题。探索"文旅农工商"融合发展模式，以创新思维拓展产业边界，整合创新资源，为企业发展注入新活力，将助力景阳冈在转型升级的浪潮中紧抓产业发展机遇，迎来新的战略发展时期，打造传统企业振兴样板。

第二节　黄河流域新空间业态打造

——以齐河黄河国际生态城为例

齐河黄河国际生态城位于齐河县城南部黄河北展区内，规划面积63平方千米。黄河北展区为1971年国家为防洪防凌而修建，2008年国务院正式批准黄河北全面解禁，明确取消北展宽工程的分洪分凌任务，开发不再受限。齐河县委、县政府抢抓机遇，依托黄河北展区良好的生态环境、丰厚的文化底蕴和区位交通优势，作出建设黄河国际生态城的战略决策。2010年黄河国际生态城被批准设立为省级旅游度假区。

一、发展优势

(一)依托省会,区位优越

黄河国际生态城与山东省会隔黄河相望,距离济南市中心仅11千米。京沪高铁、京沪铁路、京台高速、济聊高速、黄河大道、国道309纵横交织。与济南有京台黄河高速大桥、济南建邦大桥和济齐黄河公路大桥“三桥”相连,交通便捷。

(二)资源丰富

黄河国际生态城毗邻黄河,有林面积2.8万亩,森林覆盖率达58.6%,区域内大河、林海、湿地、温泉、沙湖资源丰富。温泉资源覆盖整个生态城,温泉水中微量元素含量达到医疗用水标准;依托丰富的温泉资源,已注册“齐鲁温泉城”商标。区域内野生资源丰富,有天鹅、丹顶鹤等数十种珍稀鸟类、鱼类在此栖居。黄河国际生态城成为济南周边生态最原始、环境最幽静的一方宝地。

(三)文化底蕴丰厚

黄河国际生态城内有周朝诸侯会盟地、野井亭、晏子采邑、老齐河古城遗址、明朝济南第一名刹——定慧寺、老残观凌处和康熙皇帝三次南巡驻跸之所等历史人文资源。

二、规划建设情况

立足北展区良好的生态资源和区位条件,齐河县提出“发展绿色产业、建设生态之城”的战略构想,高标准编制了《齐河县全域旅游发展规划》《黄河国际生态城总体规划》等10余项规划。确定了黄河国际生态城“三分之一绿地、三分之一水面、三分之一建设”的总体思路,并抢抓新旧动能转换机遇,立足济南新旧动能转换先行区“一体两翼、一轴两廊”组团式布局空间结构的重要“西翼”,“升级”思路,形成“蓝绿空间70%以上、建设空间不超30%”的根本遵循，打造以绿为底、以水为魂、水绿交融的水城、绿城。

黄河国际生态城建设以域内泉城海洋极地世界、泉城欧乐堡、生态资源为载体，着力打造体验化、个性化、生态化的文旅生态集群。加之中国驿·泉城中华饮食文化小镇、以中国传统文化为载体的齐河博物馆群等龙头项目接踵落地，可全方位展现黄河流域生态文明。同时，黄河国际生态城依托省会济南市，紧抓济南打造新旧动能转换关键期，利用省会城市的辐射带动作用，加快旅游产业全域联动。

三、发展经验启示

齐河围绕建设享誉全国文旅名县，建设国内一流的高品质旅游目的地和黄河流域文旅融合高质量发展先行区，以黄河国际生态城建设为重点，依托济南市新旧动能转换先行区，进一步厚植生态优势。

（一）依托省会资源，紧抓新旧动能转换关键期

2018年，《济南新旧动能转换重大工程实施规划》开始印发，规划中提出：到2028年，城市竞争力上升至全国同类城市前列。到2035年，济南要率先基本实现社会主义现代化，建成具有杰出影响力的国际经济文化名城。规划中还提到，推动齐河与先行区一体发展，将齐河县纳入先行区建设总体布局，推动黄河北展区融为一体，统一规划，统一开发。推动黄河沿岸旅游资源优化组合，打造国家级旅游度假区。黄河国际生态城紧紧依靠济南市新旧动能转换先行区的政策支持，做大做强黄河国际生态城旅游度假区，做精做特生态乡村体验游，加快完善现代文化旅游产业体系和公共服务体系，打造高端项目亲民路线，打造大体量、大块头的“文旅航母”，释放比较优势。济南发展新格局已将齐河纳入济南新旧动能转换先行区总体布局，共同打造济南都市圈一体发展示范区。近年来，借势“济南北跨”，齐河进入爆发式增长阶段，齐河的发展已经融入省会济南的建设中。

因此,在文旅产业发展过程中,应发挥大城市、省会城市对周边的辐射带动作用,共享资源优势,形成区域联盟,上下联动,持续打造特色旅游品牌。

(二)坚持文化铸魂,生态赋能

齐河立足优秀的人文资源和自然资源,精心打造体现当地文化内涵、生态特色的旅游品牌,使齐河文化旅游有血有肉、更显魅力。

一方面,坚持文化铸魂。挖掘以黑陶为代表的龙山文化,以晏婴为代表的齐文化,以黄河号子、绣球灯舞为代表的黄河民俗文化,以及以时传祥、孟祥斌为代表的先模文化等。黑陶博物馆、民俗博物馆、晏婴祠、大清河历史碑廊、孟家大院等文化元素棋布于齐河大地,构建了齐河版"文化大观园"。特别是按照习近平总书记"一个博物馆就是一所大学校"的重要指示精神,精心打造了总投资 120 亿元的省级重点项目齐河博物馆群。该项目集自然博物馆与古典园林景区于一体,储备各类藏品 3 万余件,气势恢宏、规模庞大,完全具备冲击世界级博物馆的实力。

另一方面,坚持生态赋能。黄河国际生态城累计投资近 10 亿元,实施绿化 1300 多公顷,极大拓展了绿色空间,有效满足了游客对自然生态的向往。同时,国家级湿地公园——齐河黄河湿地正加快建设,将与济西湿地公园共同构建起百里黄河生态廊道。联合推进文化生态保护及精品旅游发展。加快推动全国旅游标准化示范县和全省全域旅游示范县创建进程,实施泉城海洋极地世界、泉城欧乐堡梦幻世界等重大项目提升工程,全力打造具有核心吸引力的全域旅游目的地。联动黄河国家湿地公园与齐河黄河国际生态城,统筹推进黄河资源的联动保护利用,联合打造区域性黄河文化生态保护、生态旅游示范区。

(三)由点及面,打造文旅特色生态圈

齐河县在培植黄河国际生态城的同时,以新城带动全域,构建全域旅游大格局,打造覆盖全域的文旅特色生态圈。齐河县推进旅游景观全域优化,借助黄河国际生态城内热门景区带来的旅游人气,推进"全景齐河”建设。发挥沿黄乡镇乡景独特、乡风淳朴的优势，大力发展乡村游、采摘游、农家乐等休闲旅游，打造“一环两带多点”乡村游精品线路，实现“百花齐放、多点开花”，加快由“景点游”向“全域游”转变。同时，在打造黄河国际生态城的同时，“旅游＋”工程的实施延伸了吃住行游购娱产业链，构建了大旅游、大市场、大产业。

因此，应着力打造文化空间集群，以点带面，以特色文化旅游产业为抓手，推动新空间文化产业的打造，形成文化产业空间集群，发挥集聚效应。

第三节 黄河“非遗”文化传承利用

——以济南福牌阿胶为例

福牌阿胶是福胶集团的品牌，来自“中国阿胶之乡”——东阿镇。《本草纲目》载：“阿胶，本经上品。弘景曰：出东阿，故名阿胶。”3000 年前，阿胶在东阿镇诞生；1856 年，御笔赐福，成就百年福牌阿胶；1915 年，福牌阿胶在巴拿马博览会荣膺金奖，铸就了福牌阿胶誉满全球的辉煌；1950 年，东阿镇诸家阿胶作坊打造了新中国首家阿胶生产厂，福牌阿胶实现了 3000 年阿胶文化、技艺、配方大集成；现福胶集团已经成为阿胶业界的中华老字号企业，其传统熬胶技艺也已被列入国家级非物质文化遗产名录。

福胶集团现在全国十多个省份建立了十余个原料基地，自建小黑驴繁育场、养殖场、驴产品加工厂，确保原料供给。同时，自建中国阿胶博物馆，成为全国非物质文化遗产教育实践基地、国家级 AAA 级景区、山东省传统工艺工作站、山东省中医药大学药学院科研教学实践基地，为弘扬阿胶传统文化、振兴中华老字号、保护阿胶历史文化遗产提供了强大推动力。综观福牌阿胶的发展历程，不难发现，福胶集团在“文旅农工商”融合发展上走出了一条较为成熟的产业融合之路，为企业传承和利用"非遗文化"提供了借鉴。

一、紧抓国家政策规划,厚植中华传统文化

党的十九大明确提出"实施健康中国战略",为我国健康产业的发展提出了更高要求、提供了更广阔的发展空间。中医药学是大健康产业的重要资源,在疫情的催化作用下,中医药文化和健康养生的价值重新被大众重视,中医药文化与保健的理念经验越来越受到民众欢迎。福牌阿胶紧抓"健康中国"的国家战略,以消费者需求为导向,打造卓越的"满足家庭康乐需求的事业平台",通过多产业、多模式、多品类、多渠道等创新发展,进一步巩固中医药发展成果,打造粉丝品牌,推动中医药产业高质量发展。

同时,福牌阿胶厚植中华"福文化"和中医药文化,以"福文化"为精神支撑,致力于讲好中国"福文化"故事,促进中医药传承创新发展,推动中医药走向世界,打造大健康产业高地,为国家发展中医药事业和产业作出积极贡献,为建设健康中国贡献力量。

二、以企业文化为基,探索多业态融合发展

福胶集团凭借传统熬胶技艺、极具吸引力的特色资源及较高的市场知名度,在与旅游业结合的基础上形成了较为成熟的工业旅游模式。福牌阿胶打造成为省级工业旅游工厂,以传统熬胶技艺为载体,从原料采购到包装等49道生产工序全部实现透明化与公开化,每年接待媒体、旅行社、客户、外商等各界游客上万人,向社会各界展示熬胶技艺这一非物质文化遗产。同时,与政府联合举办阿胶展示会,现场展示熬胶技艺,助推地方文化旅游业体系的构建,形成文化、商业、旅游的良性互动。

自建中国阿胶博物馆是探索"文旅农工商"融合发展的又一举措。中国阿胶博物馆成为全国非物质文化遗产教育实践基地、国家AAA级景区,内有馆藏2000余件。依托阿胶博物馆,进一步展示福胶集团企业

文化，展现传统文化的保护与传承，加深社会各界对企业文化和中华传统文化的理解，赋予产品更多的文化和精神内涵，提升企业品牌价值。

三、推动传统产业数字化发展

福牌阿胶始终以创新作为企业发展动能，通过不断提升技术、创新管理模式，引领企业高质量发展和行业发展。开启智慧工厂建设，以大数据、人工智能等新技术、新手段确保千年“非遗”技艺永无失传风险，实现生产效率更高、质量控制更加稳定。在消费群体方面，与现代新媒体技术融合，通过“央视空间媒体＋梯媒生活圈＋新媒体”等媒体矩阵架构，全方位、高强度与目标消费群、潜在目标消费群进行品牌消费引导。同时，福牌阿胶创新经营理念，以数字化思维驱动智慧零售，从优化产品供给到扩大药店服务半径，提供个性化的 O2O（线上＋线下）运营服务、活动方案，助力提升新零售业务运营效率，实现工商企业与连锁双赢。在提升消费体验的同时，携手更多的合作伙伴，运用大数据形成新零售闭环，助力客流向信息流的转变。

由此，企业在传承非物质文化遗产、推动多产业融合发展中，要以中华优秀传统文化和企业文化为抓手，以国家政策导向为指引，以企业数字化发展为平台，加快企业动能转换，探索多业态融合发展，多方联动，形成“文旅农工商”的良性互动。

参考文献

一、著作类

1.[美]比尔·波特:《黄河之旅》,曾少立译,四川文艺出版社 2018 年版。

2.[英]巴里·克姆普:《解剖古埃及》,穆朝娜译,浙江人民出版社 2000 年版。

3.曹天生、朱光耀主编:《淮河文化导论》,合肥工业大学出版社 2011 年版。

4.陈义初主编:《根在河洛:第四届河洛文化国际研讨会(上)》,大象出版社 2004 年版。

5.蔡守秋:《河流伦理与河流立法》,黄河水利出版社 2007 年版。

6.蔡守秋:《人与自然关系中的伦理与法(上卷)》,湖南大学出版社 2009 年版。

7.陈维达、彭绪鼎主编:《黄河——过去、现在和未来》,黄河水利出版社 2001 年版。

8.丛书编写组编:《话说黄河》,世界图书出版公司 2013 年版。

9.白楚荣编著:《论黄河与黄土高原的治理》,陕西人民出版社 2010

年版。

10.郭来喜、单之蔷主编:《黄河史诗:大黄河风采·大河卷·宁夏卷》,科学出版社 2010 年版。

11.葛剑雄、胡云生:《黄河与河流文明的历史观察》,黄河水利出版社 2007 年版。

12.葛剑雄:《黄河与中华文明》,中华书局 2020 年版。

13.国风编著:《大河春秋》,中国农业出版社 2006 年版。

14.东北师范大学世界古典文明史研究所:《世界诸古代文明年代学研究的历史与现状》,世界图书出版公司 1999 年版。

15.侯全亮:《千柳集》,黄河水利出版社 2007 年版。

16.侯全亮、李肖强:《论河流健康生命》,黄河水利出版社 2007 年版。

17.侯全亮主编:《生态文明与河流伦理》,黄河水利出版社 2009 年版。

18.胡一三主编:《中国江河防洪丛书——黄河卷》,中国水利水电出版社 1996 年版。

19.黄河水利委员会黄河志总编辑室编:《黄河流域综述》,河南人民出版社 1998 年版。

20.水利部黄河水利委员会编著:《人民治理黄河六十年》,黄河水利出版社 2006 年版。

21.《黄河文化百科全书》编纂委员会编:《黄河文化百科全书》,四川辞书出版社 2000 年版。

22.河南大学黄河文明与可持续发展研究中心编著:《黄河开发与治理 60 年》,科学出版社 2009 年版。

23.贾玉英等:《黄河流域旅游文化及其历史变迁》,科学出版社 2020 年版。

24.靳利华:《生态文明视域下的制度路径研究》,社会科学文献出版社 2014 年版。

25.雷毅:《河流的价值与伦理》,黄河水利出版社 2007 年版。

26.雷毅:《深层生态学——阐释与整合》,上海交通大学出版社 2012 年版。

27.雷仲敏等:《黄河可持续发展的经济学分析与评价》,中国环境科学出版社 2009 年版。

28.李鸿杰等编著:《黄河》,科学普及出版社 1992 年版。

29.刘德龙、李海萍、高航:《人文山东》,山东人民出版社 2008 年版。

30.陆德福主编:《世界江河防洪与治理(下)》,黄河水利出版社 2004 年版。

31.路日亮:《天人和谐论》,中国商业出版社 2010 年版。

32.李晓鹏:《从黄河文明到"一带一路"》,中国发展出版社 2019 年版。

33.李靖宇等:《中国区域经济开发论——从政策性启动到市场化运作的国家战略推进》,吉林大学出版社 2012 年版。

34.李世东等编著:《现代林业与生态文明》,科学出版社 2011 年版。

35.马全江主编:《"两个至上"理论与实务》,齐鲁书社 2008 年版。

36.牛玉国主编:《黄河与河南论坛文集》,黄河水利出版社 2008 年版。

37.牛玉国主编:《黄河与河南论坛:黄河文化专题研讨会文集》,黄河水利出版社 2009 年版。

38.千析、王磊:《人与黄河》,黄河水利出版社 2007 年版。

39.亓佩成:《古代西亚文明》,山东大学出版社 2016 年版。

40.孙萍主编:《文化管理学》,中国人民大学出版社 2006 年版。

41.首届中国水文化论坛组委会编:《首届中国水文化论坛优秀论文集》,中国水利水电出版社 2009 年版。

42.山东省图书馆、齐鲁晚报编:《大众讲坛(第 2 辑)》,山东教育出版社 2009 年版。

43.王建平主编:《黄河概说》,黄河水利出版社 2008 年版。

44.文征明编著:《中国历史 2000 问》,中国华侨出版社 2011 年版。

45.许顺湛:《史海荡舟》,中州古籍出版社 2008 年版。

46.肖东发主编:《母亲之河——黄河文明与历史渊源》,现代出版社 2014 年版。

47.于殿利:《人性的启蒙时代:古代美索不达米亚的艺术与思想》,故宫出版社 2016 年版。

48.张光义:《河之思》,黄河水利出版社 2009 年版。

49.中共济南市委政策研究室、济南市黄河河务局编:《黄河安澜(济南篇)》,济南出版社 2003 年版。

50.张盛文:《生态文明视野下的水文化研究》,厦门大学出版社 2012 年版。

51.王瑞平、张磊、杨然:《水文化研究(六)——经济黄河研究》,中国社会科学出版社 2014 年版。

52.周阳敏:《复兴黄河文明——黄河经济带国际大通道可行性研究报告》,经济科学出版社 2013 年版。

53.张纯成:《现代黄河文明及其生态补偿》,人民出版社 2014 年版。

54.昝胜锋编著:《文化产业规划学》,福建人民出版社 2016 年版。

55.昝胜锋主编:《泺尚:创意中国调研报告(2019)》,山东大学出版社 2019 年版。

56.昝胜锋、狄森主编:《泺尚:创意中国调研报告(2020)》,山东齐鲁音像出版有限公司 2020 年版。

二、期刊类

1.安作璋:《中国大运河的繁华》,《中国文化遗产》2006 年第 1 期。

2.陈宇:《长征国家文化公园的兴建》,《新阅读》2021 年第 3 期。

3.陈瑞婷、柳作林、杨行:《论“不忘初心”与“不忘本来”的辩证互动关系》,《湖北社会科学》2020 年第 11 期。

4.陈立柱、洪永平:《浅谈“淮河文化”概念》,《学术界》2006 年第 4 期。

5.陈立柱、洪永平:《淮河文化概念之界说》,《安徽史学》2008 年第 3 期。

6.陈岚、魏耀川:《传播考辨及其文化特质》,《南方论刊》2009 年第 12 期。

7.陈寿朋:《略论生态文明建设》,《小康生活(文明风)》2008 年第 1 期。

8.陈梧桐:《黄河文化——一个自强不息的伟大生命》,《复印报刊资料(文化研究)》1995 年第 1 期。

9.邓剑秋、张艳国:《论长江文化的发展线索、文化特征及其研究方法》,《长江文化论丛》2006 年第 1 期。

10.邓先瑞:《试论长江文化生态的主要特征》,《长江流域资源与环境》2002 年第 3 期。

11.戴有山:《以黄河国家文化公园建设为契机　加快推动黄河城市群高质量发展》,《人民周刊》2021 年第 5 期。

12.董战峰、郝春旭、璩爱玉、梁朱明、贾晰茹:《黄河流域生态补偿机制建设的思路与重点》,《生态经济》2020 年第 5 期。

13.葛剑雄:《水文化与河流文明》,《中国三峡建设》2008 年第 6 期。

14.宫臻祥:《唐宋文人汉中写景诗初探》,《剑南文学(经典教苑)》2013 年第 7 期。

15.龚道德:《国家文化公园概念的缘起与特质解读》,《中国园林》2021 年第 6 期。

16.盖永霞:《开放交流的黄河文化综述》,《重庆三峡学院学报》2007 年第 5 期。

17.侯全亮、李肖强:《河流生命危机与河流伦理构建》,《中国水利》2005 年第 21 期。

18.贾冰、雷文娟、付素静、聂中青:《甘肃省内陆河流域与黄土高原气候变化对比》,《人民黄河》2011 年第 2 期。

19.江小国:《皮革制品专业课程思政教育的实践和探索》,《皮革科学与工程》2021 年第 5 期。

20.李泉:《中国运河文化的形成及其演进》,《东岳论丛》2008 年第 3 期。

21.李泉:《中国运河文化及其特点》,《聊城大学学报》(社会科学版)2008 年第 4 期。

22.李肖强:《河流管理的伦理维度研究》,《人民黄河》2010 年第 3 期。

23.李飞、邹统钎:《论国家文化公园:逻辑、源流、意蕴》,《旅游学刊》2021 年第 1 期。

24.李民、史道祥:《黄河文化的历史价值》,《复印报刊资料(文化研究)》1995 年第 2 期。

25.李国英:《河流伦理》,《治黄科技信息》2009 年第 6 期。

26.李国英:《着眼长治久安　强化基础支撑　为实现黄河治理开发与管理事业的更大发展而努力奋斗:在 2011 年全河工作会议上的报告》,《治黄科技信息》2011 年第 1 期。

27.刘文鹏:《20 世纪的古埃及文明研究》,《古代文明》2007 年第 1 期。

28.刘治:《天水市历史文脉的梳理研究》,《农家参谋》2019 年第 19 期。

29.林秀玉:《古代文明与地理环境之关系——古代中国、埃及及两河流域比较》,《闽江学院学报》2004 年第 1 期。

30.林家彬:《多元共治视角下的国家公园管理——法国国家公园管

理体制考察报告》,《绿叶》2018 年第 4 期。

31.林家彬:《让自然生态得到最优保护》,《中国自然资源报》2018 年第 7 期。

32.林龙飞:《论黄河文明与河南黄河文明旅游带的构建》,《经济师》2008 年第 9 期。

33.鲁枢元:《略论黄河史研究——关于黄河文化生态的思考》,《黄河科技大学学报》2000 年第 1 期。

34.梁国宁:《九曲黄河桥梁多》,《兰州学刊》1988 年第 3 期。

35.梁军:《甘肃古傩的历史演变与文化内涵》,《丝绸之路》2013 年第 4 期。

36.雷毅:《为河流伦理辩护》,《南京林业大学学报》(人文社会科学版)2009 年第 4 期。

37.廖梦思、刘兰芳、梁晓娟、符跃鑫、胡运波:《衡东县洪涝灾害形成机理及综合减灾研究》,《衡阳师范学院学报》2010 年第 6 期。

38.雒树刚:《推进文化创新　繁荣发展文化事业和文化产业》,《学习与研究》2010 年第 11 期。

39.吕东旭:《黄河,母亲河》,《交通建设与管理》2009 年第 1 期。

40.牛玉国:《黄河:中原文明孕育成长和繁荣发展的基石》,《黄河科技大学学报》2008 年第 4 期。

41.宋佳:《黄河入海口文化特征及其开发研究》,《山东理工大学学报》(社会科学版)2015 年第 1 期。

42.苏堇:《黄河之水天上来》,《走向世界》2017 年第 8 期。

43.沈葵、洪永平:《皖江文化的学术定位与发展契机——兼论淮河文化与徽州文化》,《安徽师范大学学报》(人文社会科学版)2009 年第 3 期。

44.孙吉平:《生态文明建设是经济社会走向科学发展的必然选择》,《贵州商业高等专科学校学报》2008 年第 3 期。

45.未央:《宏伟的帝国　融汇的艺术》,《上海文博论丛》2006 年第 3 期。

46.王妍娜、敖登高娃:《巴彦淖尔地质变迁和独特的地质地貌》,《西部资源》2021 年第 2 期。

47.王进:《长江文化与黄河文化之比较》,《社会科学动态》1997 年第 11 期。

48.王冰:《古老运河文化今又绽放生机》,《城建档案》2010 年第 3 期。

49.王浩、钮新强、杨志峰等:《黄河流域水系统治理战略研究》,《中国水利》2021 年第 5 期。

50.王思凯、张婷婷、高宇、赵峰、庄平:《莱茵河流域综合管理和生态修复模式及其启示》,《长江流域资源与环境》2018 年第 1 期。

51.王荣凤、张利丽:《传统艺术资源的开发与利用》,《大众文艺(理论)》2009 年第 18 期。

52.王复宏、赵超博、卢延斌、胡伟峰:《实现黄河下游水资源可持续利用的有效途径》,《水利科技与经济》2008 年第 10 期。

53.王羌、钱汉东、郑云峰、立山:《中华龙起源于马家窑文化?》,《文明》2007 年第 9 期。

54.温玉川、时均建:《解读中国运河的文化史诗——评〈中国运河文化史〉》,《走向世界》2003 年第 2 期.

55.徐吉军:《长江文化的概念与内涵》,《长江论坛》1996 年第 3 期。

56.徐吉军:《论黄河文化的概念与黄河文化区的划分》,《浙江学刊》1999 年第 6 期。

57.徐永红、邹鹏飞、杨国虎:《刍议黄河水文化与民族精神》,《内蒙古科技与经济》2014 年第 15 期。

58.徐勇、王传胜:《黄河流域生态保护和高质量发展:框架、路径与对策》,《中国科学院院刊》2020 年第 7 期。

59.徐光春:《中原文化与中原崛起——中共河南省委书记徐光春同志在香港“中原文化港澳行”恳谈会上的讲话》,《决策探索》2007 年第 4 期。

60.许海燕、崔慧滢:《从黄河文化看黄河的经济开发》,《企业文化》2018 年第 35 期。

61.姚烨:《帝王谷中的神秘传说　图坦卡蒙法老的诅咒》,《世界博览》2021 年第 5 期。

62.姚吉成、姚祯琦、李新:《高效生态视阈下黄河三角洲文化产业现状分析与战略构想》,《黄河文明与可持续发展》2012 年第 2 期。

63.杨玢:《青海省非物质文化遗产保护与传承原则及对策探析》,《青海师范大学学报》(哲学社会科学版)2013 年第 5 期。

64.于希贤、陈梧桐:《黄河文化——一个自强不息的伟大生命》,《北京大学学报》(哲学社会科学版)1994 年第 6 期。

65.杨红梅:《浅谈马家窑彩陶及其鉴别》,《丝绸之路》2010 年第 6 期。

66.杨伟祖:《史诗河流——文明生命》,《人与自然》2013 年第 7 期。

67.张海鹏:《6000 年前的繁华之城》,《时代教育(先锋国家历史)》2008 年第 6 期。

68.张文彦、白莹:《黄河文化建设浅谈》,《山西水土保持科技》2013 年第 3 期。

69.张艾丽、成龙胜、宋慧民、王琨、冯荣、孟凡然:《现代技术手段在澄泥砚制作工艺中的应用与研究》,《佛山陶瓷》2021 年第 2 期。

70.张莹、张蓉:《文化资源的特征及其开发利用》,《今传媒》2009 年第 8 期。

71.张会言:《黄河水资源可持续利用与南水北调西线工程》,《西北水资源与水工程》2002 年第 3 期。

72.张筱强:《新形势下政府文化管理的基本职能与方式》,《哈尔滨市委党校学报》2000 年第 5 期。

73.张学东:《关于生态文明的基本内涵和建设层面的思考》,《内蒙古林业》2008 年第 10 期。

74.张金铣、周致元:《第四届淮河文化研讨会综述》,《安徽史学》2008 年第 2 期。

75.庄晓东:《文化传播论》,《云南艺术学院学报》2002 年第 4 期。

76.庄晓东:《文化传播研究在当代中国的意义》,《天津社会科学》2004 年第 2 期。

77.朱如虎、林长春、马元柱:《晋南黄河根祖文化旅游开发初探》,《山西师范大学学报》(自然科学版)2007 年第 4 期。

78.周庆富:《讲好黄河故事　发掘黄河文化的精神内核》,《人文天下》2021 年第 1 期。

79.周庆富:《“中华民族的根和魂”——黄河文化的精神内核》,《传记文学》2021 年第 2 期。

80.周生贤:《生态文明建设环境保护工作的基础和灵魂》,《世界环境》2008 年第 2 期。

81.郑敏:《美国国家公园的困扰与保护行动》,《国土资源情报》2008 年第 10 期。

82.章秉辰:《从风中走来的高原》,《自然资源科普与文化》2021 年第 3 期。

83.王桂坪:《〈敦煌变文字义通释〉证补》,《鲁东大学学报》(哲学社会科学版)2013 年第 5 期。

84.赵虎、杨松、郑敏:《基于水利特性的黄河文化遗产构成刍议》,《城市发展研究》2021 年第 2 期。

三、报纸、网站类

1.鲍俊林:《黄河,中华民族一首读不完的诗篇》,《文汇报》2020 年

11月28日。

2.陈会娟:《黄河文化孕育的恢弘大气的民族精神》,《河南日报》2021年3月10日。

3.杜英杰:《坚定文化自信　强化使命担当　高质量推进长城国家文化公园建设》,2020年12月11日,https://www.sohu.com/a/437704655_120006290。

4.黄洋:《美索不达米亚文明——从造物见精神》,《中国社会科学报》2018年9月27日。

5.亨利·莱特:《早期美索不达米亚文明研究的新进展》,《中国文物报》2007年11月23日。

6.姜文来:《黄河流域大保护大治理要"写好"水文章》,《光明日报》2020年2月15日。

7.李肖强:《构建河流伦理　促进人水和谐》,《中国水利报》2009年10月29日。

8.李德发、曹景华:《垦利——黄河入海的地方》,《中国商报》2004年4月16日。

9.李浩:《促进产学研深度融合》,《中国社会科学报》2019年8月20日。

10.李煦:《新的黄河文明应运而生》,《长江日报》2020年11月10日。

11.李婉玉:《黄河上的水利枢纽(下)》,《黄河晨报》2013年7月12日。

12.李冰洁:《国家文化公园建设回顾与展望》,《人民政协报》2021年1月7日。

13.刘洪宇:《大运河:中华文化"身份证"》,《辽宁日报》2006年9月5日。

14.刘洋、吴玥:《身边的"母亲河"》,《开封日报》2013年3月27日。

15.雷瑛:《做强龙头企业　提升河南农业发展质量》,《河南日报》2020 年 8 月 7 日。

16.雷毅:《河流伦理基本原则》,《中国水利报》2009 年 10 月 29 日。

17.马志勇:《璀璨的林家遗址》,《民族日报》2015 年 11 月 26 日。

18.苗长虹、艾少伟、喻忠磊:《黄河文化的历史意义与时代价值》,《河南日报》2019 年 11 月 4 日。

19.孙志刚:《坚持走好生态优先绿色发展新路　协同推进长江经济带高质量发展》,《学习时报》2020 年 9 月 9 日。

20.石培华、申军波:《文旅融合视野下黄河长江文化保护传承弘扬思考》,《中国旅游报》2021 年 2 月 26 日。

21.孙家正:《关于文化创新问题》,《光明日报》2003 年 9 月 3 日。

22.田学斌:《黄河文化:中华民族的根和魂》,《学习时报》2021 年 2 月25 日。

23.王殿彬:《从宽窄巷子看地名文化根脉》,2020 年 6 月 16 日,http://www.zgdmw.info/detail/20061609231656。

24.王蓓贝:《泉水叮咚　黄河奔腾》,《济南日报》2021 年 4 月 9 日。

25.王方:《用智慧赋能农业》,《中国科学报》2018 年 8 月 1 日。

26.王红育、张焯文:《大河徜徉起波澜》,《中国水利报》2008 年 12 月 12 日。

27.许顺湛:《河洛文化与黄河文明》,《光明日报》2004 年 9 月 7 日。

28.张光义:《黄河文化值得我们深入研究》,《中国水利报》2007 年 8 月16 日。

29.张光义:《积极推进黄河文化的发展与繁荣》,《中国水利报》2007 年 12 月 6 日。

30.张光义、张春利、孙开岗、尹祥国、周晓黎:《关于黄河文化建设几个基本问题的思考(上篇)》,《黄河报》2008 年 12 月 6 日。

31.张光义:《承担起发展繁荣黄河文化的重任》,《中国水利报》2010

年 10 月 14 日。

32.张琳:《兰州:黄河浪平筏子远》,《甘肃日报》2007 年 10 月 26 日。

33.张立群:《着力保护和激发市场主体活力》,《学习时报》2020 年 9 月16 日。

34.张晓欢:《紧抓黄河文化传承与创新的四个重点》,《经济参考报》2020 年 11 月 19 日。

35.张智文:《建设生态文明　实现科学发展》,《人民日报》2008 年 6 月4 日。

36.周妍:《黄河文化助推黄河治理开发与管理》,《中国水利报》2011 年 11 月 24 日。

37.周京成:《现代生态文明观》,《学习时报》2008 年 1 月 28 日。

38.郑人瑞、杨宗喜、杜晓敏:《莱茵河流域综合治理经验与启示》,《中国矿业报》2018 年 6 月 20 日。

后记

唐朝诗人李白感叹:“君不见黄河之水天上来,奔流到海不复回。君不见高堂明镜悲白发,朝如青丝暮成雪。”唐朝诗人王之涣畅想:“白日依山尽,黄河入海流。欲穷千里目,更上一层楼。”光未然在抗日战争时期的《保卫黄河》的歌词中写道:“风在吼,马在叫,黄河在咆哮,黄河在咆哮……”对黄河的依恋与热爱,早已融入中华民族的文化血脉。对于中华儿女而言,黄河不仅是一条地理之河,还是一条文化和精神之河。千百年来,浩浩荡荡的黄河水哺育了优秀的中华儿女,孕育了灿烂辉煌的中华文明,铸就了博大宽厚、自强不息的民族精神。从上古时代“大禹治水”到明代潘季驯“束水攻沙”,从汉武帝“瓠子堵口”到康熙帝把“河务、漕运”刻在宫廷中柱,历朝历代都将治理黄河作为兴邦安民的大事。

黄河流经 9 个省区,2019~2021 年,习近平总书记已经走遍了其中 7 个省区:2019 年在内蒙古、甘肃、河南,2020 年 4 月在陕西、5 月在山西、6 月到宁夏,2021 年 10 月在山东东营等实地考察黄河流域生态保护和发展情况,对黄河治理保护提出明确要求。2019 年 9 月 18 日,习近平总书记在郑州主持召开的黄河流域生态保护和高质量发展座谈会上指出,黄河文化是中华文明的重要组成部分,是中华民族的根和魂。要推进黄河文化遗产的系统保护,深入挖掘黄河文化蕴含的时代价值,讲好

“黄河故事”,延续历史文脉,坚定文化自信,为实现中华民族伟大复兴的中国梦凝聚精神力量。2020年6月8日,在宁夏考察的习近平总书记来到黄河吴忠滨河大道古城湾砌护段,沿岸边步道察看黄河生态治理保护状况,听取黄河宁夏段生态保护治理和水利工程建设情况汇报,指出黄河是中华民族的母亲河,是中华民族和中华文明赖以生存发展的宝贵资源。2021年10月20～22日,习近平总书记在东营考察黄河入海口时强调,中华民族世世代代在长江、黄河流域繁衍发展,一直走到今天。新时代,我们要把保护治理母亲河这篇文章继续做好。

黄河在山东,既是生态大河,也是文化大河。在山东孕育发祥了儒家文化、泰山文化、红色文化、海洋文化、运河文化和泉城文化,在全省经济社会发展中具有十分重要的地位。为贯彻落实习近平总书记在黄河流域生态保护和高质量发展座谈会上的重要讲话和指示精神,树立和展现黄河流域生态保护和高质量发展的山东样板和山东担当,山东省沿黄各地市在黄河生态保护和文化传承弘扬的落地实践层面持续创新。

近年来,山东大学深度服务黄河文化保护传承事业,在机构共建、学术研究、规划编制等方面积累了丰硕成果。2009～2010年,山东大学专家团队先后编制完成《宁夏回族自治区文化产业十二五规划》《黄河三角洲高效生态经济区文化产业发展规划》等。2011年,山东大学与山东黄河河务局共建山东大学黄河文化研究中心,积淀了黄河文化与齐鲁文化等理论研究系列成果。2015年,山东大学专家团队先后编制完成《玉树州文化产业“十三五”发展规划》《海东市文化发展“十三五”规划》《海南州文化产业“十三五”发展规划》等智库服务政策文件。2018年,山东大学专家团队编制完成《济南新旧动能转换先行区文化产业专项规划》,对省会济南从“明湖时代”走向“黄河时代”进行了文化领域顶层设计。服务范围覆盖黄河上、中、下游流域,为黄河文化理论建构、保护传承、特色产业发展提出了诸多建设性解决方案。

由山东省文化和旅游厅授牌,依托山东大学、挂靠体育学院建设的山东大学文化产业动能转换与生态系统实验室于2018年6月正式入选山东省文化科技重点实验室。两年来，重点实验室各项建设工作顺利展开。重点实验室学术委员会主任孙晋海教授提出，按照体育学一级学科博士学位授权点建设“省级实验室平台”和“资源需求与配套设施”，继续突出在文化科技、智慧体育、文体融合领域的前瞻布局，推动“文化＋”“体育＋”与相关学科和高新技术的交叉融合，整合发挥好团队力量，一定要“有声音、有成果、有作为”。

2020年，结合“十四五”时期启动节点，文化产业规划团队通过“黄河流域生态保护和高质量发展及保护传承弘扬黄河文化”课题，对黄河文化生态保护和高质量发展内涵阐释、工作进度、重大工程、文旅体项目等领域具体情况加深了解熟悉。3月，有序开展黄河生态屏障环东平湖文化和旅游产业项目专题调研座谈；4月，在青海省海南州贵德县进行黄河文化、文化产业主题调研；5月，到访济南百里黄河风景区，并与济南天桥黄河河务局具体负责同志进行沟通交流；赴东营市利津县开展“黄河流域生态保护和高质量发展及保护传承弘扬黄河文化”主题调研；参加2020年度东平县文旅宣传推广合作沟通会；考察东平湖环湖马拉松、自行车赛等基础设施与服务保障情况；未来，还将继续开展多专题、多形式、多层次的学术考察和交流研究活动。

2021年5月，国家文化和旅游部政策法规司下发函件“关于印发2021年度黄河文化研究课题立项名单”至相关省厅。由山东大学文化产业研究院副院长、文化产业山东省文化科技重点实验室主任昝胜锋主持申报的“肩负民族根魂使命的黄河国家文化公园建设模式与创新机制研究”获得立项资助，山东景阳冈文化旅游产业发展集团有限公司党委书记、董事长赵传新是课题组主要成员。课题采用理论与实证、定量与定性相结合的研究方式，以保护传承弘扬黄河文化作为切入点，以黄河国家文化公园为核心承载物，梳理学界相关理论研究成果，分析国际最新趋势与先进经验，探索在新时代如何深入挖掘黄河文化蕴含的时代价值,筑牢中华民族的“根”和“魂”。

本书作为重点实验室服务国家战略、服务黄河文化保护传承弘扬的阶段性研究成果,经过持续修改,现终于呈现在读者面前。感谢山东省文物局副局长王廷琦对本书初稿提出的宝贵意见以及一直以来的勉励和支持。感谢山东大学校长助理、黄河国家战略研究院执行院长邢占军,山东大学文化产业研究院院长王育济,山东大学体育学院院长孙晋海,山东大学文化产业研究院常务副院长丁培卫一直以来给予的鼓励和帮助。文化产业(山东大学)山东省文化科技重点实验室的诸位同仁丁庆建、李拓键、张宪亮、章军杰、陈旭、周朋飞、张逸凡、石晓宇、王丹丹等给予了诸多思路建议并进行了具体文字修改,黄河文化研究的前辈学者给予了我们沿黄前行的勇气和智慧。当然,本书的诸多观点难免受到作者思维观念和文化认知的局限,相关观点表述不当之处,是作者责任所在,后续会完善提升。

昝胜锋　赵传新　吴红

2021年10月于山东济南